Karl Jakob Hirschs
letzter Roman

»Einer muss es ja tun«

herausgegeben
von Helmut Stelljes

© VDG · Verlag und Datenbank für Geisteswissenschaften · Weimar 2003

ISBN 3-89739-375-1

Vorwort

Karl Jakob Hirsch, Autor dieses Werkes, zeigte schon in seinen frühen Jahren keine Bereitschaft, allgemeinen gesellschaftlichen Strömungen, besonders militaristischer und chauvinistischer Art, nachzugeben. Es war ihm fremd, sich einem jeweiligen Zeitgeist anzupassen. Intellektuell hochbegabt, ging er seinen eigenen Weg und setzte stets auf Einsicht und Vernunft. Selbst zu denken, nicht die eigene Verantwortung für Tun und Unterlassen auf andere abzuwälzen, war eine ihm eigentümliche Haltung. Entsprechend verhielt er sich schon in der Kaiserzeit wie in den Jahren der Weimarer Republik. In der Zeit seiner Emigration verschärfte sich dieses Charakterbild und kennzeichnete ihn auch nach der Rückkehr in die Heimat, wobei ihm Heimat nicht Ausdruck übersteigerter patriotischer Gesinnung war, sondern er empfand sie als bewusste Einbindung in die Kultur seines Landes. Das so verstandene kulturelle Erbe hatte ihn geprägt und blieb ihm auch in den Jahren gewiss, in denen er durch ein barbarisches Regime aus rassischen und vermeintlich kulturpolitischen Gründen von eben diesen Wurzeln getrennt wurde.

Sein Leben in der angestammten Heimat war nach der sogenannten Machtergreifung der NSDAP 1933 aus politischen Gründen stark gefährdet, seine literarische Arbeit zudem verfemt, sein vielbeachtetes Werk »Kaiserwetter« am Tage der schändlichen Bücherverbrennung, dem 10. Mai 1933, in Berlin von Goebbels den Flammen überantwortet. Veröffentlichungsverbot war die Folge. Was blieb, war die Flucht ins Ausland. Sie führte ihn zunächst in die Schweiz und dann in die Vereinigten Staaten von Amerika. Die USA boten ihm Schutz und bescheidenes Einkommen, doch eines konnten sie ihm – wie allen schreibenden Emigranten – zwangsläufig nicht bieten: eine erfolgreiche literarische Arbeit in der Muttersprache.

Karl Jakob Hirsch schrieb darüber in seiner Schrift »Heimkehr zu Gott«: »Was war ich? Ein heimatloser, entwurzelter Schriftsteller, der die deutsche Sprache als seine Ausdrucksform in sich fühlte, der bemüht war, in die englische Sprachwelt hineinzuwachsen, aber keinerlei Verwirklichung seiner Wünsche sehen konnte. Die Freunde, die ich hatte, stammen fast alle aus Europa. Mit ihnen tauschte ich die Erinnerungen aus, die sich mit der Vergangenheit beschäftigten und sehr wenig mit der Gegenwart.«

In einer solchen Situation waren die Emigranten bewegt von dem, was in dem nunmehr braunen Deutschland vor sich ging. Es blieb auf Dauer aber schwierig, sich ein reales Bild über die Vorgänge in der alten Heimat zu machen. Das führt dazu, dass in die Bewertungen der Ereignisse in Deutschland häufig mehr eigene Vorstellungen und Hoffnungen einflossen, als Reflexionen des tatsächlichen Geschehens. Es war fast unmöglich, abschließend zu beurteilen, was in den Köpfen der Daheimgebliebenen vor sich ging und wie viel Anbiederung, auch wie viel Denunziation zu Hause das Klima des bisherigen Zusammenlebens vergifteten. (Nicht wenige, die sich im Widerstand bewährt haben, quälten sich bis zum Lebensende mit dieser für sie auch nicht hinreichend geklärten Frage herum.)

So basiert denn auch dieses erstmalig gedruckte, dem Widerstand gewidmete Werk »Einer muss es ja tun«, auf Empfindungen der Emigrantenzeit. Die Bitternis des Autors über das Einknicken republikanischer Kräfte Anfang der dreißiger Jahre und deren Unvermögen, die prinzipielle Gewaltbereitschaft der Nationalsozialisten – trotz erlebter Übergriffe – richtig einzuschätzen, ist verständlich.

Auch das Unverständnis bürgerlicher Schichten über die friedensfeindlichen Ziele Hitlers findet hier seinen Ausdruck. Zwar hatten früh veröffentlichte Schriften wie »Mein Kampf« den geplanten Weg der Nazi-Führung vorgezeichnet, dennoch wurden sie in der Weimarer Zeit vielfach nur als unseriöse Propaganda verstanden und nicht als reale Zielprojektionen. Das allgemeine Versagen führt auch zu einer Selbstbelastung. Der Autor klagt später darüber, dass er nicht vor 1933 den Nationalsozialismus schon aktiv bekämpft habe.

So reflektiert denn dieser Widerstandsroman die Empfindungen über jene Zeit der Unfreiheit und wo der Autor nachspürend die Frage stellt: Was sind denn die Gründe des Versagens, aber auch die des Aufbegehrens und Widerstehens beim Einzelnen nach der Machtpreisgabe der Republik zugunsten der demokratiefeindlichen NSDAP?

Karl Jakob Hirsch spricht in seinem Werk nicht groß von dem Versagen der Institutionen, der Organisationen, nicht von den Hauptverantwortlichen am Ende der Weimarer Zeit, sondern typisiert Einzelne, zeigt ihr individuelles Verhalten im Positiven wie Negativen. Sachgerecht steht das Versagen der größeren Zahl im Mittelpunkt, wenn auch im Kern das engagierte Verhalten von wenigen angesprochen wird. Es ist ein Lobgesang auf einen sich von früheren Einbindungen freimachenden und zur Widerstandstat schreitenden, solidaritätsverpflichteten Individualisten; es ist für mich ein Plädoyer für Zivilcourage und insoweit auch eine Antwort auf die Gefahren der heutigen Zeit.

Der Autor hat nicht zuletzt deshalb die Begründung des Hitler-Attentäters vom 08.11.1939 (Bürgerbräukeller München), Georg Elser, als Titel seines Romans gewählt **»Einer muss es ja tun!«**

Hans Koschnick
Bürgermeister a.D.
Bremen, im März 2003

Inhalt

Erster Teil

Torte und Politik 11

Die rote Fahne wird blasser 13

Dicke Luft 15

»Die Jugend marschiert... das Alter wartet ab.« 18

»Wenn man andere Leute so reden hört...« 21

Sonnenaufgang oder Sonnenuntergang? 25

Dies irae 27

In letzter Minute 30

Einer geht fort 32

In der Heimat, da gibt's kein Wiedersehen 37

So hoch liegt der Dreck 40

Hinter schwedischen Gardinen 45

Braune Freiheit 51

Zweiter Teil

Verfinsterte Zeiten 59

Hammer oder Amboss 71

Leben in jener Zeit 75

Sinngebung des Sinnlosen 78

Heute gehört uns Deutschland... morgen die ganze Welt . . . 81

Die Pfahlbürger 85

Dritter Teil

Der Mensch lebt nicht vom Brot allein... 89

Es ist alles halb so wild 93

Stille Wasser sind tief 98

Verbrecherische Neugierde 102

Vater und Sohn 105

Einer kommt zu spät... 109

Mann und Frau 113

Der Mann von der Straße 117

Die tobenden Jahre   120
Herzliche Erpressung   126
»Die Fahne hoch... die Reihen fest geschlossen«   131
Phantasie in ganz dunkelrot   134
Das äußere Leben   138
Das Reich der tausend Jahre   140

Vierter Teil
Kleine Fahrt in die Freiheit   145
Heimkehr des Gefangenen   148
Der Januskopf   152
Der Krug geht nicht so lange...   157
Revolutionshochzeit   162
Sonnenfinsternis   167
Nutzlose Erkenntnis   172
Der Bürger trottelt mit   176
Es geht aufs Ganze   181
Fratzendiener   184
Einer muss es ja tun   188
Ende und Beginn   195

Epilog
Die Schuld der Zuschauer   199

Glossar   201

Nachwort von Helmut Stelljes   207
Literaturverzeichnis   230

Dank   231

Erster Teil

Torte und Politik

Das mit dem Krieg endete genau so, wie der Soldat und Bäcker Gustav Döring es immer gesagt hatte. War er denn so mutig, dass er wagte, bei den »Preußen« die Schnauze aufzumachen?

Ja und nein. Er hielt nie mit seiner Meinung »hinter dem Berge«; einmal riskierte er sogar ’ne Lippe und da war’s aus mit ihm. Damals im Ersten Weltkrieg erschoss man nicht so leicht wie später. Aber Gustav hatte doch die Frechheit und sagte zum General von Röhl: »Tjawoll, Herr Gonoröl…«

Toll, was? Also Gustav wanderte erst mal für fünf Tage ins Loch.

Natürlich Mittelarrest, im »Tagesbefehl« stand es schwarz auf weiß. »Ich bestrafe den Soldaten Gustav Döring mit fünf Tagen Mittelarrest wegen ungebührlichen Verhaltens«, gezeichnet »von Potthof«. Das war der Kommandeur Major Potthof, der viel schneidiger tat, als er in Wirklichkeit war. Gustav war direkt stolz, dass sein Name im Tagesbefehl stand. Und über die fünf Tage sagte er nur: »Die sitze ich auf einer Arschbacke ab…« Er tat es auch. Und hinterher buk er wieder Kuchen und so weiter.

Nur der Leutnant Bothe sagte: »Ein bisschen viel roten Zucker nehmen Sie zur Torte. Das fällt im Kasino direkt auf.«

Das hatte mit der Backkunst weniger zu tun als mit der Politik. Und die Revolution vom 9. November 1918 war auch für Gustav nicht zufriedenstellend. Er hatte sie sich anders gedacht. Als er die Zivilkluft wieder am Leibe spürte, da war Gustav auch ein anderer Mensch. Und als er die Heimat wiedersah, blieb ihm die Spucke weg. Er sagte: »Das ist doch keine Revolution… das ist ein Katzendreck.«

Einige Monate gingen vorbei, da stand der stämmige Gustav Döring in der Backstube, in der eigenen Bäckerei und Konditorei, Ecke Langelaube und Stiftsstraße, in der Kgl. Haupt- und Residenzstadt Hannover. Dieser prunkvolle Titel war übrigens verblasst. Man steuerte nun mit Macht auf das Jahr 1919 zu, das Frieden und Glück bringen sollte.

»Ist mir doch schnuppe, was die Sozis wieder machen, ich backe jetzt eine Liebknecht-Torte, weißt du, mit rotem Zuckerguss drüber. Piekfein, sag' ich dir, Friedrich Wilhelm…«

Der stand nun, wie das seine Art war, etwas knickebeinig in der Bäckerei, bestaunte alles sehr genau, meinte: »Wenn ich erst mal mein Posamentiergeschäft in der Osterstraße hab', da wirste staunen«. Etwas gedämpfter sagte er noch: »Frieda werde ich wohl heiraten müssen; das Kind, das Mädchen Justine, ist ja schon da.«

Gustav verzog den Mund, tauchte seine Hände, die ganz von Teig und Mehl beschmiert waren, in eine Schüssel mit Wasser. »Na ja, ich musste ja meine Agathe auch heiraten, der Bengel ist ja schon über fünf Jahre alt.«

»Na, siehste woll,« sagte Wöltjen und ging fort.

Gustav Döring aber machte sein kniffeliges Gesicht; das tat er immer, wenn er eine Torte bearbeitete. Es war Gustavs Plan, endlich eine Torte zu machen, die seiner Gesinnung entsprach. Bei Kreipe in der Bahnhofstraße, wo er doch gelernt hatte, gab es nur »Bismarck-Torten«. Die waren aus schwarzbraunem Schokoladenteig, darüber ein weißer und roter Zuckerguss, fertig war die Laube. Schwarz, weiß und rot. Das hatte sich aber nun aufgehört, das ganze Militärtheater. Der Krieg war aus. Gustav hatte Schwein gehabt, war als Soldat bei den 74igern in der Bäckerei beschäftigt. In St. Quentin, wo es friedlich zuging, wo man sonnabends einen anständigen Puff hatte und auch sonst ein ganz nettes Leben. Der Dussel Wöltjen war da mal hineingelatscht, ein gewöhnlicher Infanterist, den die Kuchen im Fenster angelockt hatten. »Wieso biste eigentlich nich dot, Mensch?« hatte Gustav gefragt, für ihn war ein lebendiger Infanterist ein Wunder.

»Ich habe mich immer gebückt, wenn geschossen wurde,« hatte Wöltjen gesagt.

»Willste das nun weiter tun, das Sichbücken, wenn geschossen wird?« grinste Gustav.

Das war Friedrich Wilhelms Lebensgewohnheit geworden; genau wie sein

12

Name, der wirklich kaum mehr zeitgemäß war. Aber der ganze lange, schlotterige Wöltjen war es ja auch nicht. Er war 'ne richtige Jammergestalt mit viel Schwein. Nicht totgeschossen kam er wieder zurück nach Hannover, heiratete und hatte nur einen Gedanken, der hieß: »Posamentiergeschäft«.

Die rote Fahne wird blasser

Nicht bei Gustav, aber bei den anderen. Na ja, die Sozis waren ja nun Volksbeauftragte geworden, aber das Volk, das sie doch eigentlich »beauftragt« hatte, wurde wenig gefragt. Das konnte brüllen und hungern; besonders das letzte, denn wer kein Geld hatte, der konnte sich eben nichts kaufen. Und futtern muss ja der Mensch. Oder nicht?

Was nun Gustav, den dicken Döring betraf, so war er wirklich von Herzen ein Sozialist. Er redete auch nicht bloß, er half, wo er konnte. Das sollte man sich noch suchen. Auch in dieser ehemaligen Haupt- und Residenzstadt Hannover, wo sie doch nicht vernagelt waren. Die Hannoveraner sind helle, das sind sie wohl. Wenn sie auch so 'ne verdammt ss-pitzige Ss-prache hatten. Und den Stadtdirektor Tramm… du lieber Gott, den hatten sie rausgeschmissen. Ja, das hatten sie getan.

Und dann war der Sozi Leinert Bürgermeister geworden; alles so weit schön und gut. Aber der verkehrte auch zu oft mit den Bahlsens, die von der Keks-Fabrik… und das tat seinem entschiedenen Sozialismus bestimmt nicht gut.

»Da hätten wir man lieber einen von der USPD nehmen sollen,« konnte Gustav schimpfen. Aber man lächelte nur, sagte wohl: »Das ist ja 'n ganz Roter, der dicke Döring.« Als ob das 'ne Schande wäre, nicht wahr? War's doch nicht. Oder doch? Na, vorläufig ging es ja, die Sozialdemokraten zeigten auch, dass sie »gar nicht so schlimm« waren.

Und dann war es im Januar, dass Liebknecht in Berlin abgemurkst wurde; Rosa Luxemburg auch. Na, das waren ja auch alles Spartakisten, die das letzte Geld von den Bürgern nehmen wollten.

»Das geht doch wirklich zu weit… nöch?« so fragten die Hannoveraner, die früher mit der Königlichen Reitschule ein schönes Stück Geld verdient hatten. (Die vielen Schulden hatten sie vergessen.)

»Davon verstehste nischt,« schnauzte wohl Gustav seinen Freund Friedrich Wilhelm Wöltjen an, und der murmelte was von »Ruhe und Ordnung«. Was nun Agathe Döring betraf, so hatte sie in erster Linie Angst. Eigentlich vor…allem. Schon das Wort »Revolution« konnte sie aus dem Häuschen bringen.

Aber Gustav sagte wieder und wieder: »Schön… die Republik muss sich verteidigen… aber gegen wen? Gegen Links? Da holen sie die alten Generäle Lequis und Konsorten und die knüppeln die Arbeiter nieder… tja, so sind die Herren Ebert, Noske und die Genossen, pfui Teufel.«

Nach dem 15. Januar waren ja auch die Spartakisten ganz still. Meistens tot. Abgeknallt. Aber das Volk schrie weiter nach Brot, und dem Volk war es gleich, dass Ebert nun einen richtigen Pelzmantel trug. Und das war nicht nur äußerlich.

Gustav Döring aber hatte so seine eigene Meinung über alle. Sein Sohn Fritz? Was war mit ihm los? Der ging jetzt zur Schule, ins Realgymnasium am Clevertor, wurde gar nicht sozialistisch erzogen. Wieso auch? Da waren immer noch die alten »Steißtrommler«, nannten sich jetzt »Studienräte«, aber waren die alten reaktionären Lehrer von eh und je.

»Was machst du eigentlich mit deiner Justine?« fragte wohl Gustav seinen Freund Friedrich Wilhelm.

Der sagte ganz stolz: »Die ist noch nicht so weit, aber später kommt sie in die ›Höhere Töchterschule‹. Kannste Gift nehmen. Meine Frieda besteht darauf.«

Gustav schwieg, das heißt, er redete kein Wort. Das ist etwas anderes als das »Maul zu halten«. Das konnte Gustav niemals. Als Junge nicht, als Mann erst recht nicht. Er sagte es oft zu seiner Frau (die meist nur nickte oder seufzte): »Muttern…«, sagte er, »das wäre alles viel besser auf der Welt, wenn die Leute mehr Zivilcourage hätten. Ich will den Deubel tun und Bismarck zitieren… aber da hat er doch recht gehabt, als er das Wort von der ›Zivilcourage‹ im Reichstag sagte. So leid es mir tut, da hat er ganz recht gehabt…«

14

Der kleine Fritz kam gerade aus der Schule, als Vater Döring wieder mal so daherredete. Er war nun bald acht Jahre alt, aber in der Klasse war er immer der »Pluck«, das heißt der schlechteste Schüler. In allen Klassen. Nun, Gustav machte sich nichts daraus, gar nichts. Aber Mutter Agathe weinte immer über die Zeugnisse, sie konnte sie einfach nicht verstehen. Oft sagte sie: »Er ist doch so'n kluges Kind…«

»Tja… aber faul wie Galgenholz ist er… daran liegt es. Aber flenne nur nicht, Agathe, er wird schon seinen Weg machen.« Zum Knaben Fritz hin: »Was? Du Rotztulpe…?«

»Tjawoll, Vater, ich werde schon meinen Weg machen. Heute sind übrigens Turnspiele, da muss ich hin…«, sagte er und sauste in sein Zimmer hinauf. Agathe aber starrte in das Schulzeugnis, in dem stand: »Versetzung zweifelhaft.«

Gustav lachte nur; er konnte beim besten Willen diese ganze Schulsache nicht tragisch nehmen… das konnte er wirklich nicht. Mutter Agathe aber schneuzte sich, dann ging sie zu ihrer besten Freundin, der Witwe Kreikemeyer, die immer so viel Verständnis hatte. Gustav nannte sie nur »die alte Schraube…«

Dicke Luft

Wer sich j e t z t noch Illusionen machte, war wirklich ein Dussel. Gustav tat es nicht; im Gegenteil, er sagte: »Die Mark fällt, die Reichen werden reicher, die Armen ärmer. D a s nennt man soziale Gerechtigkeit. Na, der Cuno, der Reichskanzler, der wird schon hübsch verdienen…«

Und Friedrich Wilhelm Wöltjen tat das, was alle taten: er setzte die Preise herauf. Davon wurde sein kümmerliches Geschäft auch nicht besser. Aber er passte sich eben an.

Das war das Jahr 1923, und im November 1923 machte der Bandenführer Hitler in München 'ne kleine Revolution. Natürlich »völlig legal «. Wie er es nannte. Da war ein Vortrag vom Ministerpräsidenten Kahr angesetzt. Na, und da stürmte der Hitler, der sich »Führer« nannte, einfach den Saal und schoss mit seinem Revolver an die Decke, schrie: »Ich setze hiermit die nationale deutsche Regierung ein.«

Die Bürger waren verblüfft, aber am anderen Tag marschierten die Polizei und die Reichswehr unter General Lossow auf und der ganze Hitlerspuk schien verflogen zu sein. War es aber nicht. Der Münchner Bürger schrie: »Nieder mit Kahr« und »Heil Hitler«. Dann fing man den Rädelsführer, diesen Hitler, schoss ihn aber nicht tot, sondern machte ihm einen regelrechten Prozess. Übrigens war der alte General Ludendorff mit von der »Hitler-Partie«. Der hatte sogar noch mehr Mut als der Anstreicher-Gefreite, er ging von der Feldherrnhalle aufrecht den schießenden Polizisten und Soldaten entgegen, und sofort senkten sich die Gewehre.

»Den hätten sie auch totschießen sollen, diesen Ludendorff«, sagte Gustav Döring und meinte es so.

Aber wer sollte ihm beipflichten? Friedrich Wilhelm Wöltjen bestimmt nicht. Und an den Litfasssäulen stand das Plakat:

»Wer hat die Rentenmark erdacht?

Der Demokrat, der Dr. Schacht.«

Und dann war sie auch da. Die stabile Mark. Die Rentenmark-Millionäre gab es sehr sparsam; die meisten waren bettelarm; und das war ganz in Ordnung. Der sogenannte »Naturalwert« war geschwunden. Der Dollar war eben vier Mark und zwanzig Pfennige wert.

Dass Leute wie der Posamentierhändler Wöltjen sich nicht so schnell an die Umstellung gewöhnen konnten, war klar. Friedrich Wilhelm war wohl nie ein Dollar- oder Franken-Millionär gewesen. Aber er hatte doch seinen guten Schnitt in der Inflationszeit gemacht. So ein Polstermöbel war eben doch ein gepolstertes Stück gewesen, na, und die Zutaten… waren eben »Auslandsware«… na, und da? Friwi, so nannte ihn jetzt Gustav, war niemals ein Kaufmann gewesen…

Was die Aussteuer seiner Tochter Justine betraf, so lag die jetzt sicher in der Schublade. Kein großer Wert mehr, aber niedlich.

»Jedes Brötchen kostet fünf Pfennige,« das sagte Gustav, er war zufrieden. Weniger damit, dass die innenpolitische Lage fest in der Hand der Großindustriellen lag. Gustav hatte keine Illusionen mehr über seine Sozis; die

waren auf »Numero sicher« gegangen, ließen die bürgerlichen Elemente hausen und regieren. Dass wieder mal eine Wahl vor der Türe stand, regte sie nicht auf. Wenn auch solche Plakate zu sehen waren wie:

»Von roten Ketten macht euch frei
allein die deutsche Volkspartei.«

Man muss sich den Sozialisten Gustav Döring nicht so vorstellen, wie die meisten Deutschen damals waren. So nicht: er war kein Mann, der die linke Faust in der Hosentasche ballte und mit der Rechten irgendeinen beschönigenden Gruß machte. So war er nicht. Er sagte, was er meinte. Renommierte auch nicht, wie die meisten seiner Landsleute es taten, dass er im Kriege ein »Held« gewesen sei. DAS tat er nicht. Er konnte wohl sagen: »Ich war zu feige, dass ich mich vor den Preußen gedrückt habe…« DAS konnte er sagen. Zum Leidwesen seiner Agathe, die immer alles »um des lieben Friedens willen« tun wollte. Auch Wöltjen war so… eigentlich die meisten. Aber der Posamentierhändler war überhaupt ein Jammerlappen. Milde gesagt. Wie eben fast alle waren.

Doch Gustav war anders. Das merkte auch allmählich sein Sohn Fritz, der immer mehr zum Militaristen wurde. Aus dem »Küken« wurde allmählich ein Kräh-Hahn, der zwar nichts Rechtes vom Kriege wissen konnte, aber dafür die Klappe immer mit weit aufriss, wenn gegen die Republik was gesagt wurde. Komisch, aber wahr: Justine war anders geartet. Sie konnte dem Bäcker und Konditor stundenlang lauschen, wenn er mit seinem Spott über die »Scheißbürger« (so sagte er) herzog.

Sie sagte auch einmal zu Gustav: »Weißt du, Onkel Gustav, eigentlich müssten alle Leute wie du sein…«

»Müssten sie?« fragte Döring wohl und grinste.

Aber Wöltjen mochte es nicht gern. Natürlich war der junge Fritz ihm etwas zu forsch, aber ihm imponierte das. Wie den meisten.

Die deutschen Bürger zitterten nämlich immer noch um ihren Sparstrumpf. Nur die wenigsten hatten ein Bankkonto. Aber damals war es die große Mode, reicher zu tun, als man war. Und wenn Gustav sagte: »Ich bin eigentlich ein Prolet, bin stolz darauf…,« dann fing Agathe (was sie meistens tat) zu weinen an.

So war der Bäcker Gustav Döring eine Ausnahme. Und sein eigenes Fleisch und Blut, sein Sohn Fritz, verachtete den Vater wegen seiner politischen Meinung. Nur Justine konnte eben in Gustav nichts Komisches sehen. Für sie war er ein ganzer Kerl. Sie liebte ihn; wusste aber nichts davon.

Natürlich kam es so, dass Fritz diese Justine anfing gern zu haben. Er poussierte mit ihr. Das war doch ganz natürlich bei einem so jungen Menschen. Und Justine ging sogar mit Fritz zum Schwof auf den Benther Berg. Sonntag nachmittags.

»Da is nischt dabei, gar nischt…«, sagte Gustav und bedauerte nur, dass er so ein Ehekrüppel geworden war.

Fritz und Justine gewöhnten sich bald aneinander. Er steckte es auch allmählich auf, ihr gegenüber den dicken Willem zu markieren; ich meine, seine nationalistischen Phrasen vom Stapel zu lassen. Sie lachte nur, meinte: »Red nich so'n Kohl, Fritze…, wir Frauen haben nämlich nischt für den Krieg übrig.«

Da war doch Fritz baff, er dachte: so 'ne Göre, die spricht genauso wie mein Oller. Na, das werd ich ihr schon abgewöhnen. Fritz dachte nämlich, trotz seiner neunzehn Jahre, doch die Justine einmal zu heiraten. Er sagte aber nichts davon. War auch besser.

Die Musikkapelle spielte gerade einen strammen Marsch. »Kann man danach auch tanzen?« fragte Justine. Fritz meinte: »Wenn du willst… Polka…«

Und dann walzten sie los. Es war schön.

»Die Jugend marschiert… das Alter wartet ab.«

Man kann nichts gegen Gustav Döring sagen, der sein Bestes tat, um den Stumpfsinn des »erwachenden Deutschlands« zu mildern. Er konnte nicht mehr tun, als seine Torten schön rot mit Zucker zu verzieren, als jeden Mittwoch in den Treffplatz der SPD zu gehen und dort seine Meinung ungeschminkt zu sagen. Mehr konnte Döring w i r k l i c h nicht tun. Wenn er so loslegte, na, da waren die pp Genossen doch erstaunt; wenn er zum

Beispiel sagte: »Von wegen… ›alle Räder stehen still wenn dein starker Arm
es will‹, so könnt Ihr das ruhig hier singen. Klingt schön. Aber inzwischen
haben die ›feinen Pinkel‹ nicht nur die Bleistifte gezückt, sondern auch den
Säbel. Und den Revolver entsichert. Und die Herren reden nicht nur, sie
h a n d e l n , und das nicht schlecht…«

»Was willste denn, Genosse? Wir sind doch verfassungstreu…?« So sagte
wohl der oder jener, aber Gustav meinte: »Was heißt hier ›verfassungstreu‹?
Wir schreiben das Jahr 1925 und der ausländische Verbrecher, dieser Hitler,
reißt wieder seine Klappe auf. Na, und u n s e r Genosse Loebe? Tjawoll,
Paul Loebe redet so einen Kohl, dass wir einen deutschen Frontkämpfer
nicht ausweisen könnten… So'n Blödsinn. Dieser sogenannte Frontkämpfer schlägt uns allen ein Schnippchen, wenn wir nicht aufpassen… Und
das tun wir nicht, warum denn auch? Wir sehen zu, wie die Herren von
der feinen Klasse brav mitmarschieren. Natürlich nicht auf der Straße. Die
Republik kann sonst hopsgehen.«

So konnte der Bäcker und Konditor wohl sprechen; er tat es auch. Wenn
die bedächtigen, abwartenden (worauf warteten sie eigentlich) Genossen
rufen oder sagen konnten: »Gustav ist ein Kommunist,« so ließ das Döring
einfach kalt. Er wusste, was er wollte. Das Richtige. Und d a r a u f kam es
ihm an.

Zu Hause freilich wirtschaftete der Fritz nun auch in der Bäckerei, war
Gehilfe geworden und kam sich mächtig bedeutend vor. War er aber nicht.
Gustav sah ihm gehörig auf die Finger. Und aufs Maul. Denn Fritz konnte
reden und schwadronieren, wie ein Oller es nicht kann. Und dann ging er
oft nachmittags fort, sagte: »Ich mach 'ne Übung mit.« Agathe, die gute
und viel zu weinerliche Mutter seufzte oft: »Wo geht das Kind bloß hin…
wenn ich das nur wüsste. Übung versteh' ich nich.«

Gustav verstand es, wusste es genau. Er sah mal auf der Bult (der großen
Stadtwiese) einen Haufen von jungen Leuten marschieren und stramm-
stehen. Es gefiel ihm gar nicht. Einmal ging er näher und sah sogar seinen
Sprössling, wie er da in Reih und Glied marschierte. In weißem Hemd und
blauer Hose. Da traf er auch den dusseligen Wöltjen. Der war ganz Feuer
und Flamme, sagte: »Fein, wie die jungen Leute wieder marschieren…«

»Du hast wohl von der letzten Scheiße noch nicht genug, was?« Gustav Döring sagte es nachdrücklich. Aber er war ja ein Roter.

Nur wenn er Justine traf, die in irgendeine Handarbeitsschule ging, da freute er sich. Er mochte die Deern eben gern. Sie hatte so was Frisches und Zuverlässiges. Im Stillen hoffte Gustav, dass sie einen guten Einfluss auf Fritz haben könnte. Weit gefehlt. Der kümmerte sich nicht um Weibergeschwätz, wie er es nannte. Für Fritz und seine Freunde war alles, was der »Führer« sagte und tat, völkische Offenbarung. Wenn Gustav nur nicht den Schlamassel vorausgesehen hätte. Und das hatte er, denn die Sozis nahmen ja alles zu leicht. Was sollte man da von den bürgerlichen Leuten verlangen? Am besten nichts. Gustav hatte unter den Genossen eigentlich nur e i n e n gefunden, mit dem er sich gut verstand. Der hatte kein Brett vor der Stirn; wie die meisten eben. Er hieß Freudenthal, hatte für einen Juden einen gediegenen Vornamen: »Hans«. D a s war auch das einzige, das Gustav Döring bei dem Genossen komisch fand.

»Meine Eltern haben mich so genannt,« sagte der Genosse Freudenthal und machte ein ironisches Gesicht.

Wenn Gustav und Hans mal zusammen in der Kneipe bei Wiggers saßen (übrigens auch ein SPD-Mann), dann konnte Gustav loslegen: »Weißte, Genosse Hans, was unsere Leute falsch machen, ist gar nich zu sagen. Die ziehen immer die Krallen gegen die Bürger ein und kämpfen gegen die Kommunisten.«

Freudenthal nickte nur, meinte wohl: »Ganz recht haste, Gustav, aber w e r gibt schon was auf u n s e r e Meinung? Niemand.«

Justine kam mal flüchtig an der Kneipe vorbei, Gustav winkte sie rasch herein.

»Nee, Bier mag ich nicht. Ich war eben bei meinen Eltern, die haben ja sonst keinen Menschen.« Justine fragte Gustav plötzlich: »Was würdest du denn dazu sagen, wenn ich Fritzen heiraten würde…?«

»In erster Linie würde ich mich freuen, Tine…das sicher. Aber leicht wirst du es mit Fritz nicht haben, leicht nicht. Ich kenne meinen Sohn.«

Da mischte sich Freudenthal ins Gespräch: »Mich geht's ja nischt an, aber m ü s s e n Sie denn heiraten, Fräulein Justine?«

Gustav knurrte nur: »Mensch… jetzt lass doch das Gefräuleine, das ist Justine Wöltjen und das ist der Genosse Hans. Also was ich noch sagen wollte… warum heiratest du denn wirklich den Fritz… ist ja mein Sohn und ich kann mir keine bessere Schwiegertochter wünschen als dich, Tine. Aber meinste, dass du Fritz den Nazi ausreden kannst? Ihr Frauen könnt ja viel… aber…«

Justine wurde rot, es stand ihr gut, sie sagte nur: »Du überschätzt uns Frauen. Hat denn die deine aus dir einen Waschlappen machen können?«

»Danke, Tine… nee, das hat Agathe nich machen können. Die flennt zuviel, weißte. Aber wenn du aus dem Fritz einen anständigen Kerl machen könntest. Meinen Segen hast du. Aber leicht ist das nich.«

Justine trank ihre Limonade aus, sagte kurz vor dem Weggehen noch: »Wissen Sie, Genosse Freudenthal, …, es gibt da keinen Zwang, das hat weniger mit Liebe als mit anderen Sachen zu tun…«

Freudenthal verstand, sagte nur: »Na dann gratuliere ich…«

Nun wurde Gustav aufmerksam, er wusste Bescheid, sagte etwas gepresst: »Also ihr m ü s s t heiraten. Na, meinen Segen habt ihr. Aber sag mal, Tine, wieso… ist denn das passiert?«

Justine sagte beim Weggehen, leicht und beinahe heiter: »Weißte, Vater Gustav… ich kann nur sagen ›Benther Berg‹. «

Als Justine gegangen war, da schien Gustav erst alles zu erfassen, er sagte laut, viel zu laut: »Dunnerlüttjen…«

Und dann ging er auch bald. Freudenthal blieb zurück und sicherlich dachte er sich seinen Teil… sicher.

»Wenn man andere Leute so reden hört…«

Gustav war es pottegal; aber Agathe nicht. Sie hörte so allerhand über die junge Ehe. Sagte Frau Kalenberg doch einmal ganz laut im Geschäft der »Nordsee-Fischerei«, wo Agathe immer die Bücklinge holte: »Man soll nicht zu früh heiraten… ich bin dagegen. Habe es auch nicht getan… mein Mann…« Und der Fischhändler Stövesand: »Es gibt ja auch Fälle, wo ein junges Paar einfach m u s s , von wegen dem Anstand… Darf ich Ihnen noch was einschlagen, Frau Döring?« Stövesand war katzenfreundlich zu Agathe, die wieder einmal dem Weinen nahe war. Sie stammelte nur: »Danke… nein…,« dann war sie weg aus dem Laden.

Beim Mittagessen sagte sie doch zu Gustav: »Wenn man andere Leute so reden hört…«

»Warum hörste hin, Mutter?« war alles, was Gustav dazu sagen konnte. Und Friedrich Wilhelm Wöltjen war es auch nicht so ganz recht, was die Leute sagten. W a s war ihm denn recht? Eigentlich nichts, gar nichts. Da war Frieda anders, die konnte sogar mit der Aussteuer ihrer Tochter Justine renommieren. Ja, das konnte sie. Dabei war die wirklich nichts besonders, hatte in der Schublade gelegen seit der Inflation, war auch nicht besser geworden. Eher gelblicher.

»Wenn man andere Leute reden hört…,« auch Justine war es gleich. Sie hatte Fritz geheiratet, oder er sie. Wer konnte d a s entscheiden? In ein paar Wochen würde ja der oder die Kleine ankommen. Und das war die Hauptsache.

Der junge Vater Fritz hatte Anfälle von »Stolzsein«… das passte ganz gut zu ihm, denn er war so geartet, dass er immer auf irgend etwas stolz sein musste. Er machte dann ein hochmütiges, etwas lächerliches Gesicht. Gustav pflegte seinen Sohn aufzuziehen: »Was ist schon Großes dabei, Vater zu werden… nischt. Jeder junge Mann kann das…«

Agathe konnte solche Redensarten nicht hören; sie fand sie gemütlos und unfein. Das letzte war überhaupt ihr Lieblingswort, »fein«… aber das war zu jener Zeit gänzlich unmodern. Einen »feinen Kerl« nannten Fritz oder sein Freund Wucherpfennig jemanden, der schneidig war, der den Mund aufriss, und vor allem einen, der »nationale Phrasen« zum besten geben konnte.

Es war ein geringfügiges, aber sehr bezeichnendes Vorkommnis, dass Fritz zum Beispiel einen Jungen (falls sein Kind das werden sollte) A l b e r t nennen wollte. Nach einigem Hin- und Herreden kam es heraus, dass er mit diesem Namen den zweifelhaften Helden der Ruhrbesetzung, nämlich Albert Leo Schlageter, ehren wollte, der von den Franzosen als Saboteur erschossen worden war.

Aber Justine wollte nicht, nein, diesen Unsinn wollte sie nicht mitmachen. Es gab einen richtigen Familienzank, bei dem Gustav Döring stark für den Namen »Karl« plädierte, was übrigens eine Ehrung für »Karl Liebknecht« sein sollte.

Aber das Schicksal meinte es anders.

Justine brachte eines Tages ein… Mädchen zur Welt, das einfach nach der Mutter Gustavs, nämlich »Amalie« genannt wurde. Wöltjen war mehr für »Frieda« gewesen oder »Bertha«, was übrigens der Name seiner Mutter gewesen war.

Während die Männer sich zankten, brachte Justine das kleine Mädchen zur Welt, das »Amalie« getauft wurde. Jawohl, getauft in der Christuskirche, trotzdem Fritz sich als Nazi »gottgläubig« nannte, zu keiner Gemeinde gehörte, während Großvater Gustav Döring versuchte, das kleine Mädchen »Rosa« zu nennen. Natürlich nach »Rosa Luxemburg«.

Aber auch damit hatte er kein Glück. Pfarrer Seekamp taufte es einfach … Amalie.

Der junge Vater und Gustav, der überhaupt ein Atheist war, machten lange Gesichter. Das einzige, was sie tun konnten.

»Was liegt schon am Namen,« sagte Frieda Wöltjen und traf damit das Richtige.

Justine, die junge Mutter, rechtzeitig verheiratet, hatte doch ihren Willen durchgesetzt. Und Großmutter Agathe fragte eigentlich niemand. Die weinte bloß, und das war auch kein rechtes Argument.

Der kleinen Amalie war es übrigens ganz egal. Ihre Mutter nannte sie doch »Kleinchen« und tat damit wohl das Richtige.

Dass Fritz Döring eigentlich Gehilfe bei seinem Vater Gustav war, wurde auch nicht so klar, denn Fritz verreiste so oft, immer »dienstlich«, und tat sehr geheimnisvoll. Gustav glaubte ihm nichts, gar nichts. Für ihn war er der dumme Bengel, der großes Glück mit seiner Frau hatte. So meinte er. Und es war wohl so, wenn auch die Nachbarn immer ein wenig zu viel redeten. Und Agathe gab ja so viel auf das Geschwätz der Leute. Ja, das machte sie ganz krank.

Aber Wöltjen war ja alles schnuppe, und Gustav meinte nur: »Wenn der

Bengel nur etwas fleißiger wäre, dann hätte ich nichts gegen das Ge-schwätz…«

Aber diese ewigen »Dienstreisen« des jungen Döring waren ja auch etwas zu viel. Nicht nur für die Leute.

»Warte ab…, Vater«, sagte Fritz oft recht wichtigtuerisch, deutete damit an, dass er noch »Großes« erreichen werde. »Du mit deinen Sozis… sei man ganz stille…,« sagte er oft zu Gustav, der dann richtig böse werden konnte. Ein Sozialdemokrat, der eigentlich keiner mehr war, obwohl er pünktlich die Beiträge zahlte, hatte es in jener Zeit nicht leicht. Die Sozis verloren immer mehr an Boden, das heißt politischen Einfluss, wenn auch der Sozialdemokrat Hermann Müller noch Reichskanzler war. Das Bürgertum, das kleine und das große, hatte ja längst gemerkt, dass die Sozis »nicht so schlimm« waren. Eigentlich hätte man glauben sollen, dass nun die Sozi-aldemokraten mehr Stimmen bei den Wahlen bekommen würden, aber ganz im Gegenteil, sie verloren immer mehr.

Gustav Döring schimpfte auch darüber, sein Freund Freudenthal auch, aber sie konnten nichts verhindern, gar nichts.

Die Reaktion wurde sicherer und stärker, und schließlich wurde auch am 30. März 1930 der Zentrumsabgeordnete Heinrich Brüning Reichskanz-ler. Der schaltete und waltete mit dem Paragraphen 48, wie er Lust hatte. Er regierte ganz einfach ohne den Reichstag, erließ »Notverordnungen« in Mengen. Das Bürgertum murrte zwar, die Arbeiterschaft streikte sogar, aber sie konnte nichts gegen den Kanzler ausrichten, der von dem gewählten Präsidenten Hindenburg gestützt wurde. Dass dieser Paragraph 48 eigent-lich »zum Schutz der Republik« in die deutsche Verfassung gebracht war, dass er von dem längst vergessenen Hugo Preuß als eine Schutzmaßnahme gegen die Reaktion gedacht war, hatten wohl die meisten vergessen.

Nur Gustav nicht, nein, der nicht. Aber was sollte er tun? Er schimpfte und wetterte genug gegen den Missbrauch des Paragraphen, aber wer hörte ihm schon zu? Die Sozis kämpften eigentlich nur gegen die Kommunisten … und waren sogar stolz darauf.

So und nicht anders sah es in der Deutschen Republik von 1930 aus.

Das wäre ja soweit alles gut gewesen. Wenn man nur gewusst hätte, ob es einen Aufgang oder den Untergang der Sonne bedeutete, dass der Himmel blutrot war. Und das war er. In diesem Jahr 1932.

Der Monat Juli war für die Preußen-Regierung stürmisch gewesen. Da hatte der neue Reichskanzler von Papen einfach den Oberbürgermeister Bracht aus Essen geschickt und den Herren »Regierenden« sagen lassen, dass sie gehen sollten. Und das taten sie auch. Der Sozialdemokrat Severing, der preußische Innenminister, sagte noch, dass er nur der Gewalt weichen werde. Und diese Gewalt war jener Herr Bracht, der sich »Kommissar« nannte und die Herren Minister hinauskomplimentierte... das war alles. Es ging schnell, schmerzlos und unblutig...

Dass Gustav Döring in der »Bezirksversammlung« der SPD einfach aufstand, eine Lippe riskierte, war nur selbstverständlich: »Wenn die Herren in Berlin in die Hosen machen, dann brauchen wir es noch lange nicht tun...«.

Das sagte Gustav, die Genossen waren ja teils seiner Meinung, aber der Genosse Freudenthal war wohl der einzige, der in der Diskussion meinte, dass der Genosse Döring recht hätte. War nur ein Jammer, dass er nichts dagegen machen könnte. Er sagte noch: »Wir müssten mal die Gewerkschaften zusammentrommeln, sie aufwecken und dann einen richtigen, goldrichtigen Generalstreik machen. Das müssten wir tun...«

Aber Freudenthal konnte gegen das sichere Lächeln des Vorsitzenden Kramer nichts machen. Und so ging die Versammlung auseinander...
Nichts geschah.

Wenigstens bei den Sozis. Die anderen, die Reaktionäre, die aber waren obenauf. Sie glaubten, dass ihre Zeit nun gekommen sei. »Von wegen...«, sagte wohl der oder jener, der wusste, dass sich die Stahlhelmer und die Nazis jede Nacht prügelten. Aber es war doch mehr ein Familienzank, kein richtiges Zerwürfnis.

Was nun den jungen Fritz Döring betraf, so war der höllisch obenauf. Kein Schupo, kein Beamter der lausigen Regierung (trotz Papen nannten sie sie lausig) konnte die Parademärsche, dies Gesinge und »Heil-Hitler-Geschrei« verbieten.

»Unsere Zeit kommt…,« sagte Fritz zu seiner Frau Justine, die gar nicht so recht begeistert schien. Sie hatte ein Mundwerk, ja, die sonst etwas stille Person konnte sich ordentlich aufregen, wenn, wie das jetzt öfters vorkam, Fritz mit seinem Freund Bernhard (eine neue Errungenschaft) ganz seelenruhig über die »Nacht der langen Messer« sprach. Natürlich wurden beim Reden und Quatschen einige Flaschen Bier verdrückt. Das schien irgendwie belebend auf die an und für sich schläfrigen Gemüter dieser hannoverschen Jungens zu wirken. Kann ja sein, warum nicht.

»Jetzt kommt die Wahl in Lippe… und dann… der große Schlag.« Das sagte Bernhard, wenn er in seiner neuen (unbezahlten) SA-Kluft so am Tisch saß. Und Fritz war obenauf.

Nur wenn Gustav kam, verdrückte sich Bernhard schnell, auch Wucherpfennig, der eine ganz prächtige SA-Uniform trug, verschwand rasch.

»Die können mich nicht leiden,« lachte Gustav und fügte hinzu, »beruht auf Gegenseitigkeit… tjawoll…«

Döring kam oft, Fritz fand z u oft, aber er war ja schließlich der Großvater von Amalie. Die lag freilich meist im Schlaf; der war Politik gleichgültig.

Justine war anders, sie konnte diese »Schnösels«, wie sie sie nannte, nicht verknusen.

»Sind nich Fisch und nich Fleisch,« sagte sie, aber Fritz war anderer Ansicht. »Das sind verdammt gute SA-Leute… aus denen wird noch mal was. Aus mir auch…,« fügte er hinzu.

Justine lächelte nur. Gustav aber schimpfte, wenn er so etwas hörte: »Diese Hosentrompeter… die richten Deutschland ganz zugrunde, will ich dir mal sagen, Tine.«

Die meinte: »Du hast sicher recht, aber w a s soll man denn mit den Jungens machen? Die Alten sind ja genau so…,« und dann sagte sie noch etwas melancholisch: »Weißt du, m e i n Vater kümmert sich überhaupt nicht darum, er meint: ›I c h lass die Politik in Ruh‹…, hat er nicht recht?«

Da konnte Gustav schrecklich böse werden, konnte sagen: »Das sind die

Rechten. Die geht Politik solange nischt an, solange die Politik sich nich um sie kümmert. Aber sie wird es tun, verlass dich drauf…«

Das Bürgertum war gleichgültig, im besten Falle; aber große Teile unterstützten doch die Nazis, bewusst oder unbewusst. In Lippe gab es einen großen Wahlsieg für die Nazis, na, die rissen nun mächtig den Mund auf. Die Sozialdemokraten hätten wohl jetzt noch etwas retten können, aber da saß der alte senile Hindenburg, war Reichspräsident und ließ seinen Sohn Oskar die Sache drehen.Und das tat er auch.

Es war ein blutigroter Himmel. Morgenrot für die einen und Untergang für die anderen.

Dies irae

Der Tag kam.

Es war nicht der Jüngste Tag, nicht der des Gerichts, aber einer, der in der Geschichte des deutschen Volkes als der düsterste angesehen werden muss. Es war der dreißigste Januar 1933.

Morgens um elf Uhr beauftragte der alte Präsident den »Führer« der Nationalsozialistischen Partei, ein neues Kabinett zu bilden. Adolf Hitler, von dem Hindenburg im August 1932 gesagt hatte, dass er höchstens »Postminister« werden könnte, wurde R e i c h s k a n z l e r . Und abends gab es einen Fackelzug durch die Wilhelmstraße, an den Fenstern des alten schläfrigen Reichspräsidenten Hindenburg vorbei, der nur staunte und zu seinem Faktotum Meißner sagte: »Haben wir denn soviel russische Gefangene gemacht…?« Der Alte hielt die braunen SA-Leute für russische Gefangene. Was taten nun die anderen Parteien? Nichts. Sie warteten ab.

Das Schlagwort »Er wird sich schon abnutzen« wurde von den bürgerlichen Feiglingen so lange gebraucht, bis… sie sich s e l b s t abgenutzt hatten.

In der Familie Döring sah es düster aus. Fritz war natürlich wegen des »großen Tages« nach Berlin gefahren. Justine aber kümmerte sich um ihr Kindchen. Sie ging am 31. Januar mal schnell zu Gustav herauf. Fand den

27

Alten schlechter Laune, er lachte nur, als Justine ankam. D a s war echte
Freude. Er war nicht überrascht, dass Fritz in Berlin war.

»Kommt nur noch zum Kindermachen nach Hause… was?« Das waren so
Gustavs Scherze, über die Agathe weinen und Justine lachen musste.

Aber sonst war ihr gar nicht so zum Lachen zumute. Im Gegenteil. Was sie
so ihre Ehe nannte, war eigentlich gar nicht vorhanden. Sie hatte sich vorher
sicher keine Kopfschmerzen darüber gemacht; welche junge Frau tut das
schon? Aber die Anwesenheiten Fritzens waren doch nur »Gastspiele«, denn
er kümmerte sich weder um seine Frau noch um seinen Beruf. Er konnte
sagen: »Es geht um Höheres…,« aber das tat er noch nicht einmal, nein,
das lag ihm nicht.

Wenn Gustav sich ironisch beklagte, dass er seinen Sohn so selten als
Gehilfen (der er doch war) sah, dann war seine Stimme getrübt und enttäuscht. Gustav liebte Fritz, aber auf eigene Weise. Auf besondere Art,
väterlich und recht besorgt; aber d a s sagte er höchstens zu Justine, denn
seine Frau Agathe hätte ihn gar nicht verstanden.

Und Wöltjen gegenüber war er vorsichtig. Nicht, dass er ihm misstraute,
nein, aber er hielt ihn für einen Dussel. Und damit war alles gesagt. Justine
war anders, weiß Gott, die war richtig »helle«. War auch nicht sentimen-
tal, sondern nur eben gefühlvoll, wie sich das gehörte.

Fritz war richtig besoffen, faselte von Macht und »Überwindung der
Schmach«, verstand nichts, rein gar nichts davon. Wie sollte er auch? Die
Deutschen ließen sich eben von der schwarzen Sonne braun brennen. Und
Fritze tat es mit. Sein Vater Gustav hingegen wurde von der schwarzen
Sonne nur noch röter gebrannt. Er war eine Ausnahme, sicherlich, aber eine
rühmenswerte.

Wöltjen hingegen ließ sich weder rot noch braun brennen. Er trug, wenn
man das so sagen kann, einen geistigen Sonnenschirm. Das war alles.
Darunter blieb man weiß, also neutral.

»Ich kann das einfach nicht…,« sagte Justine, und Gustav konnte ihr nur
zunicken. Sie tat ihm übrigens leid.

Übrigens ging der Genosse Freudenthal öfters zu Justine. Er mochte sie
gerne; sie ihn auch.

28

Da platzte doch einmal Fritz hinein, spielte sich ehemännlich auf und schnauzte Freudenthal direkt an: »Ich wünsche keinen jüdischen Verkehr, verstanden…«

Freudenthal verstand. Von nun ab traf er Justine bei Gustav oder auf einem Spaziergange. Sie sagte einmal: »Es muss doch ein scheußliches Gefühl sein, so als Mensch zweiter Klasse behandelt zu werden…«

Freudenthal lachte nur, etwas bitter, aber herzhaft. Er meinte: »Für all das werden die Herrschaften mal zu zahlen haben. Mir macht das nichts aus. Aber ich möchte Sie doch nicht kompromittieren… Justine.«

»Lassen Sie das, Hans,« war ihre Antwort und sie hängte sich sogar bei ihm ein. Bekannte, die ihnen begegneten, machten dumme Gesichter, aber Justine lachte nur: »Jetzt haben die endlich Stoff zum Klatsch. Mir ist's egal.«

Freudenthal schwieg. Er dachte, das ist nun Tapferkeit, dass Justine mit mir geht. Vor ein paar Jahren hätte niemand Anstoß daran genommen. Und in ein paar Jahren. Weiter konnte er nicht denken. Er sagte noch, wie beiläufig: »Eines Tages muss ich ja aus Deutschland fortgehen. Wird nicht leicht sein. Aber die treiben ja da hin. Alle. Auch die sanften und so unpolitischen Bürger… die am meisten…«

Justine genoss das Zusammensein mit Hans sehr. Sie begriff einfach nicht, dass die Umwelt so töricht sein konnte. Der einzige war Vater Gustav, der sie verstand. Der leibliche Vater meinte nur: »Sei nicht zu leichtsinnig, Kind.«

Am ersten April 1933 ging Justine ostentativ mit Hans; es war der Boykott-Tag gegen die Juden.

»Einer muss ja vernünftig sein,« sagte Justine. Aber als sie nach Hause kam, war überraschenderweise Fritz da. Natürlich nicht allein. Bernhard war auch da, ebenso Oelfken. Alle drei hatten SA-Uniform an, waren sehr in Fahrt. Die Flaschen standen auf dem Tisch. Sie brüllten unisono: »Heil Hitler… Frau Justine.« Fritz stand sogar auf, um seine Frau zu küssen. Aber Justine schob ihn fort.

»Erstens riechst du nach Bier, und dann muss ich nach der Kleinen sehen.«… Justine eilte aus dem Zimmer. Sie hörte noch, wie Fritz mit schwerer

29

Zunge rief: »Aber… mit… dem… J..u..d..e..n… kannst.. du..
aus..ge..hen…, ge..ra..de… heu..te…«

Justine empfand nichts als Ekel. Nicht so sehr wegen der alkoholischen
Männlichkeit, mehr wegen des grölenden Gesanges, der nun anhob: «…
Wenn's Judenblut vom Messer spritzt…« Fast hätte sie die Tür geöffnet und
gesagt: »Das ist schließlich auch *mein* Zimmer, benehmt euch.« Aber sie
unterließ es.

Die Kleine krähte und strampelte, Justine legte sie trocken. Sie fühlte, wie
ihr die Tränen das Gesicht herunterliefen. Sie wischte sich dann die Augen
trocken. Nahm das Kleine auf den Arm. Als sie wieder zu den Männern
kam, verstummte der Gesang sehr plötzlich. Oelfken und Bernhard standen auf, machten einen zackigen »Heil-Hitler-Gruß«, verschwanden dann.
Fritz saß etwas betreten am Tisch, meinte: »Du musst bedenken, dass
heute…«

Justine setzte die Kleine zurecht, sagte dann: »Ich weiß, was du sagen
willst… großer Tag, nicht wahr? Schämen solltet ihr euch… ihr alle…«

In letzter Minute

Gustav war dagegen. Entschieden sogar; er sagte in seiner barschen Art:
»Dies Auskneifen ist für einen überzeugten Sozialisten ganz verkehrt… lass
doch die Bürger abreisen, sich in Sicherheit bringen… das passt aber nicht
für dich, Genosse Hans. Solange e s m i c h gibt, kann dir nichts passieren.
Bleibst hier, wirst mein Gehilfe.. kann sowieso einen brauchen. Mit der
›Arbeitsfront‹… dies anmelden und so, das lass meine Sorge sein… also
du bleibst…«

Hans Freudenthal, denn um niemanden anders handelte es sich, wusste nicht
recht, was er sagen sollte. Alles schön und gut, aber dieser Fritz Döring mit
seiner Schnüffelei würde ihn doch an den Galgen kriegen… so meinte Hans.

Gustav war sehr energisch: »Quatsch… der Fritze ist keine Gefahr. Das lass
man meine Sorge sein. Du darfst nicht einfach abreisen… weil du Jude und
Sozialist bist… lachhaft…«

30

Zuerst schien alles gut zu gehen. Hans zog den weißen Kittel an, tat so, als ob er…

»Lass man Genosse, das zeige ich dir schon… lass nur.« So tat der neue Gehilfe des Bäckers Döring eigentlich nichts Rechtes. Meist saß er in der kleinen Kammer und las. Wohl war ihm aber nicht zumute.

Eines Nachmittags kam Justine, tat so, als ob alles ganz selbstverständlich sei. Redete nicht viel. Sah Hans nur an; sagte schließlich: »Versteh' Vater Gustav ganz gut. Aber wie lange kann das geheim gehalten werden? Fritz hat gestern schon so komische Andeutungen gemacht. Ich traue ihm nicht. Er ist so verbohrt…«

Hans sah sie an, es erschien ihm seltsam, dass die Frau ihrem Mann nicht traute. War er denn überhaupt ein Mann? Nun ja, er war der Vater ihres Kindes. Ist das viel? So fragte sich Hans und musste zugeben, dass er darin nicht viel sehen konnte. Was ist so ein Vater schon? Nichts eigentlich; er könnte erst etwas sein, wenn er wirklich für die geistige Entwicklung des Kindes sorgen würde. Das dachte Hans, aber laut sagte er: »Ist nett von Ihnen, dass Sie mich besuchen. Wirklich. Aber ich wusste ja immer, dass Sie ein feiner Kerl sind…«

Als ob Justine eine richtige Schmeichelei gehört hätte, so war ihr zumute. Sie wurde rot. Sagte dann: »Feiner Kerl? Ist das viel? Aus Ihrem Munde schon. Darf ich Ihnen etwas verraten, Hans, ja?«

Freudenthal nickte.

Justine setzt ihren Satz fort: »Ich habe kein Mitleid mit Ihnen, wirklich nicht. D a s müssen Sie mir glauben. Mitleid ist so billig und schäbig, nicht? Es ist etwas ganz anderes… ich weiß nicht recht, wie ich es ausdrücken soll…«

Da stand Hans auf, ging auf sie zu. Er küsste sie, lächelte, sagte leise: »Ein ganz albernes Wort ist das. Ich gebrauche es nicht gerne, aber jetzt tue ich es. Es ist … ›L i e b e ‹…«

So standen die beiden Menschen umschlungen da; Hans hörte Justines Herz klopfen. Er war glücklich dabei. Als er sich setzte, sagte er, ohne ihre Hand loszulassen: »Ich gehe doch weg, Liebling… nicht so sehr meinetwegen, als deines Vaters wegen. Er ist ein famoser Kerl… warum bist DU eigentlich nicht seine richtige Tochter?«

»Bin ich doch,« lachte Justine.

Aber Hans blieb ernst. Er fragte noch einmal. Da legte Justine ihren Kopf an seine Schulter, sie fühlte eine nie gekannte Wärme, eine Geborgenheit, nach der sie sich immer gesehnt hatte.

»Jetzt, wo du gehst… da haben wir uns gefunden, komisch, was?«

Hans sagte, dass er das gar nicht komisch fände. Er meinte: »Wenn es mir nun unterwegs erst eingefallen wäre. Das hätte doch leicht geschehen können. Das wäre tragisch gewesen… so aber. Du wirst etwas tun, was ganz Vernünftiges, hörst du? Pass auf deinen Vater, ich meine Gustav natürlich, gut auf. Er ist oft wie ein Kind, das recht behalten will… pass gut auf, ja?«

Plötzlich klopfte es an der Tür, Gustav kam ins Zimmer. Er tat so, als ob er gar nichts merken würde. Dann sagte er: »Du, Hans… der Fritz war eben hier…, redete so komisch. Ich glaube…«

Freudenthal stand auf, holte seinen kleinen Koffer aus dem Schrank, nahm ein paar Sachen aus der Schublade, Hemden, Strümpfe, einen Sweater, einen wollenen Schal.

Justine fragte: »Soll ich dir helfen, Hans…?«

Da sah Gustav auf die beiden, meinte: »Gut, dass ihr endlich »du« sagt. Passt sich besser. Ich geh solange nach unten… Kommst du bald, Hans?«

Freudenthal sah auf Justine, die regungslos im Zimmer stand. Er sagte dann: »Ich komme gleich, Genosse Gustav… gleich…«

Dann hörte man Gustav die Treppe hinunterpoltern.

Einer geht fort

Als er mit den Personenzügen nach Süden fuhr, tat er schon das Richtige. Er stieg auch immer auf den kleinen Bahnhöfen aus, weil er fürchtete, dass man auf großen Stationen ihn verhaften könnte.

Fritz hat mich verpfiffen. Das wusste Hans Freudenthal ganz genau. Er nahm es hin wie einen lange erwarteten Schicksalsschlag. Er dachte aber weiter: Er wird sich verrechnen, wie es alle tun, die heute noch so unbeteiligt sind… aber morgen? Gut war, dass Justine ihm noch einige Schnitten mitgegeben hatte und die Thermosflasche voll schwarzen Kaffee. Er nahm einen Schluck, das tat gut…

Hans Freudenthal war fast heiter, als er in recht komplizierten Umwegen um Leipzig und Dresden die Grenzstadt Bodenbach erreichte.

Wenn jemand auf einem Plakat sein Bild, seine Photographie sieht, dann erstaunt er meist. Aber Hans sah den »Steckbrief« an, der den »Juden Hans Freudenthal« suchte, sah sein eigenes Bild an, das völlig unähnlich war, aber vollkommen. Er machte die Probe, als ein durchschnittlich angezogener Bürger vor dem »Steckbrief« stehen blieb, auf ihm las, »dass er wegen seiner kommunistischen Umtriebe gesucht wäre, flüchtig sei und dem nächsten Gendarmerie- oder Polizeiposten auszuliefern sei.«

Freudenthal sah auf sein Bild, auf dem er wirklich furchtbar gefährlich aussah. Die »kommunistischen Umtriebe« machten ihm Spaß. Er dachte: Die wissen eigentlich mehr, als man selber glaubt zu wissen. Der Probe halber sprach er mit dem Mann, der genau das Bild betrachtete und den Text las. Arglos sah der Mann in Freudenthals Gesicht, das wirklich keine besondere Ähnlichkeit mit dem Steckbrief aufwies. Hans konnte noch lachen, ja, das konnte er. Und gab es etwas Komischeres, als wenn man sein e i g e n e s Bild sieht und nicht wiedererkennt?

Da kam ein junges Mädchen vom Bahnhof her; sie blieb vor dem Steckbrief stehen, der am Postgebäude angebracht war. Sie sagte: »Der Kerl tut mir eigentlich leid, w e n n sie ihn erwischen… na, dann ist's aus mit ihm.« Sie sah noch eine Weile auf das Bild, meinte dann zu dem gänzlich unbekannten Freudenthal: »Na, was sagen S i e denn? Er ist ein Jude, gewiss… aber kann er was dafür…?«

Hans machte sich den Spaß, sagte todernst: »Jude u n d Kommunist… ist ein bisschen viel auf einmal, nich?«

Das Mädchen antwortete nichts, ging dem Walde zu, der sich hügelig hinter dem Dorf hinzog. Hans hatte den Einfall zu fragen, indem er sich anschickte, mit dem Mädchen zu gehen: »Würden Sie erlauben, wenn ich auch mitgehe? Wir haben, glaube ich, denselben Weg…«

Das Mädchen nickte nur. Dann gingen beide den Fußweg entlang, waren bald im Wald.

»Warum schleppen Sie denn den Koffer mit?«

»Ach… ich muss ihn dahinten abgeben,« sagte Hans.

Das Mädchen sah ihn an: »Da ist aber nur der Gasthof. Gleich an der Grenze… Haben Sie 'n Passierschein für den kleinen Grenzverkehr? Ich wohne nämlich drüben, muss nur zur Arbeit… jeden Morgen.«

Bald waren sie am Gasthof angelangt. Freudenthal blieb stehen: »Hier muss ich den Koffer abgeben…«

Das Mädchen lachte ihn an: »Jude und Kommunist. Habe Ihr Bild gleich erkannt…na, viel Glück.«

»Sind 'ne schlaue kleine Deern… wie heißen Sie eigentlich? Wollen wir nicht zum Abschied 'ne Tasse Kaffee drin trinken?«

Das Mädchen aber schüttelte den Kopf, sagte: »Danke, ich muss nach Hause gehen… übrigens seien Sie vorsichtig, wenn Sie nach drüben kommen. Sind fast alles Nazis da. Nennen sich mit einem Mal ›Sudetendeutsche‹… gestern waren's noch Böhmen. Aber wissen Sie, dieser Henlein… dieser Obernazi, hat sie ja alle verhetzt… dieser Erzlump.. Kennen Sie den?«

»Ich habe von ihm gehört. Muss ja ein furchtbarer Kerl sein.«

Da sagte das Mädchen noch: »Übrigens, der Wirt drin heißt Boll. Ist zuverlässig. Auch der Grenzgendarm… na, Sie werden's schon machen… viel Glück nochmals.«

Dann ging sie schnell fort. Hans tat das gleiche. Als er den Gastraum betrat, fühlte er nach der würzigen, frischen Waldluft plötzlich die wein- und schnapsgeschwängerte Atmosphäre der Gaststube. Da kam auch der Wirt. Sah dicklich und vertrauenerweckend aus.

»Möchte gern hier übernachten…«, sagte Hans und fügte hinzu: »Wenn's Ihnen recht ist, Herr Boll…?«

Der nickte nur. »Was ausgefressen…? Müssen wohl türmen, was? Bis morgen früh können Sie ja hier bleiben. Wollen Sie noch was essen, ja?«

Hans bejahte und fügte hinzu: »Sie sind mir von den Genossen als zuverlässig genannt worden, Genosse Boll. Ich heiße Freudenthal…«

»Ehrt mich, Genosse«…, Boll gab ihm die Hand und sagte dabei: »Freundschaft.«

Hans nickte schwermütig, meinte: »Ein seltener Artikel heute… was? Die Freundschaft.«

Boll verzog keine Miene, er sagte wie zu sich selbst: »Da mögen Sie wohl recht haben… aber unser Gruß ›Freundschaft‹ wird dieses ›Heil-Hitler‹ – Geschrei überleben. Glauben Sie nicht auch?«

Freudenthal sagte: »Bestimmt… aber vorher werde ich mich verdrücken… wird besser sein…«

Boll war mit dem Abwischen eines Gasttisches beschäftigt, drehte sich dann herum: »Dann bist du in die richtige Schmiede gekommen, Genosse…, der Grenzgendarm ist ein feiner Kerl… war früher auch 'n Genosse. Jetzt muss er so tun als ob… verstehste…?«

Hans begriff, sagte nur noch: »Will erst morgen früh hinüber… wird der … Genosse…, ich meine natürlich den Gendarm, noch kommen?«

»Klar. Der kommt jeden Abend. Ich erwarte ihn nach acht. Werden die Sache schon schaukeln, was?« Er meinte noch: »Jude und Sozi… das ist ein bisschen zuviel für die Kerle…«

Hans trank seinen Schnaps aus: »Ich gehe jetzt in mein Zimmer. Will mich noch ein bisschen ausruhen. Die Reiserei war doch anstrengend…«

Der Wirt ging die ächzende Treppe voran. Oben war eine kleine Kammer. Hans sagte nur, indem er seinen Koffer hinstellte: »Nett hier. Richtige Sommerfrische…«

Boll und Hans mussten lachen.

Als Freudenthal allein war, legte er sich kurze Zeit hin, dann ging er an den Tisch. Fand auch ein paar Briefbogen. Er dachte einen Augenblick nach, dann schrieb er an Justine.

»Liebe Justine, ich bin plötzlich aus Deinem Leben verschwunden. Aber dies ist schon übertrieben; denn Dein Leben ist ja nicht nur Deine Existenz in Hitler-Deutschland. (Vielleicht streicht man an der Grenze diesen Satz, würde mir leid tun). Soll ich Dir die Mühseligkeit meiner Auswanderung erzählen? Es lohnt sich kaum, denn ich musste meine ganze Kraft darauf verwenden, die fremden Dinge zu mir zu ziehen.

Und fremd sind die Dinge, grausam fremd. Ich kann Dir nicht sagen, in welchem Lande oder in welchem Ort ich mich befinde. Natürlich weiß ich es, aber das ist wirklich mein ›Geheimnis‹. Ich spüre manchmal Deinen Atem, Justine, vielleicht ist es auch der Wind in den Bäumen, das Rauschen über den Wiesen, die vor meinem Fenster sind. Aber nein, es ist sicher Dein Atmen, Justine, denn in dieses Atmen habe ich mich zuerst verliebt. Geständnis, was? Es ist so schwer, mit dem Gefühl fertig zu werden, da man eine Wartezeit ohne Ende irgendwo leben muss. Du wartest auf dasselbe, ich weiß es. Aber wie viel ist noch zu tun, wie viele Schutthalden sind noch fortzuräumen? Ja, ich lese auch Zeitungen. Höre sogar das Radio, das zum Teil lügt, zum Teil übertreibt. Ich wundere mich, dass es so viele Menschen geben kann, die unbeteiligt dahinleben können. Es muss sie wohl geben. Alles geht seinen Gang weiter… das ist der infamste Satz, der je gesagt wurde. Eine Unterbrechung ist nicht die Störung einer Gewohnheit, vielleicht nur eine Pause. Was macht Gustav? Und Deine Familie, die mir immer wie ein Schattenriss vorkommt? Manchmal sehe ich im Traum die Kulissen dieser Stadt Hannover, in der Du lebst. Es ist nicht der schönste Traum, aber vielleicht der wahrste. Ich wollte Dir eigentlich nur sagen, dass ich wie eine Katze um einen sehr heißen Brei herumgehe. Und dieser Brei heißt Deutschland. Du wirst es sicher nicht so empfinden, wie ich es tue, das ist bestimmt kein Vorwurf. Du gehörst zu den wenigen Menschen, die einen klaren Kopf behalten haben. Es ist so schwer, nüchtern zu bleiben, wenn alle betrunken sind. Ich habe jetzt eigentlich sehr lange darüber nachgedacht, wie das ganze deutsche Unglück entstehen konnte. Es ist die Sucht nach dem Rausch, die Furcht vor der Wirklichkeit, die Angst vor der Wahrheit, die den durchschnittlichen Bürger verhindert, klar zu sehen.

Du musst Dir nicht vorstellen, dass ich hier ein bequemes und sorgloses Dasein führe. Ich arbeite mal hier und da; heute bin ich Drucker, morgen Journalist. Sagt Dir dieser Brief etwas? Es ist so schwer, Worte zu finden, wenn man nur das ausdrücken möchte, was man empfindet. Und die Empfindung ist nicht gleichgültig, das weißt Du. Ich musste Dir schreiben, Justine, da ich sonst nicht mehr an mich gehalten hätte. Nimm' alles, was ich nicht gesagt habe, als das Wichtige. Es ist es. Dass Du Gustav grüßen musst, ist mehr als Verpflichtung. Aber Du tust es gern, es ist überhaupt schön zu denken, dass Du alles gern tust. Alles…«

In der Heimat, da gibt's kein Wiedersehen

Hans war dem Nazi-Reich entronnen, er war draußen; aber er fühlte sich noch immer verantwortlich für das, was »zu Hause« geschah. Das Leben eines Menschen, der zwar vertrieben war, aber sich innerlich d o c h nicht trennen konnte von allem, was ihm Heimat bedeutete, war zwitterig und unklar. Selbst in Paris, wo Hans sich einmal aufhielt, sagte ihm der Sozialist Brummel: »Sie haben recht, die ›Internationale‹ so zu verstehen, wie sie gemeint war, aber vergessen Sie nicht, dass wir zuerst Franzosen und dann Sozialisten sind. N i c h t umgekehrt.«

Hans lächelte, tat so, als ob er es verstehen würde, aber im Grunde war ihm jede »völkische« Haltung zuwider. Er lehnte ja den Patriotismus nicht ab, so dumm war er nicht, da er ja auch wusste, dass dieser »Patriotismus« mit der großen Revolution des Jahres 1789 entstanden war. Vorher gab es ja nur Fürstenknechte und Untertanen. Der »Citoyen« entstand erst aus den Kämpfen der Revolution. Aber auch in der Schweiz, wo er den Genossen Weltli in Zürich besuchte, hörte er soviel von »eidgenössischen« Dingen, dass ihm ganz übel wurde.

Der kleine Bürger in Deutschland konnte immer weniger über seine Hakenkreuz-verunzierte Weste hinausblickte. Wenigstens äußerlich. Wie eben auch der Italiener nicht unbedingt ein Faschist sein musste, aber doch nur in seltenen Fällen gegen den Staat opponierte. Er wurde dann nach den »Lipari-Inseln« verschickt. Hans sah die »Gewöhnung« reifen, bemerkte mit Entsetzen, wie auch manch kritischer Kopf um eines ganz unsicheren Friedens willen klein beigab. Das stimmte ihn melancholisch.

Draußen zu sein, abgeschnitten zu sein, war für Freudenthal fast unerträglich, da er sich innerlich mit den Ereignissen in Deutschland verbunden fühlte. Dieses Kreisen um das Land herum wurde immer schwieriger. Auch spürte Hans genau, dass allmählich die Nervenkraft versagte. Selbst die Genossen, selbst diese unbürgerlichen Menschen, sahen die Dinge noch viel zu harmlos an.

In Luzern war es, wo er den tüchtigen und beschlagenen Albert Bürkli traf. Das war einer, der sich keine, aber auch nicht die geringsten Illusionen machte.

37

Er sagte einmal: »Das Wahlplakat im März, das unsere Genossen gemacht haben, war das einzig gute und schlagende…«

»Das stimmt,« sagte Hans, nickte etwas schwermütig mit dem Kopf, »aber der Satz: ›Hitler bedeutet Krieg‹, ist leider das einzige, das die Genossen von der SPD leisten konnten. Im übrigen… na, du weißt, Genosse Bürkli, du kennst ja die Sozis bei uns, nicht wahr?«

Bürkli musste zugeben, dass er von den deutschen Sozis 1933 noch mehr enttäuscht war als 1914.

»Damals war wenigstens der Genosse Rühle im Reichstag aufgestanden und hat die Kriegskredite abgelehnt… und später doch Karl Liebknecht… Der war tapfer genug, laut und deutlich den Krieg zu verdammen… damals auf dem Potsdamer Platz. Und Rosa Luxemburg schrieb die ›Junius-Briefe‹… sie schrieb nicht nur. Sie t a t alles, was möglich war…«

Freudenthal sagte noch mit schmerzlich verzogenem Gesicht: »Ja, damals waren es Karl und Rosa gewesen… zum Dank hat man sie auch ermordet, totgeschlagen… im Januar 1919…«

»Und wen habt ihr heute?« fragte Bürkli, »wer ist denn heute da? Irgend jemand muss doch da sein?«

Wer war denn der »Irgendjemand«, der da sein musste?

Hans dachte darüber nach, besonders, wenn er das in sich beruhigte, bürgerliche Gesicht des Schweizer Genossen Bürkli vor sich hatte.

»Ja, irgend jemand ist es wohl,« sagte er zum Genossen, dann fügte er hinzu: »Vielleicht bin i c h das, i c h bin vielleicht der ›Irgendjemand‹… ich selbst… vielleicht?«

Aber der brave Schweizer Genosse sah ihn nur an: »Sie sind doch hier bei uns, also können Sie nicht drüben in Dütschland sein. Das ist doch logisch, was?«

Freudenthal nickte. Er sah ein, dass es ganz unmöglich sein würde, dem braven Eidgenossen zu beweisen, dass er »auch« drüben sein könnte. Das war wohl nur eine Spintisiererei… nichts weiter.

Anderentags trieb es Hans wieder nach Basel; er ging bis dicht an die deutsche Grenze in Lörrach. Er spielte mit dem Gedanken, einfach hinüberzugehen. In Wirklichkeit wusste er ja genau, wie kurzlebig dieses »Gedankenspiel« sein würde. Man wird mich einfach hopsnehmen, so dachte Freudenthal sehr richtig. Und tat es nicht.

Reiste den Untersee entlang, blieb eine Nacht in Stein am Rhein, aß dort Schüblis, diese herzhaften und kräftig schmeckenden Würstchen. Das tat er. Es war eben nicht viel, aber so trieb er sich an den Grenzen umher, lugte wohl hier und da hinein in das Dritte Reich, aber betrat es nicht.

Als man in Winterthur ihn aufforderte, doch einige Zeit zu bleiben, mitzuarbeiten an der Zeitung, da tat er es.

Der »Redaktor« Genosse Bechler sagte: »Schreib unter deine Artikel einfach ›Freud‹, da haben wir keine Scherereien mit der Fremdenpolizei, ja?«

Hans tat es. Schrieb sehr heftige und gute Artikel g e g e n das Reich des Unholdes Hitler. Er schrieb jenen Artikel, der später einmal (so hoffte er) berühmt werden würde. Jenen Artikel mit der Überschrift: »Was ich nicht weiß, macht mich nicht heiß«. Da kamen Sätze vor wie diese: «… aber der Bürger in Deutschland will auf k e i n e n Fall heiß werden. Das nicht. Er liebt seine Bequemlichkeit, seine Blind- und Taubheit über alles. So und nur so ist es möglich, dass im Dritten Reich Schauerliches sich ereignet. Stündlich, täglich, immer…«

Bechler knurrte etwas, druckte es, meinte nur: »Das ist aber gar nicht sozialdemokratisch gedacht. Wir glauben trotz allem an die Evolution…«

Hans lachte nur: »Ja, die sozialdemokratische Doktrin ist wohl nicht meine Stärke. Aber kommt es d a r a u f an?«

»Sie denken fast… kommunistisch, Genosse,« meinte Bechler und schüttelte seinen Kopf: »Wir Sozialdemokraten müssen eben an u n s e r e Lehre glauben, sonst…«

»Sonst was?« fragte Freudenthal. Er hatte genug gesehen und erlebt. Um die sozialdemokratische Doktrin ging es im Dritten Reich wirklich nicht. Um mehr. Da traf Freudenthal nun auf keinerlei Verständnis. Er reiste nach einigen Tagen ab. Er wusste nun, dass er innerhalb d i e s e r sozialdemokratischen Welt nichts, auch gar nichts mehr zu suchen hatte. Aber was sollte er tun?

Hans Freudenthal sah ein, dass er abwarten müsse. Auf was? Auf wen? Inzwischen ging das Unheil des Dritten Reiches seinen blutigen Gang.

Die Welt sah zu.

Tat nichts.

Und in Hitler-Deutschland wurden die Stummheit und die Verwirrung mit jedem Tage größer.

So hoch liegt der Dreck

Sie konnten nichts gegen die Witzeleien unternehmen, gar nichts. Die »Herren« da oben wussten genau, dass man den rechten Arm nur auszustrecken hat, die Hände vorschriftsmäßig halten und dann konnte man sagen: »So hoch liegt der Dreck…«

Man witzelte und zitterte gleichzeitig. Die Bürger machten eben mit, das heißt, sie hielten die Schnauze, die natürlich hochherrschaftlich war, und nur die Vordertreppe benutzen durfte.

»Das Sozialistische stört mich an der neuen Bewegung,« sagte Dr. Klapproth, der erfahrene und behäbige Jurist, der oft zum Konditor Döring kam.

»Warum sind eigentlich nicht in der Partei?« fragte er Gustav und fügte noch hinzu: »Die wollen doch im Grunde den Sozialismus… wollen sie doch?«

Gustav hätte schon 'ne Menge zu erwidern, aber Agathe war im Laden, bediente, äugte und passte scharf auf. So schwieg Gustav, aber sein Lächeln war sehr beredt; wer Augen im Kopf hatte, konnte es verstehen.

Aber Emil Klapproth, der beliebte und bekannte Jurist, hatte keine Augen mehr im Kopf. Die waren ihm sozusagen »übergegangen«. So sah und begriff Emil nicht, dass Gustavs Lächeln auf gut hannoversch bedeutete: «… von wegen Sozialismus… ich kenne die Burschen aus dem ff… ich weiß Bescheid. Die tun so als ob… aber von wegen… die haben die Grundgedanken des Sozialismus von u n s geklaut. Wie eben alles. Den ›Badenweiler Marsch‹, der französisch ist, und das Lied vom Zuhälter Horst Wessel, der übrigens nie von den Kommunisten, sondern von irgendeinem anderen Zuhälter erschossen worden ist, will ich Ihnen mal sagen, Herr Doktor.«

Klapproth war nicht der einzige Dussel, da war ja noch Friedrich Wilhelm

Wöltjen, der »Oberdussel«, der konnte doch zu Gustav sagen: »Versteh' ich einfach nich. Dieser Hitler redet doch ganz vernünftig. Finde ich jedenfalls. Und unser Hindenburg ist doch ein grundanständiger Mensch, finde i c h wenigstens… meinst du nich, Gustav?«

Aber bevor Gustav Döring antworten konnte, kam plötzlich Fritz, natürlich in SA-Uniform.

»Sieht nich so aus, als ob du heute arbeiten wolltest,« sagte Gustav.

Fritz sagte nur: »Geht nich, muss dienstlich verreisen…«

Da wurde Gustav richtig ärgerlich: »Ihr Dösköppe mit euren Dienstreisen… lächerlich. Inzwischen geht Deutschland vor die Hunde. Wo willste denn wieder hin…?«

»Dienstgeheimnis…,« antwortete der Sprössling knapp. Da schmiss Gustav seinen eben angerührten Teig hin, sagte: »Na also, uns kann's ja gleich sein. Von wegen Sozialismus. Lachhaft. Tun sich nur dicke. Machen Stunk… ihr seid für mich nichts weiter als Hochstapler. Und wenn ihr jetzt daran geht, in Sozialismus zu machen… na Mahlzeit… da müsst ihr aber erst mal den Papen und Konsorten abhalftern… Übrigens, das Lied, das ihr nun singt ›Brüder in Zechen und Gruben‹…, ist ja einfach unser altes sozialistisches Lied ›Brüder, zur Sonne, zur Freiheit‹…«

In diesem Augenblick kam gerade Justine in die Backstube, sie lächelte, als sie Gustav singen hörte. »B r a v o ,« rief Justine.

Natürlich war Agathe aus der Backstube gegangen, es schien irgend jemand im Laden zu sein. Sie kam wieder, sagte: »Sing nich so laut, Gustav. Die Kundin, Frau Magerstroh, kuckte immer nach der Tür.«

»Lass se man ruhig kucken…,« war alles, was Gustav antwortete.

Während nun Justine auch ein paar Worte mit ihrem Mann wechselte, (sicher waren es belanglose), trocknete sich Gustav die Hände ab. Dann meinte er jovial: »Haste genug zu futtern, Muttern… denk dran, dass die Kinder hier bleiben…«

Justine sagte gleich: »Ja«, dann ging sie hinter Agathe her, die schon in der Küche herumwirtschaftete.

Währenddessen stand Fritz ein wenig dösig herum. Sein Vater sagte nur: »Menschenskind, wie wär's denn, wenn du dies ganze Gejiepere mit den

Nazis aufgeben würdest und richtig wie'n ordentlicher Mensch hier regelmäßig arbeiten würdest? Wie wär's damit, Fritze?« Und dann schlug er seinem Jungen, der doch sein einziger war, freundschaftlich auf die Schulter.
Der rührte sich aber nicht, sagte bloß: »Ach Vater, schade, dass du unsere
ganze Idee nicht verstehst. Vielleicht bist du zu alt dazu… ich weiß nicht.
Aber wir Jungen müssen doch an die Zukunft denken. Und die ist n u r
mit der NSDAP möglich…«
Gustav sah seinen Sohn Fritz an, meinte: »Was für komische Ausdrücke
du gebrauchst… was ist das nun wieder… so'ne Buchstaben… will ich nicht
kennen. Und von wegen Zukunft? Du wirst dir einfach die Schnauze ver-
brennen… sicher. Denk an deinen Vater. Natürlich bin ich älter als du.
Schließlich bist du ja auch älter als deine Kleine, was?«
»Ich meinte das nicht als Vorwurf, Vater.« Fritz versuchte einzulenken, aber
es schien, als ob der Alte es gar nicht wollte.
Man muss begreifen, dass Gustav sich selbst oft Vorwürfe machte, dass er
auf seinen Fritz nicht besser aufgepasst hatte, als es noch an der Zeit war.
Aber wann war eigentlich diese Zeit gewesen?
Die etwas larmoyante weinerliche Art von Mutter Agathe hätte ja jedes
Bemühen des Vaters zunichte gemacht. »Lass den Jungen man…,« das war
so ihre Redensart, und Vater Gustav hatte »um des lieben Friedens willen«
(wie man so schön sagt) die Schnauze gehalten. Heute war es wirklich zu
spät. In j e d e r Beziehung. Der Fritz war ein Nazi geworden, so einer, der
an das Anschreien und Brüllen glaubte und nicht ans Denken. Und die
Nazis hatten heute die Macht… ja, Zwetschgenkuchen.
Macht…, dachte Gustav, hat sich was…
Aber er wusste auch nichts Rechtes auf die Fritz'schen Phrasen zu erwidern.
Kam dazu, dass der Bengel ganz genau gemerkt hatte, dass sein Vater mit
den Sozialdemokraten auch nicht so glücklich war. Das war es eben…
verdammt und zugenäht…
Gustav Döring, der Sozi, der richtige von altem Schrot und Korn, hatte
dies »Augengeklapper« der eigenen Partei längst satt. Den Rest hatte wohl
die letzte Wahl gegeben, in der wahrhaftig die Sozialdemokraten den ver-
staubten Hindenburg gewählt hatten. Oder wenigstens die Wahlparole

ausgaben, dass Hindenburg das »kleinere Übel« sei. Nun regierte aber das »größere Übel«, jener böhmische Gefreite und Anstreicher Hitler. Die SPD pfiff aus dem letzten Loch. So war es. So und nicht anders.

Vater Gustav hatte wen zum Präsidenten gewählt? Das sagte er keinem. Schließlich war ja damals noch das geheime Wahlrecht vorhanden.

»Na, Tine… Goldmädchen,« so begrüßte Gustav seine Schwiegertochter Justine, die so gar nichts von ihrem Vater Wöltjen hatte. »Haste Muttern gut geholfen?« fragte er noch und legte den Arm um Justines Taille.

Dann setzte man sich zu Tisch. Agathe brachte die dampfende Suppenterrine, sagte: »Hab' noch was zurechtgekocht. Sind richtige Fleischklöße drin. Na, Justine hat ja fein geholfen…«, sie lächelte ihre Schwiegertochter an.

Während Fritz kräftig in den Löffel blies, weil die Suppe ganz verdammt heiß war, sagte er: »Na, wenn du jünger wärst, Vater, dann hättest du wohl Justine geheiratet?«

Da legte Gustav seinen Löffel hin: »Tjawoll… worauf du dir verlassen kannst…, aber is ja alles Stuss…«, sagte er mit einem Blick auf seine Agathe, die ihn ganz erschrocken und weinerlich (wie das ihre Art war) ansah.

Justine war ärgerlich auf Fritz: »Red doch nich solche dummen Sachen daher… ich hab' ja dich. Genügt dir's?«

Gustav Döring schwieg; dachte sich sein Teil. Aber warum sollte er etwas sagen? Der Bengel Fritz war ein dummer Junge, nichts weiter…

Das Mittagessen verlief ganz gemütlich; zwar klingelte plötzlich die Ladenglocke, so dass Agathe aufsprang und hinauslief. Aber sie kam rasch wieder, murmelte etwas von »Kundin« und so, aber als dann Justine den Flammeri-Pudding brachte, wozu noch die herrliche Himbeersauce kam, da war der häusliche Friede beinahe vollkommen.

Selbst Fritz sagte nichts, aß nur, schmatzte sogar, was aber niemanden störte. Und nach dem Essen steckte sich Vater Gustav erst mal »'ne Zigarre ins Gesicht«, (wie er sagte), und dann war man glücklich. Selbst Agathe vergaß ihr weinerliches Gesicht, und Fritz fühlte sich eigentlich wie zu Hause. Nur Justine machte ein recht nachdenkliches Gesicht.

Woran dachte sie nur?

An nichts Besonderes, aber an etwas Bestimmtes. Sie sagte es auch, sie verplapperte sich gleichsam. Plötzlich kam es aus ihr heraus: »Wann geht denn dein Zug nach Hameln ab, Fritz…?«

Der aber machte ein wütendes Gesicht, heuchelte Erstaunen, denn das »Dienstgeheimnis« war nun herausgekommen. Justine hatte es verraten. Nicht absichtlich, gewiss nicht, aber sie hatte wirklich kein Verständnis für diese Geheimnistuerei, wie sie Fritz neuestens an sich hatte.

Gustav grinste: »So… Hameln… d a s ist also das Ziel der Dienstreise… hättste auch erzählen können, min Söhn…«

Fritz aber sagte mit zusammengepressten Lippen: »Immer dieses Weibergeschwätz…,« fast hätte er seine Serviette hingeschmissen, hätte auf die Torte verzichtet, aber das t a t er nicht.

Gustav hatte nämlich eine ganz rote Torte gebacken, wohlgemerkt, mit g a n z ROTEM Zuckerguß,… wie er das schon lange wollte. »Siehste woll…,« er rieb sich die Hände, dann sagte er noch: »Hameln w a r 'ne schöne Stadt… aber jetzt is ja der Rattenfänger fortgezogen…«

»So,« fragte Agathe, »wohin denn…?« Sie machte ein ganz dämliches Gesicht.

»Nach Berlin… in die Wilhelmstraße,« grölte Gustav, konnte sich ausschütten vor Lachen, »na, iss mal erst tüchtig, Fritze, mein Sohn, wenn sie auch rot ist, g a n z rot, aus Zucker. Wird dir doch schmecken.«

Fritz aß, sah seinen Vater etwas dösig an: »Schmeckt gut… aber wieso soviel rot?«

Justine lachte, Agathe auch, aber sie verstand nicht eigentlich warum.

Da meinte Fritz: »Mit dem Rattenfänger… ist das 'ne Anspielung, Vater?«

Aber Gustav glupschte nur vor sich hin, dann sagte er: »Wieso denn? Is bloß ein Zufall… verstehste…«

Es musste ja eines Tages so kommen.

Das sagte wohl Wöltjen, Friedrich Wilhelm, der dusselige Posamentier-händler. Sicher meinte es auch Dr. Klapproth, vielleicht auch der und jener, der beim Bäcker und Konditor Döring Stammkunde war.

»Mein Mann ist zur Erholung fort,« sagte Agathe zuerst. Aber dann gab sie es auf. Hatte auch keinen Zweck, nicht wahr? Die Nachbarn wussten es ja schon lange. Sie taten scheinheilig und bedauerten die arme Agathe, als ob Gustav gestorben wäre.

»Natürlich sind wir alle empört…,« sagte Frau Magerstroh. Aber sie war als lauteste und überzeugteste »Nazisse«« bekannt. Und ihr Mann erst, der an und für sich kümmerliche Alfons Magerstroh, der irgendwo Buchhalter war, hatte doch die Stirn zu sagen: »Das ist ja ein roter Hund… dieser Bäcker… wurde Zeit, dass man ihm das Maul gestopft hat… höchste Zeit…« So waren die Nachbarn, heuchlerisch anteilnehmend, wenigstens mit dem Maul, aber heimlich, oder wenn sie unter sich waren, dann faselten sie von der »roten Gefahr« oder »der Führer wird schon wissen, warum…« und ähnliches.

Anders war die Sache mit Justine. Ihr Erschrecken an dem Tag, als sie um sieben Uhr in der Frühe den Bäcker einfach abgeholt hatten, als Agathe schreiend und (wie immer) weinend zu Justine gelaufen kam, war echt gewesen. Sie sagte nur: »Fritz muss dagegen etwas tun…«

Aber der war wieder auf einer »Dienstreise«; als er nach Hause kam, sagte er: »Verdammt… Vater verdirbt mir noch meine Karriere… Vater hat ja immer die Klappe so aufgerissen, das darf man eben nicht.« Das war eigentlich alles, was Fritz tat. Er hatte bald herausbekommen, dass sie Gustav Döring von der Gestapo-Stelle in der Haltenhofstraße nach dem Gefängnis am Raschplatz »überführt« hatten. So nannten sie es ja wohl. Dass sie den Bäcker erst mal kräftig verdroschen hatten, ihn über die Bank gelegt hatten, davon wusste Fritz nichts zu berichten. Und am Nachmittag kam auch wieder Wöltjen in den Laden, fragte sehr besorgt nach Gustav und meinte: »Er hätte doch vorsichtiger sein sollen.«

»Wie denn?« fragte Justine, »er hat immer nur die Wahrheit gesagt… das war anscheinend zu viel… man muss eben n o c h vorsichtiger sein… man muss wohl in ein Mauseloch kriechen… wie d u es ja tust, Vater«…, sagte sie zu Wöltjen.

»Man kann Vater doch nichts nachweisen… gar nichts,« meinte Fritz und bemühte sich gerade in jenen Tagen besonders stramm zu sein. Sein Freund Bernhard war viel mit ihm zusammen. Das war ein ganz Gerissener, meinte: »Dein Vater war ein Sozi… davon gibt's ja viele…«

Fritz war sogar auffallend viel in der Backstube seines Vaters tätig. Agathe freute es, denn sie konnte die Arbeit nicht allein schaffen. Das konnte sie wirklich nicht. Und Fritz war ja schließlich der Angestellte seines Vaters. Es tröstete Agathe ziemlich, wenn er sagte: »Mach dir keine Gedanken, Mutter. Wir kriegen ihn schon wieder heraus. Sind doch keine Unmenschen… das sicher nicht…« So redete Fritz, während Justine an einem Mittwochnachmittag einfach ins Gefängnis ging, um Gustav zu sprechen. Aber es ging noch nicht.

»Leider,« sagte ein ganz gutmütig aussehender Wärter. Es war noch einer aus der »alten Schule«. Aber dann kam ein Hilfswärter hinzu. Er hatte im Gebaren und Aussehen durchaus etwas Herablassendes und Befehlendes. Justine blieb aber ganz ruhig, sagte nur: »Wenn es heute nicht geht, dann morgen… ja?«

Da wurde der Mann sogar freundlich, denn schließlich war ja Justine eine hübsche Person. Er nahm sie mit in das Zimmer des Wachhabenden. Das war ein ziemlich unangenehm aussehender Mann. Seine Stimme war sogar schnauzig, fragte barsch: »Warum wollen Sie denn den Gefangenen Döring sehen? Der ist doch erst vor ein paar Tagen eingeliefert. S o schnell geht das nicht. Morgen haben wir keine Besuchsstunde… müssen schon bis nächste Woche warten.«

Da sagte Justine leichthin: »Erstens ist Döring mein Schwiegervater… und dann bin ich noch mit dem SA-Mann Döring verheiratet…«

Es machte keinen sehr großen Eindruck auf den knurrigen Mann, aber er sagte doch: »So, wenn Sie die Frau eines Parteigenossen sind,… dann sieht's schon besser aus.«

»Aber ich weiß gar nicht, ob mein Mann in der Partei ist…«

GUSTAV HINTERGITTER

»Hat aber Antrag gestellt, was? Sagen Sie mal, Sie hübsche Frau, warum sind denn S i e nicht in der Partei? Versteh' ich nicht.«

Justine gab sich Mühe zu lächeln. Sie tat es, der Erfolg war, dass sie einen Zettel erhielt, auf dem stand, dass sie am Sonnabendnachmittag um zwei Uhr den Gefangenen Döring sehen könnte.

»Danke schön«, sagte Justine. In der Tür merkte sie, dass die beiden immer noch auf ihren Hitler-Gruß warteten. Sie dachte: Können warten, bis sie schwarz werden… bei mir nich. Dann ging sie schnell aus dem unfreundlichen Gebäude. Sie hatte nur den Wunsch, bald wieder zu Hause zu sein… schließlich hatte sie ja ein kleines Kind.

Um Justine brauchte sich Gustav keine Sorgen zu machen; im Gegenteil, es gab Grund genug für ihn, diese »Lüttje Deern« (wie er sie innerlich nannte) lieb zuhaben. Dabei wusste der Gefangene Döring nichts Genaues über Justines Verhalten. Er dachte oft: Der Bengel Fritz wird geradezu in die Hosen machen, dass sein Vater nun von den Nazis eingelocht wurde. Soll er. Und Agathe? Na, die wird heulen wie immer. Ist man halb so schlimm. Viele Freunde hatte er wohl nicht mehr, der Bäcker und Konditor Gustav Döring. Vielleicht den Gastwirt Wiggers, was der wohl macht? So dachte Döring.

Aber mit einem Male sah er Wiggers in Gefangenenkluft am Nachmittag im Kreis herumlatschen. Er dachte: Wie stell ich's nur an, ihn mal zu erwischen. Da gab's zum Glück den… Scheißbalken. Da traf es sich nun rein zufällig, dass Gustav neben Wiggers zu sitzen kam (Zufall, was?). Da gab's nun ein Gespräch, das natürlich nur aus den Mundwinkeln geflüstert werden konnte, aber es war mal ein Ausquatschen, das war's.

»Na… Wiggers… biste auch verpfiffen? Haste die Klappe zu weit aufgerissen, oder was? Doch nicht weil du ein Sozi bist, die Herren Genossen lassen uns ja ruhig in der Scheiße ersaufen… ist's nich so?«

Da erzählte Wiggers, dass man ihn eines Morgens hopsgenommen hätte, er sagte, er flüsterte noch: »Wann das war? Weißte, ich hab' so'n verdammt schlechtes Gedächtnis für Daten bekommen, weißte.«

Und Gustav Döring wie Wiggers waren der Meinung, dass vielleicht Fritz mit dem Verpfeifen von Wiggers was zu tun haben könnte. Genau konnte man das ja nie wissen, aber »weißte, Genosse Döring, dein Sohn wird jetzt alles tun, um wieder 'ne gute Nummer bei der SA zu kriegen…,« sagte Wiggers. Döring nickte nur, er hätte am liebsten laut gelacht, aber das ging ja im Scheißhaus nicht.

»Tjawoll… da wird mein Sohn wohl die Hand im Spiel gehabt haben, kann schon sein. Ein eingelochter Vater ist keine Reklame, nich für'n echten Nazi.«

»Meinste wirklich? Kaum zu glauben, d e i n Bengel…«

Wehleidig waren die beiden nicht. Wiggers nicht und Gustav schon gar nicht. So sagte Gustav zu Justine, als sie wirklich für zehn Minuten (unter Aufsicht natürlich) miteinander sprechen konnten: »Reg dich nich auf, Kleines… schließlich ist's ja nicht für die Ewigkeit. Gehst du öfters zu Agathe? Die is ja 'n bisschen hilflos. Na, schön. Und was macht das Kleine? Freut mich… Nach Fritze brauch' ich ja nich zu fragen, der is wohl wieder auf ›Dienstreise‹, nich?« Der »Besuch« war schnell zu Ende.

Justine tat wirklich alles, was möglich war. Sogar zu dem Anwalt Dr. Klapproth ging sie: »Sie kennen doch Gustav Döring? Das ist doch ein anständiger Mensch, ist er doch?«

Das konnte selbst Klapproth nicht bezweifeln, aber er sagte: »Da kann auch ich wenig machen, Frau Döring. Das ist doch erst mal Schutzhaft…«

Justine lachte bloß: »Von wegen Schutzhaft… das kennen wir. Zu seinem Schutz etwa? Oder will sich der Räuberstaat gegen ihn schützen? Kommt mir wohl wahrscheinlicher vor… Herr Doktor.«

Klapproth erhob sich, bedeutete, dass er nichts tun könnte, auch gar nichts. Beim Hinausgehen sagte Justine noch: »Sie gehören auch zu den Leuten, die nichts hören w o l l e n.« Dann ging sie.

Inzwischen saß der Gefangene Döring in seiner Zelle und wartete.

Worauf eigentlich?

Auf die Freiheit. Er wusste aber, dass sie nicht von alleine kommen würde. Und eines Abends schob man noch einen Gefangenen in Gustavs Zelle. Der Wärter sagte: »Platzmangel…«

Es war der Genosse Schlömilch, ein immer jammernder und sehr wehleidiger Mensch. Er war jünger als Gustav, so um die fünfundvierzig. Aber Döring sagte nur: »Haben se dich auch hopsgenommen, Genosse?«

Schlömilch nickte: »Ja... warum weiß ich auch nich... hab' immer die Schnauze gehalten...«

»Wohl nich dicht genug, was? Na, nimm's nicht so tragisch. Ist ja direkt 'ne Ehre, von den Braunen eingelocht zu werden.« Dann flüsterte Gustav: »Haben se dich auch so geschlagen?«

Schlömilch aber sagte nichts. Er war stumm, starrte nur vor sich hin. Selbst beim Spaziergang, wortlos. Auch auf der Latrine redete er kein Wort.

Gustav verulkte ihn: »Glaubst du, dass dich die Brüder deshalb früher loslassen werden? Werden se nich tun. Die nich. Warum redste denn kein Wort?« Aber Döring musste einsehen, dass dieser Schlömilch wirklich »stumm geprügelt« war.

Nischt zu machen, dachte er.

Und dann kam an irgendeinem Tage wieder Justine. Das war ne Freude für Gustav. Viel konnte er ja nicht sagen. Als Justine ihm von ihrem Besuch bei Dr. Klapproth erzählte, meinte er nur: »Schade um das Geld. Hoffentlich haste nicht zu viel ausgegeben, Tine...«

»Ach, weißt du, mir ist nichts zu teuer... für dich.«

»Klapproth ist ein Scheißkerl,« war alles, was Gustav sagte.

Gustav konnte endlich so sprechen, wie es ihm ums Herz war. Nicht, dass er das nicht immer getan hätte, gewiss, dafür war er bekannt und ... berüchtigt. Bei Agathe... ja, das war so 'ne Sache. Nichts gegen die Ehe, die war geradezu ideal zwischen Agathe und Gustav, aber Agathe hatte eine unzerstörbare Vorliebe für das »Feine« (wie sie es nannte). Das war schon immer so gewesen, kein Grund für die gute Agathe, ihren kräftigen und selbstbewussten Mann nicht zu lieben. Das tat sie schon.

Aber Gustav konnte sich zu Hause nicht so benehmen, wie er das manchmal wollte, konnte nicht gut »Scheißkerl« sagen, obwohl manchmal wirklich kein anderes Wort möglich war. Gustav nahm sich so oft zusammen, dass es ihm geradezu mühselig wurde. Man soll aber nicht daraus schließen, dass Gustav und Agathe nicht w i r k l i c h glücklich gewesen wären. Nur dieser verdammte Hang für das »Höhere« schien bei Agathe unausrottbar zu sein.

Justine ahnte wohl, dass sie mit ihrer jugendlichen Natürlichkeit den alten Döring richtig glücklich machte. Es kommt ja auch nicht darauf an, ob jemand das weiß… aber für Gustav war eben Justine ein »ganzer Kerl«. Manchmal freilich wunderte er sich direkt, dass Justine seinen komischen, immer etwas hochnäsigen Jungen, wie Fritz einer war, zum Mann genommen hatte. Aber das war wohl wieder 'ne andere Sache, eine, über die sich Gustav Döring keine Gedanken machte.

Nein, so war er wieder nicht, dass er etwa das Gefängnis und die Zelle schön fand, weil er da… Scheißkerl sagen konnte oder was noch Schlimmeres. Nein, Gustav hasste inbrünstig diese Freiheitsberaubung durch die Nazis. Er konnte das lächerliche Getue des Genossen Schlömilch gar nicht mehr ertragen. Manchmal sagte er: »Stell dich nich so an. Auch dass'de immer sagst ›ich habe ja nichts getan‹, kotzt mich an, verstehste? Wenn wir auch nischt getan haben, so genügt ja die Tatsache, dass wir noch auf der Welt sind, das genügt… ob du was getan hast, will ich gar nich mal wissen. Hättest ja was tun können, wär schließlich deine und meine Pflicht gewesen… Karl und Rosa haben es ja getan. Natürlich nich gegen die Nazis, die gab's ja damals noch nich. Aber waren wohl eigentlich schon da… glaube mir.«

So sprach, so schimpfte Gustav öfters. Aber der Mitgefangene, der komische Genosse Schlömilch verstand ihn nicht. Er hatte nur immer die Sehnsucht, aus dem Loch zu kommen. Etwas anderes kannte der nicht. Das war ein ganz schlappschwänziger Hund.

Zu Justine sagte er es einmal, die lachte nur, meinte: »Ja… das sind so merkwürdige Genossen. Aber du bist anders… Vater Gustav… du bist anders…« Und wenn die immer so appetitlich aussehende Justine das sagte, dann musste wohl etwas Wahres dran sein. So dachte Gustav, war ganz stolz darauf. Justine sagte noch: »Du, ich hetze den Fritze schon umher, dass er dich herausbringt… ich lass ihm keine Ruh', kannst versichert sein.«

Und eines Tages war es soweit.

Da schrie der Wärter barsch: »Döring… zur Wachstube. Wirst entlassen, Mensch.«

Gustav erschrak beinah, aber er ließ sich nichts anmerken. Der Mitgefangene Schlömilch lag schon seit Tagen im Lazarett. Es war 'ne Herzsache, so sagte Gustav zum Wärter: »Grüßen Se den Schlömilch schön…« Dann ging er.

Das gab's wohl nicht.

Das nicht.

Selbst Agathe kannte es kaum, wusste auch nicht, ob man einem Sträfling, der entlassen war, etwas Besonderes kochen musste. Da war er eben wieder; Justine hatte ihn vom Gefängnis abgeholt, Agathe wäre zu so etwas nicht zu gebrauchen gewesen … (die konnte höchstens zu Beerdigungen gehen. Von wegen Weinen).

»Sieht nett aus hier,« sagte Gustav, als er seine Agathe umarmt hatte: »Sieht prima aus.« Dann wandte er sich an Justine, die sich zum Weggehen anschickte: »Lauf nich gleich fort, Tine, nee, das erlaube ich einfach nicht.. na ja, das Kind… Wird dies blöde Kalb von Aushilfe mal länger bleiben… komme schließlich nich j e d e n Tag aus dem Kittchen, was?«

Agathe konnte in das Lachen nicht einstimmen, nein, das konnte sie nicht. Aber Justine lachte ja, sagte noch: »Ich komm nachher schnell wieder… muss dem Mädchen sagen, dass sie heute noch länger aufpassen soll… tschüs…«

Gustav war direkt traurig, dass seine »Lüttje Deern«, diese Justine, weg musste.

Und plötzlich erschien ganz unerwartet und plötzlich Fritz. In neuer Uniform. Kam ins Zimmer, sagte: »Fein, dass ich dich rausgekriegt habe, Vater. War nicht leicht…«

Über dem Kalbsbraten kauernd sagte Gustav: »Soll mich wohl noch bedanken, dass de' mich rausgekriegt hast?« Dann grinste er: »Sag mal, min Söhn, was war eigentlich schwerer… das Reinbringen oder das Rausbringen…, na Fritzeken …, was sagste nun zu deinem Ollen?«

Gut, dass nun gerade Agathe mit einem Grießflammeri ins Zimmer kam, sonst hätte es vielleicht eine unliebsame Auseinandersetzung zwischen Vater und Sohn gegeben… Aber, wie gesagt, der Griesflammeri wirkte verstummend und begütigend auf Gustav und Fritz.

Auf die kam es ja schließlich an; oder nicht? War Agathe niemand? Keineswegs, nur dass ihr ewig jaulendes Wesen nicht recht geeignet war, den Konflikt (und es war einer) zwischen Vater und Sohn zu lösen.

51

Gut, dass nun gerade Friedrich Wilhelm Wöltjen kam, der durch Justine…
also er begann: »Da bist du ja endlich wieder,« sagte er und drückte Gustav
so kräftig er konnte (es war nicht viel) die Hand.

»Setz dich her… denke, dass Muttern noch 'n Teller hat, was?«

Und dann aß Wöltjen, kaute und war damit sehr beschäftigt. Nun aber
wischte er sich den Mund mit der Serviette ab, atmete hörbar, sagte dann:
»Siehst gut aus… Gustav. Rein wie nach 'ner Sommerreise…,« dann lachte er albern.

Gustav blieb ernst, meinte nur: »Empfehle dir diese Sommerreise sehr,
Friwi… wirklich erstklassig. Erst gibt's 'ne kalte Abreibung, dass du nich
weißt, ob du 'n Mädchen oder 'n Junge bist, dann kriegste 'ne piekfeine
Zelle… kann es dir empfehlen…«

Jetzt lachte plötzlich Agathe, aber es klang gar nicht schön. Da mischte sich
Fritz ins Gespräch, bevor Wöltjen irgend etwas sagen konnte: »Haste gar
nicht bemerkt, Vater, dass ich befördert bin…?« Er zeigte auf irgendeine
goldene Verzierung, einen Streifen oder so was auf der Uniform.

Gustav blieb ernst: »Nee, Fritze… interessiere mich auch gar nich dafür.
Bist nun befördert, weil du einen roten Hund rein ins Kittchen gebracht
hast oder weil du ihn rausgebracht hast?« Dann lachte auch Gustav, es klang
auch nicht schön.

Warum sollte es auch?

Die Ironie dieser »Heimkehr« konnte nur von Leuten wie Wöltjen einer
war, geleugnet werden. Und die meisten waren wie… Wöltjen. Da machte doch der Posamentierhändler die Dummheit (oder war es etwas anderes?), seinem Freund Gustav zu sagen: »Ich hoffe stark, dass du nun vorsichtiger geworden bist, nicht immer allen Leuten deine politische Meinung aufdrängst, entschuldige schon, Gustav… aber man muss doch auf
die anderen Leute Rücksicht nehmen… du entschuldigst schon…?«

Da kam nun gerade Justine zurück, mitten in der Unterhaltung. Sie hörte
und sah und begriff. Agathe war natürlich in der Küche, wusch ab. Aber
da war ja auch Fritz.

»Na, wie geht's denn, Fritz?« fragte Justine. Der nuschelte etwas, sah aber
seine Frau eigentlich nicht an. Die nahm das nicht tragisch, aber das Ge-

spräch zwischen ihrem Vater Wöltjen und Gustav, d a s nahm sie ernst.
Gustav sagte gerade: »Na, weißt du, Friwi… wenn alle Leute so 'ne Scheiß-
angst hätten wie du, dann würde die braune Pest gar nich verschwinden.«
Fritz stand auf, ging einfach in die Küche.
Justine zuckte die Achseln, sie sagte: »Man sollte Vater Gustav nicht so
aufregen. Der hat ja 'ne Menge durchgemacht, nicht wahr? Also reden wir
doch über andere Dinge.«
Da grinste Gustav, es war ein liebevolles Grinsen, da er Justine ansah: »Also
reden wir vom Wetter…«
Aber da kam Agathe wieder… Fritz auch. Er schien in der Küche gepetzt
zu haben, denn Agathe sagte plötzlich: »Lass uns doch heute ausnahmsweise
n i c h t über Politik reden… ich denke, es würde das beste sein…«
»Hab' gerade versucht, über das Wetter zu reden… ist das am Ende auch
verboten? Weiß ja von nischt mehr…«
Justine war es, die plötzlich von dem Komiker Weiß Ferdl in München erzählte, der gesagt haben soll. »Früher hatten wir gutes Wetter… jetzt ist's
natürlich viel besser… Ich hoffe, dass wir bald wieder g u t e s Wetter haben
werden…«
Man lachte, ja, das tat man.
Aber Fritz sagte mit seiner schneidigen Stimme: »Weiß Ferdl ist ja ein alter
Parteigenosse…, der darf wohl so was sagen…«
»Na, siehste Friwi…, d e r darf das sagen. Wir aber dürfen es nich. Das ist
der Schietkram… verstehste?«
Justine meinte nur, dass es ja außer dem Wetter noch was gäbe, worüber
man sprechen könnte. Aber alles besann sich, Gustav Döring platzte heraus:
»Könnte ja über meinen netten Sanatoriumsaufenthalt sprechen… weiß-
te, Tine, dein Vater meinte vorhin, ich sähe aus wie einer aus der Sommer-
frische…«
»Ach, Vater… Gustav,« sagte Justine, »darüber wollen wir gar nicht sprechen. Übrigens ist das ja auch Politik, nich? «
Und es stellte sich heraus, dass es wirklich kein unpolitisches Thema gab.
Kein einziges. Sollte man darüber jammern und klagen? Nein, für Justine,
für Gustav war das nichts. Und Fritz konnte eigentlich nur über seinen neuen

Rang oder über die Nazi-Organisationen reden. Was anderes konnte er eben nicht. So schwieg man. Das war unpolitisch und tat niemandem weh.

Als Agathe einmal wieder ins Zimmer kam und die schweigenden Leute sah, sagte sie: »Warum redet ihr denn nichts? Ist doch komisch.«

Gustav aber meinte… seine Stimme war boshaft und verschmitzt: »Wegen Nichtreden ist noch keiner ins Kittchen gekommen…«

So verlief der erste Nachmittag von Gustav Döring in seinem Heim. Schön war's nicht, aber was sollte man tun?

Ja, was sollte man tun?

Das war Gustavs ständige Frage, wenn er so die Georg- oder Große Packhofstraße hinunterging, es konnte ja auch die Langelaube sein. War pottegal. Überall waren die Leute dieselben. »Dösköppe« nannte er die meisten, mit Ausnahme von Justine. Mit der konnte er auch nichts vergleichen.

Selbst bei der SPD gab es niemanden, der eine so klare und entschiedene Haltung hatte wie Justine. Übrigens nannte sie sich einen »unpolitischen Menschen«. Das war ihr Fehler. Gustav konnte auf sie einreden, zum Beispiel sagen: »Nee… Justine… das is Kohl, was du von dir denkst. Wie kannst du dich ›unpolitisch‹ nennen, wo du doch so eine entschiedene und klare Einstellung zu den wirklichen Dingen hast. Selbst Fritz gegenüber bist du politisch, das hat mit deiner Liebe zu ihm nicht das geringste zu tun.. Aber du weißt ganz genau, was Recht und was Unrecht ist…«

Da konnte Justine nur sagen: »Du nennst das politisch, Vater Gustav,… aber ich habe doch nicht die blasseste Ahnung vom Sozialismus. Siehste… darauf kommt es doch an. Oder nicht?«

»Nee… Tine… es gibt bei uns so viele Leute, die ihren Marx und Lassalle aus dem ff kennen und d o c h keine richtigen Sozialisten sind. Du bist anders… das fühle ich… Den Marx kann jeder lernen… aber ihn verstehen, wissen, worauf es ankommt, siehst du, d a s können die wenigsten.«

Natürlich gab es für die Wiederkehr von Gustav Döring innerhalb der Solzialdemokratischen Partei eine richtige kleine Ovation, aber Gustav sagte nur: »Genossen… das ist erst der Anfang. Glaubt doch nicht, dass die Nazis sich damit zufrieden geben, einen kleinen Sozi für ein paar Wochen einzusperren. Ist nur der Anfang. Seien wir nicht nur vorsichtig, sondern endlich auch aktiv...« Das war Gustavs kleine Rede.

Als Gustav am anderen Vormittag mal zu Wiggers in das kleine Lokal ging, traf er Wiggers nicht an. Da war ein Fremder, der wusch Gläser und tat so, als ob er nun den Laden allein schmeißen würde.

Paul Kneefe sagte: »Die haben doch den Wiggers totgeschlagen, die verdammten Nazis, ... ja, so ist's. Wollen Sie was Besonderes?«

Er hielt Gustav für irgendeinen Schnapsvertreter; war recht erstaunt, als Döring sich an die Theke setzte, sagte: »Geben Sie mir erst mal einen Kognak... einen doppelten...«

Später erzählte er noch, dass er ja mit Wiggers zusammen eingesperrt gewesen sei... Er hatte Mühe zu sprechen, der Atem blieb Gustav direkt weg.

Da legte der neue Gehilfe (oder Besitzer) seine Gläser hin, beugte sich zu Gustav: »Haben Sie ihn noch gesprochen, ja? Wissen Sie, die Frau Bertha Wiggers, Sie kennen sie doch? Also, die bekam einfach eine Blechbüchse und ein Schreiben, so etwa: ...›anbei die Asche Ihres Mannes Heinrich Wiggers. Er ist am Herzschlag gestorben‹... Tja, das war alles...«

Gustav Döring fragte noch: »Wo ist denn die Frau jetzt? Kann ich sie mal sprechen?«

»Die ist nach Nienburg zu ihren Eltern gefahren. Die Blechbüchse hat sie mitgenommen. Ich besorge nun vorläufig das Geschäft, verstehen Sie?«

Gustav begriff. Als er aufstand, war ihm klar, dass sie den Genossen Wiggers einfach umgelegt hatten.. Und in der Partei hatte es ihm kein Mensch gesagt. Diese feigen Brüder, dachte er, wusste aber nicht genau, ob er die Sozis oder die Nazis meinte. War ja auch egal...

Das ist das Unbegreifliche an den Zeiten, in denen eigentlich ein jeder schlaflos wach liegen müsste, denn das gellende Schreien der Schuldlosen, das Seufzen der Gemarterten erfüllte die Luft.

Aber es gab in Deutschland eigentlich nur wenige, deren innerste Ruhe gestört war. Natürlich, die sogenannten Prominenten des öffentlichen Lebens wussten schon Bescheid. Sie wussten es genau, aber schwiegen, um ihre Verdauung nicht zu stören; um ihre »Karriere« nicht zu verderben. Sie schwiegen und duldeten alles.

Einer, der nicht schweigen konnte und wollte, war der Bäcker und Konditor Gustav Döring. Auch die wöchentliche Meldung im Polizeirevier machte ihm nichts aus.

Noch war in diesem Jahr die Polizei teilweise in der Hand von alten Beamten, von solchen, die selbst der Nazi-Bürokratismus nicht so ohne weiteres entbehren konnte. Natürlich nahm man diese Beamten aus der republikanischen Zeit scharf unter Kontrolle. Aber wenn der »rote Gustav« (wie er genannt wurde) erschien, da war zwar der Kommissar Wedemeyer an seinem Platz und nahm die Meldung zur Kenntnis, aber im Hintergrunde tat immer der Kommissar Frieseke so, als ob e r die Hauptperson sei. »Wollte mich melden«, war die stereotype Redensart Gustavs, wenn er montags um zehn Uhr vormittags im Revier erschien.

Aber Wedemeyer war doch eben zu schlapp. Der sagte sogar: »Na, geht's gut, Döring?«

Und wenn Gustav in seiner breiten grinsenden Art es bejahte, dann schoss Frieseke aus seiner Ecke: »Hoffe s e h r gut, Döring. D a s war ja schließlich der Zweck der Haft, dass Sie sich besser fühlen als unter der Judenrepublik…« Gustav meinte nur: »Wie Sie wollen, Herr Kommissar…,« und dann sagte er laut und deutlich: »Guten Morgen,« (beileibe nicht »Heil Hitler«) und ging langsam ins Freie.

Manchmal wartete Justine draußen auf ihn, sie richtete es immer so ein, sagte: »Man kann ja nie wissen… ob die dich gleich weglassen.« Gustav grinste, nahm den Arm seiner Tine: »Bloß Schikane…, dass ich mich da melden soll.« Justine lachte: »Na, wenn's weiter nischt is…«

Es war wirklich »weiter nichts«, was sollte selbst das Dritte Reich mit so einem Mann, wie Gustav einer war, anfangen? Die Sache war eben so, dass die Bürger einfach den Kopf in den Sand steckten und alles, ja, auch alles, taten, was die Nazis verlangten.

Das war so eine Methode: innerlich dagegen zu sein, aber eben alles mitzumachen. So umging man äußerliche Schwierigkeiten, und innerliche gab es ja nicht.

Gustav Döring war eine seltene Erscheinung. Er hatte Charakter und dafür stand er gerade.

Mochten die Wöltjen oder wie sie alle hießen, hingehen und zu allem »Ja und Amen« sagen. Gustav tat das nicht. Niemals. Deswegen stand auch seine Sache oft schlecht.

Gerade jetzt war so eine Zeit. Er konnte allein ja nichts machen. Die Freunde und Genossen waren meist »Schlappies« und Jämmerlinge; sie verkrochen sich, anstatt das Maul aufzutun. Ja, so waren sie.

Mag sein, dass es in Linden, Limmer oder Ricklingen tapfere und bessere Genossen gab. Aber die hier in Hannover von der SPD...?

Na, schweigen wir, dachte Gustav... Er dachte nämlich... Ja, das tat er. Es waren keine welterschütternden Dinge, das nicht, aber die Kleinigkeiten, die doch am Ende »Großigkeiten« waren, die überdachte Gustav. Konnte höchstens mit Justine darüber sprechen. Das tat er auch manchmal. Mit wem denn sonst?

In den letzten Tagen war mal ein neuer Kunde in den Laden gekommen. Es war ein Jude; Gustav freute sich direkt, dass der Vertrauen zu ihm hatte. War ein unansehnlicher, etwas dicklicher Herr, dieser S. Thaler aus der Escherstraße. Vielleicht konnte man mit dem ein paar vernünftige Worte reden.

Vielleicht?

Döring jedenfalls hatte so ein gutes Gefühl, wenn S. Thaler kam. Man würde sehen.

Zweiter Teil

Verfinsterte Zeiten

Irgend jemand hatte S. Thaler von den vorzüglichen Kuchen und Torten erzählt, die der Konditor Döring machte. Vielleicht war es sogar Lina Thaler gewesen, die spillrige und immer neugierige Frau von S. Thaler, der Samuel mit Vornamen hieß.

Kann auch sein, dass es Moritz Thaler gewesen war, jener Bruder aus der Hansestadt Bremen, wo er ein gut florierendes Grundstücksgeschäft hatte. Vielleicht war es Moritz gewesen, denn er hatte immer eine richtige Spürnase. Weniger für Kuchen, aus dem er sich nichts machte, er hatte mehr Interesse für Menschen, die irgendwie besonders waren, vielleicht schrullige, aber immer originelle Gestalten. Mag sein, dass es Moritz Thaler war, der ja eigentlich jeden Monat nach Hannover kam, nicht nur um seinen Bruder zu besuchen, sondern weil er gerne auf die »Bult« zum Pferderennen ging.

S. Thaler machte »bessere« Konfektionsanzüge, die unter dem Namen »Maßkonfektion« sehr beliebt waren. Viel billiger als Maßanzüge. Dafür gab es auch nur e i n e Anprobe und (vielleicht) billigeren Stoff. Doch das war Geschäftsgeheimnis.

Moritz Thaler hatte lange in Paris und London gelebt, war viel weltläufiger als der stillere und vielleicht beschränktere Samuel Thaler in Hannover.

»Warum gehst d u denn nicht raus?« fragte S. Thaler seinen Bruder Moritz einmal, als die Hitlerei sich stark »verfilzt« hatte. »D u kannst doch gehen, Moritz. Bist unverheiratet und sprichst englisch und französisch… du k a n n s t wirklich gehen…«

Doch Moritz lachte nur: »N i c h t verheiratet nennst du das? Ich habe die Zietemannsche, meine Haushälterin… das ist schlimmer als eine Ehe.«

»Versteh' ich nicht,« sagte Samuel, »versteh' ich wirklich nicht…«

59

Darauf polterte Moritz los: »So… und d i c h soll ich hier allein lassen… was?«

»Ich bin doch kein kleiner Junge, Moritz…«

»Na, und dann haben wir ja schließlich noch die Gräber in Hoya… d i e kann ich auch nicht allein lassen…«

»Als ob ich nicht auch aufpassen könnte, lächerlich.« S. Thaler war wirklich böse.

Er liebte Moritz, hatte gar keine Lust, dass sich sein Bruder in Unannehmlichkeiten stürzen würde. Der war ja immer so verdammt unvorsichtig. Hatte er doch noch am Boykott-Tag, jenem schrecklichen 1. April 1933, an sein Büro in Bremen – man denke, in der Obernstraße – eine Tafel angebracht, worauf stand:

»Wegen Trauerfall geschlossen.«

D a s hatte Moritz gemacht. Sicher (wie das seine Art war) die Hände dabei gerieben und gefeixt… sicher. Die Bremer hatten ja gelacht, wenigstens die, die Moritz kannten, (es waren nicht wenige), aber die SA-Leute und die feinen Senatoren fühlten sich durch Moritz Thalers Witz veräppelt. Und das wollte er ja auch.

Den Bäcker und Konditor Döring konnte Moritz gut leiden. Er traf ihn sogar einmal, als er gerade eine Torte zu seinem Bruder brachte. Gustav Döring machte kein Hehl daraus, dass er Sozi war und er kürzlich mal gesessen hatte.

Moritz meinte: »Die Sozialdemokraten haben doch meist den Schwanz zwischen die Beine geklemmt… haben es doch? Na, ich will sie ja nicht beleidigen, aber das sind doch faule Köppe…«

»Da haben Sie goldrecht, Herr Thaler,« hatte Gustav geantwortet. Und dann hatte es noch einen längeren Disput zwischen Gustav und Moritz gegeben. Am Ende sagte Moritz Thaler: »Komm' mal zu Ihnen in die Wohnung, Herr Döring. Aber keine Umstände machen. Einen Buddel Wein bringe ich schon mit… also in vier Wochen bin ich wieder hier.«

Die Zeit, diese verfinsterte Zeit des Jahres 1933 ging langsam in die Gehirne der wissenden und leidenden Menschheit ein.

Manche starben an ihr.

Jawohl, man kann an einer Zeit sterben – wie an ihr leben…

Gustav Döring war nun so geartet, dass er seinen handfesten und für so viele so wichtigen Beruf hatte. Aber er gehörte nicht zu der Gattung von Menschen, die an der Zeit zerbrachen. Das nicht. Ärgern konnte er sich, tüchtig. Und schimpfen konnte er auch. Aber dass er irgend etwas so nahm wie die meisten, die von nichts anderem hören wollten als von dem, was sie selbst und ihren nächsten Kreis betraf, das nicht.

Moritz Thaler war nicht nur passiv, sondern auch aktiv an seiner Zeit interessiert. So beschwatzte er zum Beispiel den Zeitungshändler am Hauptbahnhof so lange, bis er auch Schweizer Zeitungen bekam. Vor allem die »Baseler Nationalzeitung«, die führte eine kräftige, deutliche Sprache. So etwas liebte Moritz Thaler.

Und als die vier Wochen um waren, von denen Moritz Thaler gesprochen hatte, da ging Döring der Sicherheit halber erst mal zu S. Thaler und fragte, wann denn Moritz käme.

»Der wird bis Ende der Woche hier sein,« antwortete Samuel und meinte, dass er seinem Bruder ja bestellen könne, dass Gustav Döring hier gewesen war.

»Das tun Sie man,« sagte Gustav und fügte hinzu, »kommen Sie doch mit Ihrem Bruder zusammen, Herr Thaler.«

»Danke schön,« sagte S. Thaler, »aber Sie werden ja sicher viel über Politik reden. Das regt mich immer so auf. Danke schön, Herr Döring, aber mein Bruder wird wohl allein kommen.«

Und so war es auch.

Am Sonnabend Abend kurz nach acht Uhr erschien Moritz Thaler bei Döring. Er begrüßte Agathe förmlich, sagte zu ihr, indem er ihr eine eingewickelte Flasche Wein gab: »Schöne Frau… dies ist ein Burgunder… echter ›Macon‹… die Flasche muss ein bisschen warmgestellt werden… aber nicht z u sehr… schöne Frau…«

Agathe ging mit der Flasche fort in die Küche. Dachte: »So ein verrückter Kerl… sagt ›schöne Frau‹ zu mir«… Sie musste wirklich lachen. Dann nahm sie einen Weinkühler, füllte ihn mit lauwarmem Wasser und tat die Flasche hinein. Sie murmelte in einem fort: »Verrückter Kerl ist das.. zu m i r ›schöne Frau‹ zu sagen…« Im Grunde aber freute sie sich doch darüber; denn bis Gustav so etwas zu ihr sagen würde… du lieber Gott, das hat er noch nicht einmal im ersten Ehejahr getan… ›schöne Frau‹!

Inzwischen hatten es sich die Männer gemütlich gemacht. Als Agathe wieder ins Zimmer kam, Gläser und auch etwas Kuchen brachte, da sagte Moritz Thaler (und er rieb sich die Hände dabei): »Das ist mal fein. Was zum Knabbern… ist schön… Na, setzen Sie sich denn nicht zu uns, schöne Frau?« Doch Agathe, ihr Gesicht blühte dabei auf, sagte: »Och nee… die Herren haben sicher was Ernstes zu reden, da stör ich ja nur.« Dann ging sie.

Moritz goss zuerst sich ein paar Tropfen ein, dann füllte er Gustavs Glas: »Na, worauf trinken wir…?«

Gustav Döring sagte rasch: »Auf bessere Zeiten, Herr Thaler… Prost!«

»Zum Wohl… «, sagte Moritz und trank sein Glas beinah' leer. Er sagte noch: »Bessere Zeiten? Jawoll… viel bessere… ist m e i n e Meinung… na Prost.« Thaler sagte dann: »Die alten Zeiten der Republik waren ja gar nicht so schlecht… aber zu schwach… und was dahinterher kam, ich danke…«

Gustav Döring meinte: »Wir müssen dafür sorgen, dass die künftige deutsche Republik wetterfester und beständiger wird. 'Ne schwere Aufgabe. Offen gesagt, die SPD kann es nicht allein machen, dazu sind die Genossen zu alt und zu verfilzt… Na, trinken wir also auf die künftige Deutsche Republik…Prost. «

Thaler erhob auch sein Glas, trank aber nicht. Das kam nicht, weil er den Bäcker Döring kränken wollte oder die zukünftige Republik… nein, er hatte einfach Sodbrennen…

Fragte Döring: »Haben Sie Natron? Ja? Oder soll ich mal rasch zur Apotheke gehen…?«

»I wo denn… « Gustav rief Agathe, die etwas erhitzt aus der Küche kam, fragte: »Fehlt was?« Döring erklärte es ihr, und nach ein paar Minuten hatte Moritz das Natron-Pulver, ein Glas Wasser und einen Teelöffel…

»Ist ja wie in einem Krankenhaus hier,« sagte Thaler und nahm einen halben Löffel voll Natron. Sagte noch: »Wissen Sie, Herr Döring,… wir Juden haben vielleicht etwas Grütze im Kopp… aber dafür 'nen schlechten Magen… So, jetzt ist mirs besser…«

Dann erhob er sein Glas, sagte: »Also noch mal zum Wohl, Herr Döring… und Ihre künftige Republik soll leben…« Sein an und für sich verschmitztes Gesicht wurde mit einem Male ganz traurig: »Ich werde es wohl nicht mehr erleben… bin ja schon sechsundsechzig Jahre… Aber Sie sind doch noch ein junger Mann, was?«

Gustav antwortete, dass er auch schon auf die Fünfzig zuginge, aber, so fügte er hinzu: »Kommt es denn auf die Jahre an? Dann wäre ja mein Fritz…, na, lassen wir das.«

Moritz liebte es nicht, in Privatangelegenheiten verwickelt zu werden. Wozu? Das Leben in dieser Zeit war schwer genug, zu schwer. Was ging ihn dieser Sohn an, von dem er wusste, dass er ein ganz wilder Nazi sei… So fragte er gar nicht nach diesem Fritz, von dem ihm Samuel allerhand erzählt hatte.

Aber da kam plötzlich Justine; Thaler dachte sofort, dass sie 'ne hübsche Person sei. Und dann erhob er sich, denn Gustav, der alte Schwerenöter, war gleich aufgesprungen.

»Kennen Sie meine Schwiegertochter schon?«

Moritz verneinte. Dann gab er der hübschen und frischen Frau die Hand, dachte dabei: Sieh mal an, das soll nun die Frau von dem Nazi sein… komisch… Laut sagte er: »Nehmen Sie doch Platz, trinken Sie ein Gläschen mit uns…«.

Und das tat Justine auch, sagte: »Prost« zu Gustav und zu Thaler; dann meinte sie: »Ist man gar nicht mehr gewohnt…,« trank aber einen herzhaften Schluck, stopfte sich auch rasch ein Stück Kuchen in den Mund.

»Das ist der Bruder von S. Thaler… weißt du, der feine Herrenschneider in der Escherstraße…«

Justine nickte; sie kannte den Bruder zwar nicht persönlich, hatte aber doch viel von ihm gehört. »Sie sind also zu Besuch hier…« sagte sie noch.

Thaler lachte, meinte: »Na ja…, Besuch… komme jeden Monat mal her, muss nach dem Rechten sehen. Mein Bruder ist ein bisschen zu beschränkt… wissen Sie. Nichts gegen ihn, aber man muss doch gerade in dieser Zeit ein bisschen aufpassen… es passiert zu viel…«

»Es passiert viel mehr hinter den Kulissen…,« Justine sagte es ernsthaft.

Thaler gefiel es. Er hätte ja fragen können: »Weshalb haben denn Sie gerade den Nazi Fritz Döring geheiratet?« Er hätte es fragen können, gewiss, aber er hasste jede Art von Indiskretion. Und die wäre es gewesen. So sagte Moritz Thaler nur: »Ist eigentlich nett, dass Sie sich so um Ihren Schwiegervater kümmern, ist es doch, Frau Döring?«

»Das ist doch ganz selbstverständlich, Herr Thaler. Aber darf ich mir die Frage erlauben: Warum gehen Sie eigentlich nicht heraus? Gustav erzählte mir doch, dass Sie so gute Beziehungen im Ausland hätten. Und dann als Jude… ich meine bloß…«

»Können Sie nicht beurteilen, junge Frau. Weiß, was Sie meinen, aber sehen Sie, es ist ein großer Unterschied, ob Sie den Leuten etwas zu geben haben oder etwas haben wollen. Es ist ein großer Unterschied. Das wäre auch eine große Freude für die Nazis… und dann…« Thaler trank sein Glas aus, fuhr fort: «…dann habe ich nicht die geringste Lust zur Auswanderung. Ich bin in Hoya geboren, wohne in Bremen und möchte gerne hier sterben… verstehen Sie… hier in Deutschland… komisch, was?«

Justine sah Gustav an: »Und Freudenthal…?«

Döring brauchte eine geraume Zeit, um die richtige Antwort zu finden: »Logisch, Tine… verdammt logisch, aber Hans war schließlich ein Genosse.«

Moritz Thaler sah Gustav an: »Selbst e u c h liegt nichts an uns… wir sind eben ›bürgerliche Menschen‹, was? Das stimmt nur teilweise. Wir sind in erster Linie gute Deutsche, was uns natürlich die Nazis abstreiten… aber ihr Sozialdemokraten…«

Da unterbrach Gustav: »Das bestreite ich ja gar nicht, aber den Ausdruck ›bürgerlicher Mensch‹ habe i c h nicht gebraucht. Übrigens habe ich eine Menge g e g e n die Sozialdemokraten, verstehen Sie, Herr Thaler? Während der ganzen letzten Jahre habe ich mir den Mund fusselig geredet, ich meine in den Parteiversammlungen, aber es hat nichts genützt…« Das hatte Gustav so leichthin gesagt… Er dachte gar nicht daran, dem Herrn Moritz Thaler aus Bremen, der doch schließlich ein bürgerlicher Mensch war, alle seine Kämpfe in der SPD zu erzählen.

So war Gustav Döring, wirklich und wahrhaftig klassenbewusst, wie er es immer gewesen war. Gewiss… nun durch die hassenswerte Politik der Nazis waren wohl viele dieser bürgerlichen Juden in Deutschland ein bisschen näher an die Arbeiterparteien herangerückt. Aber Gustav Döring, Sozialist vom alten Schlage, dachte nicht daran, in den Herren Bormass, Sternheim, Koppmann und Dammann plötzlich G e n o s s e n zu sehen. Nee, das galt nicht für ihn, der sich stets als Proletarier gefühlt hatte und selbst im jüdischen Kapitalisten doch den »Klassenfeind« sah. Natürlich, sie waren eben alle »Hitler-Opfer«, aber das adelte sie nicht zum Proletarier. Dass die Genossen von der SPD feige Hunde waren, die eigentlich ihr Schicksal selbst verschuldet hatten, war wieder ein anderer Punkt.

»Die Pulle is bald leer,« stellte Gustav fest und fügte hinzu: »Kannst du nich mal rüber zu Wiggers gehen, Tine? Es kann doch sein, dass die etwas ähnliches haben.«

Sofort sagte Justine »ja« und ging.

Gustav sah ihr nach und meinte: »Ne feine Deern.«

Fast hätte Moritz nun gefragt, wie die, ausgerechnet d i e … so'n Nazibengel heiraten konnte. Aber er besann sich noch rechtzeitig, ihm fiel auch ein, dass dieser Fritz Döring schließlich der Sohn vom alten Gustav war.

Da sagte Gustav plötzlich, (als ob er etwas geahnt hätte): »Sie wundern sich wohl, warum so 'ne patente Person ausgerechnet so einen Nazibengel heiraten konnte?«

Moritz sah Gustav nur an, sagte nichts.

»Tja,« knurrte Gustav weiter: »Das ist eben so 'ne Sache. Wenn man mich fragen würde, warum ich meinen Sohn nicht besser erzogen hätte, dann könnte ich nur sagen: ›Hüten Sie mal einen Sack voll Flöhe…‹ geht nicht, was?« Dann erzählte Gustav noch, wie er den Wiggers im Gefängnis gesprochen hätte: »Na, und dann haben die Nazis doch einfach die Asche in einer Blechdose an die Witwe geschickt. Totgeschlagen haben se'n einfach. So ein stiller, ruhiger Mensch war das, ein feiner Genosse… Einen Schrieb haben se noch mitgeschickt… ›An Herzschlag gestorben…‹ Jawoll… abgemurkst haben sie ihn einfach. Das haben die Nazis gemacht. War'n schöner Schreck, wie ich das hinterher erfuhr, erst hier, wie ich zu Hause war. Toll was?«

Thaler antwortete nicht. Und dann kam auch Justine gleich wieder zurück, sie machte ein vergnügtes Gesicht, meinte: »So was ähnliches habe ich mitgebracht... ist sicher nich so gut wie ihr Wein, Herr Thaler..., aber wollen mal sehen...«

Moritz sagte: »Sie sind eine tüchtige kleine Frau, sicher sind Sie das, Frau Döring...«

Justine lachte nur: »Nennen Sie mich um Gotteswillen nicht ›Frau Döring‹... na ja, ich habe nichts gegen den Namen, da es ja auch Gustav Döring gibt...,« sie streichelte die Backe ihres Schwiegervaters. Der strahlte. Das hatte er gern. Lieber als von Agathe gestreichelt zu werden. Die tat es übrigens nie; früher selten.

»Also Prost, Justine...«, sagte Thaler. »Ja?... Aber dann müssen Sie einfach ›Thaler‹ zu mir sagen. Moritz klingt nicht gut.«

»Und i c h , wo bleib i c h ?« fragte Gustav.

Thaler sagte nur: »Prost, Gustav.«

Justine lächelte: »Prost, Vater Gustav.«

Der strahlte. S o hatte er es gern. Es wurde ein gemütlicher Abend.

Unter der Roten Fahne

Unter ihr war Gustav Döring groß geworden; für ihn gab es kein anderes Fahnentuch. Auch nach 1918 nicht, auch nicht, als man die Fahnen der »Deutschen Republik« schwarz, rot und gold umfärbte, auch dann nicht... In den sozialdemokratischen Versammlungen wurde in erster Linie die »Deutsche Nationalflagge« Schwarz-Rot-Gold gezeigt, aber irgendwo hatte man immer noch die »Rote Fahne«, die alte sozialistische, aufgehängt.

Wenn Gustav so die Reden der Genossen hörte, dann meinte er in seiner knurrigen Art: »Sollten lieber eine rosa Fahne hinhängen, würde passender sein...«

Mit solchen Bemerkungen erntete Gustav wenig Beifall. Nur einen Genossen gab es, einen einzigen, der wirklich Gustav von Herzen zustimmte. Freilich war der Genosse ein Jude, Hans Freudenthal, ein bewährter Sozialdemokrat, der sich verzweifelte Mühe gab, die SPD und die KPD zu verschmelzen..., natürlich nachdem die USPD sich geteilt hatte ... in

Sozialdemokraten und in Kommunisten. Freudenthal hatte niemals zur USPD gehört, er hatte oft gesagt: »Nicht Fisch und nicht Fleisch.«

Aber als die Auflösung der »Unabhängigen« erfolgt war, hielt Hans jene Rede, die ungefähr so lautete: »Genossen… wäre es jetzt nicht an der Zeit, mit der Vereinigung aller Arbeiterparteien Ernst zu machen? Ich meine, w i r sollten doch den Versuch machen, die KP davon zu überzeugen, dass wir es ernst meinen. Ich meine, wir sollten es tun. Der Fehlschlag der USPD zeigt uns nur, wie töricht alle Versuche waren, einen Standpunkt zwischen den beiden Parteien einzunehmen… sind wir nicht alle Marxisten? Ich fürchte, morgen wird es zu spät sein…«

Rufe wie: »Er ist KP-reif…«, schienen keinen großen Eindruck auf Freudenthal zu machen. Wieder war es der Genosse Döring, der aufstand, um Freudenthal die Hand zu drücken. Er war aber der einzige.

Da stand der Genosse Alfred Bohner auf, ging zum Podium und sagte: »Die Ausführungen des Genossen Freudenthal zeigen klar, dass ihm die natürlichen Verbindungen… oder soll ich sagen: das natürliche Verständnis fehlt…«

An diese Veranstaltung musste Gustav jetzt oft denken… jetzt, wo es zu spät und Hans Freudenthal ausgewandert war, fortgegangen, nachdem alles so eingetroffen, wie er es vorausgesagt hatte. Daran musste Gustav jetzt oft denken, jetzt, wo alles zu spät war.

War es das?

Gustav Döring erzählte eines Abends seiner Justine davon, die nun meinte: »Nie ist es zu spät… das ist ja Unsinn…«

»Wollte, du hättest recht, Tine, aber im Augenblick sieht es doch verdammt mulmig aus. Weißt du, ich habe damals genau gefühlt, dass d o c h eine Art von Antisemitismus selbst bei den Sozis vorhanden war… wie erklärst du dir das?«

Justine brauchte nicht lange nachzudenken: »Nicht so schwer, Vater Gustav, das Antisemitische steckt eben in fast a l l e n Deutschen drin. Du siehst es jetzt ja genau. Dabei ist es nur einigen recht, dass die Nazis am Ruder sind…« Justine sprach ernsthaft, sie fügte noch hinzu: »Ich weiß das eigentlich von Fritz…, ja, du hörst recht, von ihm, der sich immer darüber beklagt, dass der ›rechte Geist‹ fehlt… verstehst du das, Vater Gustav?«

»Ja, es klingt wie Fritz. Das mit dem Geist ist unsinnig. Es gibt nichts Geistloseres als den Nazismus... verstehst du?«

Gustav Döring hielt nichts vom »Dahinleben« ohne Ziel und Zweck. Er sagte es auch Justine, die nur die Achseln zuckte, meinte: »Was ist denn der Sinn m e i n e s Daseins? Gewiss, ich habe ein Kind, für das lebe ich wohl. Ist das sinnvoll...? Oder wie du sagst: ›Zweckvoll‹? Ich glaube kaum.«

An diesem Nachmittag kam plötzlich Alfred Bohner, der zum Vorstand der SPD gehörte, zu Gustav. »Tach, Genosse Bohner... was verschafft mir denn die Ehre?«

Justine verschwand, als sie Bohner kommen sah. Sie mochte ihn nicht, sie konnte ihn nicht leiden. Bohner war immer so sicher und selbstbewußt... was sollte sie mit dem? Gustav verstand sie; auch er hatte allerhand gegen Bohner; aber was sollte er tun?

»Ich komme eigentlich nur, Genosse Gustav, um Sie zu bitten, etwas vorsichtiger zu sein...,« sagte er.

»Sieh mal an... ich soll wohl meine Schnauze halten... wie ihr alle? Das kann ich nicht... wirklich nicht...«

Bohner war ein, wie man sagt, stattlicher Mann; seine graublonden Haare, sein breitschultriges Wesen machten Eindruck. Auf wen? Auf die Bürger, die in ihm einen »vorsichtigen und besonnenen Mann« sahen. Heute wollte er Gustav Döring einmal ins Gewissen reden, d a s war der Zweck seines Besuches. Er meinte: »Hat doch keinen rechten Zweck, dass die Leute dich immer den ›roten Gustav‹ nennen... das tun die Leute...«

»Welche Leute? Ist es vielleicht ein Schimpfwort, wenn man mich den ›roten Gustav‹ nennt? Und gesessen hab' ich auch. Ist das nich ehrenvoll? Freilich, den armen Wiggers, weißte, den sanften Genossen Heinrich, den haben'se totgeschlagen. Ist das a u c h verboten? Ich werd mich mal um den Kopf reden, tjawoll – dazu hab' ich ihn ja...«

Bohner sagte etwas von »Parteidisziplin« und meinte noch: »Uns liegt nichts an Märtyrern... gar nichts. Uns geht's um die Sache, Genosse, da m u s s man oft die Klappe halten. Der Genosse Freudenthal ist ja fort...«

Gerade kam Justine ins Zimmer; als sie den Namen »Freudenthal« hörte, mischte sie sich ins Gespräch: »Haben Sie d e n etwa erwischt...? Ist er zurückgekommen...? Ja...?«

Bohner beruhigte sie: »Der ist im Ausland... wir wissen nicht, was er da macht.«

»Aber i c h weiß es... mir hat er geschrieben...,« Justine sagte es mit Stolz. Gustav grinste nur. Eben kam Agathe mit Kaffee ins Zimmer. Bohner begrüßte sie höflich: »Vielleicht haben S i e einen guten Einfluss auf Gustav, dass er nicht immer soviel redet... schadet uns nur.«

Aber Agathe sagte wehleidig: »Ach... ich habe gar keinen Einfluss auf meinen Mann. Gar keinen...« Sie deutete auf Justine: »Schon eher meine Schwiegertochter... wissen Sie, die ist ja mit meinem Sohn Fritz verheiratet..«

»Ach, der ist ja SA-Mann, nicht wahr?« Bohner fragte Justine. Aber die sagte nur: »Leider...« Bohner machte ein erstauntes Gesicht, dachte wohl: Ist die Ehe nicht glücklich?

Als er das später, als Justine gegangen war, zu Gustav sagte, antwortete dieser: »Kann man denn mit einem Nazi glücklich sein? Nee... Genosse Bohner, das kann man nich. Und ich sage es, obwohl es mein Bengel ist...«

Bohner meinte begütigend: »Er hat Sie ja aus dem Gefängnis herausgekriegt, hat er nicht?«

Gustav nickte: »Ja, und hineingebracht hat er mich auch, der Herr Nazisohn... kommt vor, Genosse Bohner, kann leicht passieren...«

»Aber es war doch sicher nicht Absicht, Genosse, das kann ich mir nicht denken...«. Bohner war sichtlich entrüstet.

Gustav sagte nur: »Denken tun Sie a u c h , Genosse Bohner? Hätt ich gar nich gedacht, ist doch heute verboten. Vom Denken bekommt man Schwielen in den Kopp... und das ist gegen die Parteidisziplin, verstehen Se...? Wenn Se zuviel denken... genau wie ich... das ist dann s e h r gefährlich...«

Bohner sah bald ein, dass er mit Gustav, diesem »verbohrten Genossen«, wie er ihn innerlich nannte, nicht viel anfangen konnte. Er meinte: »Für uns sind die Realitäten wichtig, denen müssen wir Rechnung tragen, verstehen Sie, Genosse Gustav? Für uns muss es wichtig bleiben, die Parteidisziplin zu wahren. Das kostet manchmal Opfer, ich weiß, aber Sie sind doch klug genug, d a s einzusehen... nicht wahr?«

Gustav antwortete nicht. Justine kam gerade zurück, hörte das Gespräch und sagte: »Ich habe n i e zu Ihrer Partei gehört, Herr Bohner, aber wenn jetzt nicht die Arbeiter, ich meine alle, zusammenstehen, dann wird Ihre Partei nicht mehr existieren... meine ich.«

Bohner verabschiedete sich.

Als er gegangen war, sagte Gustav: »Wenn man so denkt...,« er unterbrach sich, lachte. Dann sagte er weiter: »Wenn man so denkt... dass Karl und Rosa zur SPD gehört haben, dann möchte man weinen. Was wäre aus ihnen heute geworden... ich kann mir nicht vorstellen, dass sie diesem Herrn Genossen Bohner gefolgt wären, d i e nicht. Na, sie haben ja zuerst mal die KPD gegründet... das war ums Jahr 1919... in demselben Jahr hat man sie ermordet, natürlich nicht von den Bohners selbst. Die haben ja die Weißgardisten zu dem Zweck geholt... natürlich haben die das getan.«

Justines Stimme war vor Wissbegier beinah leise, sie fragte: »Waren es nicht Ebert, Scheidemann und Noske gewesen? Ich war ja damals noch so klein, und mein Vater sagte nur immer: ›Wenn doch die Revolution bald vorüber wär...‹ das sagte er immer... Vater Gustav.«

»Ich weiß nur e i n s , mein Mädchen... die richtige Revolution hat noch gar nicht stattgefunden... nicht 1848 und auch nicht 1918. W i r müssen erst die richtige Revolution machen... aber nicht mit den Bohners...«

»Mit wem denn?« fragte Justine.

Gustav sah sie gar nicht an, als er sagte: »Mit Hans und dir, Tine... mit wem sonst.«

»Und mit dir, Vater Gustav... ohne dich geht's ja nicht.«

Justine hauchte es beinahe, sie war ganz nah an Vater Gustav herangerückt. Er fühlte ihre Nähe, lächelte: »Ich bin bis dahin längst tot... so lange mache ich's nich mehr. Aber Hans und du... ihr beide... ihr könnt es machen...«

Justine fühlte sich dem Weinen nah, aber sie sagte tapfer: »Natürlich machen wir es... Hans und ich... das verspreche ich dir.. Vater Gustav... bestimmt...«

Dazu brauchte Gustav keine Schulbildung, noch nicht einmal ein Lexikon. Um d a s zu wissen: Man kann der Hammer sein oder der Amboss. Jeder konnte das lernen; besonders in dieser Zeit 1933, in der jeder Lausejunge, selbst Fritz Döring, sich einredete, der Hammer zu sein. Die Macht, vor der die anderen zittern sollten.

Die meisten taten es auch, aber Gustav konnte es nicht. Auch Moritz Thaler, der Grundstücksmakler in Bremen, konnte es nicht, wenn er auch um sich herum das »Katzbuckeln und Schöntun« sah und erlebte.

Hatte doch sogar die Zietemannsche, jene rasch verblühte Haushälterin, einen Ton angenommen, der wirklich nicht schön war. Schon ihr morgendliches: »So, da ist der Kaffee... Herr Thaler,« hatte einen besonderen Klang. Keinen schönen; darin war etwas von Verachtung und so etwas von »eigentlich hätte ich es ja nicht nötig«, das Thaler recht nervös machte.

Auch wenn der Senator Kulenkampf wegen irgendeiner dunklen Grundstückssache zu Thaler kam, spürte Moritz genau heraus, dass dieser windige Hund, dieser »Schleimscheißer« (wie ihn Thaler für sich nannte), ihm unter die Nase reiben wollte: »Sehen Sie, Herr Thaler, ich komme t r o t z - d e m zu Ihnen,« so hätte Moritz Thaler ihn am liebsten achtkantig die Treppe hinuntergeworfen, denn er konnte es auf den Tod nicht leiden, dass diese »feinen Pinkels« zu ihm kamen mit der unausgesprochenen Betonung: »Trotzdem Sie Nichtarier sind.«

Und wenn die Leute bei Gustav Döring den guten Kuchen kauften, so schwang in ihren allzu höflichen Worten doch meist das e i n e mit: »Ich komme zu Ihnen, trotzdem ich weiß, dass Sie ein Roter sind...« Sagen tat das wohl niemand, aber sie dachten es fast alle.

So waren die Bürger eben damals, ihnen ging (wie man bei den Preußen sagen würde) der Arsch auf Grundeis, aber sie kamen doch. Gingen zu Thaler, t r o t z d e m der ein Jude war, und kauften »verfressener maßen« ihren Kuchen beim »roten Gustav«. Dabei gab es doch Kreipe in der Bahnhofstraße und irgendein »rassereines« Subjekt, wo man hätte kaufen können. Aber sie waren ja eben »unpolitisch«, diese Hammel, und krochen

71

(so lange es eben ging) zu Gustav oder schlichen zu Thaler. Das war überall so. Sie plusterten sich auf, blähten sich wie die Gockel, nachdem sie ein paar Hennen besprungen hatten.

»Hab dich nur nicht so…,« sagte manchmal Justine zu ihrem Mann, wenn er gar so herablassend tat. »Du bist ja von meinem Vater beeinflusst,« sagte dann Fritz, lachte höhnisch, was aber gar keinen Eindruck auf seine Frau machte.

»Mich braucht man nicht zu beeinflussen, ich hab' nämlich Augen im Kopf,« pflegte Justine dann zu sagen, wenn Fritz hochfahrend tat.

Die monatlichen Reisen, die Moritz Thaler unternahm, waren für Gustav Döring immer so etwas wie eine Erfrischung. Er sagte es auch zu Thaler, der eigentlich niemals versäumte, den Konditor und Bäcker aufzusuchen. Er kam, wie er sagte, immer nur »auf einen Sprung«, aber es wurde meist mehr als das. »Sie sind eigentlich der einzige Mensch, mit dem man halbwegs vernünftig sprechen kann,« pflegte Gustav zu sagen. Und das Gespräch dehnte sich dann meist bis Mitternacht aus.

»Wen hab' ich denn in Bremen?« sagte Moritz, der nie vergaß, eine schöne Flasche Wein mitzubringen.

Döring war im Grunde ein Feind aller Phrasen, er konnte sich richtig mokieren, wenn er die »Schnatterei« (wie er es nannte) im Laden über sich ergehen lassen musste. Aber nun war es anders, dieser Thaler gab ihm die Ehre (welch' abgestandenes Wort) eines Besuches, da konnte er wirklich nicht nur »danke schön« sagen. »Ist mir wirklich eine Ehre, wenn Sie zu mir kommen, Herr Thaler,« sagte Gustav. Er meinte es auch.

»Lassen Sie gefälligst den Stuss«, war alles, was Moritz sagte. Und dann wurde die Flasche aufgekorkt, Thaler rieb sich immer die Hände, wenn er das Geräusch des Korkenziehens hörte, er sagte oft: »D a s ist Musik für mich, vielleicht ein wenig kapitalistisch, was? Aber so bin ich nun mal…« Dann trank er andächtig seinen ersten Schluck.

Döring tat dasselbe; sie waren meist ungestört, Thaler und Gustav … denn Agathes flüchtigen Besuch konnte man nicht gut als Störung bezeichnen.

Wenn freilich Justine kam, dann ging ein Glänzen über Thalers und Gustavs

Gesicht. Meist aber war Justines Besuch nur sehr kurz. Hinterher war eine richtig gedrücktere Stimmung bei den Männern.

»Es ist verdammt schwer, bis ihre Genossen Zutrauen zu mir finden… warum eigentlich?« fragte Moritz.

»Das hat viele Gründe, viele gute und sehr schlechte. Da ist der Aberglaube, dass Sie doch ein Bürger sind… und dann liegt's wohl daran, dass Sie ein Jude sind. Komisch… was?« Gustav sagte es sehr überlegt und vorsichtig.

Thaler darauf: »Versteh' ich nicht… wo ich j e t z t doch eigentlich in derselben Lage wie die Sozialisten bin…«

»In einer schlimmeren… viel schlimmeren,« meinte Gustav.

»Die Nazis werden aber mich nicht runterkriegen… m i c h nicht.« Moritz Thaler sagte es mit jener Ernsthaftigkeit, die niemand bei ihm vermutete. So war er. Das wirklich Ernste hatte meist die Form des Witzes, eines echt Thalerschen Witzes, man kann auch sagen »jüdischen Witzes«. Aber wenn er seine völlige Überlegenheit den Nazis gegenüber erklärte, dann war es wirklich k e i n Witz.

Manchmal sagte er: »Die Hunde können mich ja totschlagen, totprügeln… wie sie wollen. Aber dadurch haben sie keinen Gewinn. Im Gegenteil… die werden für jedes Menschenleben, für jede Existenz, die sie vernichten, zahlen müssen. Es kommt gar nicht darauf an, ob i c h das zu Ende erlebe oder nicht. Der einzelne ist so unwichtig, ob er nun Döring oder Thaler heißt. Verstehen Sie mich recht… Herr Döring?«

Gustav Döring war wirklich kein auserwählter Mensch. Er war einfach »Durchschnitt«, wusste es auch. Aber in e i n e m hatte er dem Bürger Thaler (und das war er) doch etwas voraus; nicht seine recht unruhige Kindheit (die wächst sich aus), aber die Schulung durch das Leben selbst, wie er oft sagte: »Wissen Sie, Herr Thaler… ja, ich weiß, ich soll das ›Herr‹ fortlassen, das geht aber nicht so leicht, wissen Sie… da lebt man jahrzehntelang hin und denkt sich eigentlich nichts dabei, und mit einem Male kommt so das Erwachen, (klingt etwas nazistisch, was?), und man sieht das ganze Schlamassel, in dem man steckt. Aber da habe ich mein Klassenbewusstsein… das hilft 'ne Menge. Ich sage mir einfach: So geht's nun wirklich nicht, s o nicht. Aber machen Se mal was… Thaler.«

Moritz hatte keine Mühe, ihn zu verstehen. Das konnte er wohl. Aber ihm helfen, nein, das nicht. Er sagte:»Sie können wenigstens von sich sagen, dass Sie ein Proletarier sind… aber ich? War nie ein rechter Kapitalist, und nun bin ich.. in ›between‹… zu Deutsch: so dazwischen…«

»Wir brauchen Leute wie Sie, Thaler. Wenigstens wir richtigen und entschiedenen Sozis. Gott im Himmel, Se waren bis gestern ein angesehener ›Bürger‹… na schön, was sind Sie heute? Ein…«. Thaler vollendete den Satz: »Ein dreckiger Jude… d a s wollten Sie wohl sagen, Gustav?«

»Na, genau so nich…,« Gustav war über die direkte und etwas unverblümte Rede Thalers etwas konsterniert. Er fasste sich aber bald wieder: »Sehen Se mal, Thaler… solche Begriffe wie ›Bürger‹ oder ›Genosse‹ gibt's ja gar nicht mehr. Wird es auch morgen nicht mehr geben. Wir brauchen gesinnungsstarke Freunde… die im schlimmsten Fall auch ihren Kopf riskieren… das ist meine Meinung, nicht die des ›Herrn‹ Genossen Bohner… der eigentlich nur die Sorge hat, dass seine Bügelfalte nicht aus der Hose geht…«

Moritz goss den Rest der Flasche in Gustavs und sein Glas: »Trinken wir mal… auf was denn? Auf die Zukunft… geht nicht, die wird ganz anders aussehen, als wir uns das denken. Glauben Sie nicht, Gustav?«

Döring trank aus, dann sagte er: »Zukunft ist genau das, was wir aus ihr machen… Das ist mir klar. Aber die alte, vermottete SPD ist bei der Zukunft nicht dabei. Ich hoffe, dass es dann nur e i n e Arbeiterpartei geben wird…«

Moritz lächelte, als er sagte: »Wir haben ja jetzt nur e i n e Partei…«

»Die der Lumpen und Verbrecher, die angeblich deutsch reden…« das war Dörings Meinung. Er sagte noch: »Es geht nich darum, ob man Hammer oder Amboss ist. Es geht darum, dass man nützlich ist. Das ist m e i n e Meinung. Prost, Rest, Thaler.«

Sie lebten, ja, das taten sie. Nicht nur die zur Macht gekommenen Nazis, wie dieser winzige Fritz Döring, der »bannig« (wie man in Hannover sagt) stolz auf seine neue Uniform als Sturmführer war. Nicht nur d i e lebten, auch die anderen.

Von Wöltjen ganz zu schweigen, der einfach »seinen Stiefel weiter machte«, das heißt, seinen kleinen Posamentier-Laden führte, ob die Nazis regierten oder nicht. Den satten und gut verdienenden Bürgern war es pottegal, wer »da oben saß«.

Gustav war anders.

Justine auch.

Unzählige Menschen in den Gefängnissen und Zuchthäusern wussten keine Details, aber hatten die mörderische Zeit erlitten, die wussten auch Bescheid. Aber wie?

»Siehste, Tine, da kann ich immer nur staunen, wenn ich das höre und den gelogenen Quatsch in der Zeitung d a z u lese… da kann ich nur staunen…«

»Du überschätzt die Menschen, Vater Gustav, es sind meist ›Stumpfbolde‹… d u bestimmt nicht. Selbst mein Vater eigentlich auch nicht. Der steckt nur immer gern den Kopf in den Sand… ist bequem… was?«

Das waren so Gespräche, die Gustav gern hatte. Das ewige Gejammere von Agathe ging ihm schließlich auf die Nerven. Dabei war sie doch 'ne herzensgute Frau, aber eben ihrer Zeit nicht gewachsen. Wie sollte sie auch? Sie hatte sich die Ehe mit Gustav bequemer vorgestellt, und d a s war sie wirklich nicht.

Das Leben in jener Zeit war erschreckend und beunruhigend. Nicht alle Menschen waren in der Lage, ihre gewohnte Zeit genauso fortzuleben wie bisher. Döring konnte es gewisslich tun. Er hatte ja seinen tiefbegründeten Sozialismus in sich. Den konnte ihm niemand rauben. Und das gab ihm Halt. Wie nichts sonst auf dieser verzerrten Erde.

Er sagte es auch einmal ungeniert zu Thaler, der wieder einmal eine »Stippvisite« bei ihm machte: »Was Ihnen fehlt, Thaler, ist das festgegründete, innerlich sozialistische Leben. Woher sollte es denn auch bei Ihnen kommen? Beileibe sind Sie nicht ein ›Kapitalist‹, aber ein verstörter Mensch. Nun schön… die Leute fühlen sich Ihnen gegenüber erhaben, lassen Sie ihnen die kurze Freude… es kommt anders… verlassen Se sich darauf. Da werden die, die heute so hochmütig tun, winseln und betteln; verlassen Se sich darauf, Thaler…« So sprach wohl Gustav Döring zu Thaler, der immer melancholischer und hoffnungsloser wurde. Er machte dann wohl sein pfiffiges Lächeln, (das früher so berühmt war): »Sie haben ja so recht, Gustav, aber ich bin nicht nur deklassiert, sondern auch diffamiert. Von j e d e m Rotzlümmel… das ärgert einen doch…verstehen Sie?«

Gustav verstand es schon, aber er konnte es nicht anerkennen, d a s nicht. Dieser »Genosse Bohner« zum Beispiel, war auch ein Hanswurst. Er kannte zwar seinen Karl Marx, aber hatte ihn letzten Endes doch nicht verstanden. Das war überhaupt mit den meisten Genossen von der SPD so. Die hatten alle mächtigen Schiß… die Mutigen saßen längst im Kittchen, waren totgeschlagen oder ausgewandert. Aber das wäre nichts für Döring gewesen. Das Kittchen kannte er, hatte genug davon. Und das Auswandern… überließ er den wohlhabenden Juden. Denn die konnten ja selbst hier bei der SPD nichts machen. Gar nichts.

Er dachte oft an Freudenthal, diesen guten echten Genossen, der wahrhaftig darunter litt, dass er nicht in Deutschland sein konnte. Natürlich nicht um »mitzumachen«, das gab's wohl nicht für den Genossen Freudenthal.

Justine las Gustav einmal einen Brief vor, das war ein schöner Brief, einer, der das Herz warm machen konnte. Freudenthal schrieb darin an Justine (sie las es vor): »…Ich sehe nun von außen das ganze Verhängnis in meiner Heimat. Die Sozis sind, bis auf ein paar Ausnahmen, richtige Dussel. Der deutsche Charakter ist etwas, das wir wohl erst den Leuten… auch den Genossen… beibringen müssen, wenn nötig, mit Gewalt… Das hat schon längst vor der SPD der Dichter Georg Büchner erkannt. Er ist übrigens schon vor mehr als hundert Jahren aus Deutschland geflohen. Ich lese jetzt seine Briefe, da schrieb er einmal: … ›Meine Meinung ist die…, wenn in unserer Zeit etwas helfen soll, so ist es die Gewalt‹ … So, das schrieb der junge Mann, der mit vierundzwanzig Jahren starb… und das vor mehr als hundert Jahren. Hat er nicht recht…?« So schrieb Freudenthal. Justine las es mit beinah fiebernden Wangen.

Moritz Thaler, der anwesend war, konnte nur den Kopf schütteln: »Vielleicht hat er recht,… aber wenn ich das Wort ›Gewalt‹ nur höre, wird mir ›nazikotzübel‹…«

Gustav lachte: »Ein feiner Ausdruck, Genosse Thaler… kann ich d e n gebrauchen…?«

Thalers Stimme war beinah tonlos, als er sagte: »S i e haben mich, den kapitalistischen Juden, einfach G e n o s s e genannt? Klingt wie eine Auszeichnung.«… Moritz konnte sich gar nicht beruhigen.

Plötzlich war es auch Justine, die ihm, dem alten Juden Thaler, einen Kuss gab, sagte dabei: »Hier, Genosse Thaler…«

Moritz hatte viel im Leben mitgemacht, geflennt hatte er noch nie. Nun schossen ihm plötzlich die Tränen, jenes scharfe, ätzende Nass, in die Augen. Er legte den Kopf auf den Tisch und weinte: »Ihr seid alles gute Menschen… und du bist dabei auch 'ne hübsche junge Frau… ist's die Möglichkeit…?«

Rasch zur Besinnung kommend, richtete er sich auf; nahm Geld aus der Tasche: »Hier Justine… haste Geld… lauf rüber… wie heißt er denn…?«

Gustav sagte leise: »Es w a r der Genosse Wiggers…«

Justine lief fort. Thaler rief ihr noch nach: »Aber z w e i Buddel, hörst du…«, dann zu Gustav: »Wir trinken heut' Brüderschaft… wenn's dir recht ist…?«

Dann kam Justine bald wieder. Und Agathe lugte nur ins Zimmer, aber verschwand bald. Thaler bemerkte sie gar nicht.

»Wir trinken auf das wahre, nazifreie Deutschland… meine Heimat…,« leiser sagte er noch: »Wenn ich's erlebe… wenn…« Dann stieß er mit Gustav und Justine an. Tat es ernst. Wollte eigentlich was sagen. Ihm fiel aber nichts ein. Während des Trinkens sah er plötzlich eine braun-uniformierte Gestalt im Zimmer. Sofort wußte er… das ist Fritz… Eigentlich hätte er ja jetzt aufspringen müssen, das Zimmer verlassen. Er tat es aber nicht. Konnte nicht.

Fritz kam näher… niemand nahm von ihm Notiz. Auch Justine nicht, die doch seine Frau war. War Gustav nicht sein Vater?

Doch Döring senior sah nur flüchtig auf, als Fritz sagte: »Ich wollte nur meine Frau holen…«

Justine sah zu Gustav und Thaler hin. Beide nickten. Dann stand sie auf.

Sinngebung des Sinnlosen

Da lebte und wirkte in der Welfenstadt auch jener bärtige, kluge, aber gar nicht abgeklärte Mann, der sein Buch geschrieben hatte, das den Titel führte: »Geschichte als Sinngebung des Sinnlosen«.

Er lehrte in der »Technischen Hochschule«, in der die reaktionären Studenten ihm das Leben sauer machten. Er lächelte über das alles, aber er schrieb zur Wahl des Generalfeldmarschalls Hindenburg: »Erst eine Zero – dann ein Nero.«

Und g e n a u so geschah es.

Lessing war gar nicht froh darüber. Er liebte seine Vaterstadt Hannover, die 1932 nur 445 200 Einwohner hatte, wie nur jemand seine Geburtsstadt lieben konnte. Natürlich kam er oft bei Döring vorbei, kaufte seine Kuchen und hatte manchen Schwatz mit dem Bäcker und Konditor. Warum auch nicht?

Dass Lessing Jude war, bekam er bald zu spüren. Dass er eigentlich k e i n e r Partei angehörte, wusste Gustav auch. Einmal machte er Thaler mit Theodor Lessing bekannt. Versäumte nicht, zu sagen: »Das ist P r o f e s - s o r Lessing…,« obwohl er ja nichts auf Titel gab. Besonders jetzt nicht, wo der »Professor« nicht mehr unterrichten durfte.

»Bleiben Sie denn hier…?« fragte Thaler.

Der Professor antwortete nur: »Wohin soll ich denn gehen? Den Nazis wär's ja nur angenehm, und d e n Gefallen tue ich ihnen nicht.« Er sagte noch: »Auch dass ich den Haarmann-Skandal aufgedeckt habe, nimmt mir die hiesige Polizei übel… Gehen S i e denn fort, Herr Thaler?«

Theodor Lessing gehörte zu den seltenen Menschen, für die die Dummheit einfach nicht existierte. Dabei war er keineswegs der Typ eines »Intellektuellen«, im Gegenteil, er verkörperte das beste, klarste und mutigste Wesen eines Menschen, das er einfach von jeder Kreatur forderte. Man muss nicht glauben, dass er irgendwie herablassend oder gar überlegend tuend zu Gustav gewesen wäre. Das nicht. Er konnte sich nicht verstellen, er gab auch seine Wandlungsfähigkeit zu, die i m m e r ernst gemeint war. So hatte er das Christentum für sich entdeckt, ganz unkirchlich, gänzlich undogmatisch... zum Ärger der Pfaffen. Und dann war er eines Tages wieder zum Judentum zurückgekehrt. Aber das Wort »Rückkehr« gab es bei ihm ja auch nicht.

So sah er Moritz Thaler mit jener produktiven Neugier an, die ihm eigen war. Eine Blume oder ein Baum interessierten ihn ebenso wie ein Mensch: »Beabsichtigen Sie, aus diesem Dritten Reich auszuwandern, Herr Thaler?« »Sie sind doch m e h r gefährdet als ich, Herr Professor, warum gehen S i e denn nicht?« war Thalers Antwort.

Lessing strich sich den Bart, (es hatte nichts Überlegendes): »Gefährdet? Komisches Wort. Wer ist denn gesichert innerhalb dieser Räuberbande, die sich anmaßt, zu regieren? Doch nur die Nazis fühlen sich sicher, aber im Vertrauen gesagt, sind es auch nicht...«

Döring meinte nur: »Thaler müsste raus. Sie nicht, Professor, denn Sie sind nötig, verdammt nötig. Nicht für die da oben... aber für uns...«

Lessing nickte nur; wiederholte seine Frage an Moritz.

Moritz mache eines jener Gesichter, aus denen man nicht schlau werden konnte: »Ich... Professor, warum denn? Bin doch nicht so berühmt wie Sie.« Da musste Theodor Lessing lachen: »Ich? Berüchtigt meinen Sie wohl?« Professor Lessing lebte völlig ungeschützt in seiner Vaterstadt. Weggehen...? Nein, d a s wollte er nicht, obwohl seine Tochter Ruth und auch seine Frau ihn drängelten.

Als er dann ging, als er nach Karlsbad zog, wurde er einfach erschossen. Die Nazis kletterten auf einen Baum und sahen Lessing am Schreibtisch sitzen, dann schossen sie.

Sie schossen durchs Fenster. Das konnten sie ja ruhig tun, denn Karlsbad war ja (nach ihrer Meinung) eine Stadt in dem »Sudetenland«. Fuhren einfach über die Grenze, vielleicht hatten sie sogar Gesinnungsfreunde dort. Es war ja alles so leicht. Und die Ermordung des unbeliebten hannoverschen Professors regte kaum jemanden auf.

Doch. Einen gab es, der sehr schimpfte und randalierte. Es war natürlich Gustav Döring, der es in der Zeitung las. Dann sagte er zu Agathe: »War ein feiner Kerl, dieser Theodor Lessing, ich habe ja öfters mit ihm reden können. Der liebte seine Vaterstadt, aber da tun sie so, als ob er ein Fremder sei.«

Justine war sehr erschrocken: »Wenn man noch nicht einmal außerhalb Deutschlands sicher ist…,« sie seufzte.

Gustav meinte: »Du denkst an Hans… aber d e r passt schon auf. Weißt du, der ist ein ganz gerissener Genosse… Lessing war ja keiner…«

»Du gehst also nach dem Parteibuch, Vater Gustav?«

Gustav Döring sah seine Schwiegertochter nur an: »Manchmal redest du wie blödsinnig, verzeih, aber ich bin offen mit dir. Du sagst: ›Das Parteibuch…‹ und weißt genau, dass i c h niemals so war und bin. Nee, ich kenne zuviel Leute, die sich ›Genossen‹ nennen, n u r weil sie eben d a s P a r - t e i b u c h in der Tasche tragen. S o bin ich nich. Natürlich habe ich nischt dagegen, wenn jemand auch ein Parteibuch hat. Aber das ist für mich noch lange keine Gewähr, dass der Mensch auch zuverlässig ist.. ich meine zuverlässig im innern Sinn. Wie kommst du dazu, Tine, gerade mich so etwas zu fragen…?«

Justine legte ihre Arme um Gustav: »Verzeih, aber oft sage ich Sachen, die wirklich keinen Sinn haben…«

»Schon gut,« war Gustavs Antwort.

Was tat die bürgerliche Welt nach dieser schandbaren Mordtat? Nichts, gar nichts. Noch nicht einmal die Zeitungen wagten, etwas darüber zu berichten.

Gustav höhnte: »Da haben se nun so einen klugen und feinen Kerl umgelegt, das haben sie… sind einfach über die Grenze gefahren. Können die ja machen, was?«

»Haben die Grenzbeamten denn nicht aufgepasst?« fragte Justine.

Agathe meinte: »Selbst im Ausland sind die nicht sicher… ich sage ja immer: ›Gustav, pass auf!‹… aber wer hört denn schon auf mich? Niemand.«

»Ich will dir mal sagen, Muttern… man kann gar nicht so vorsichtig sein. Soll man auch gar nich. Theodor Lessing ist nur e i n e r von vielen, will ich dir mal sagen, Muttern. Diese ewige Vorsicht! Zum Lachen ist das.

Theodor Lessing war ein Jude und hat die Wahrheit gesagt. Das können die Nazis nicht vertragen. Traurig ist nur, dass auch selbst im Ausland niemand muckt, wenn die so was tun.«

Heute gehört uns Deutschland… morgen die ganze Welt

Das sang die »Hitler-Jugend»; auch die SA-Leute taten es, wenn sie genügend »geladen« hatten. Es war ein Lied, das im »Propagandaministerium« umgelogen wurde. Die Nazis sagten einfach: »Es heißt ja… ›heute h ö r t uns Deutschland… morgen die ganze Welt‹.« Auf diesen »Nazitrick« sollten die anderen hereinfallen. Taten es nur zum Teil, glaubten, dass es ein »harmloses« Lied sei… für den Rundfunk, das n u r zeigen sollte, dass heute Deutschland die Nazis hören würde… und morgen würde eben die ganze Welt es … »hören«.

Gustav ließ sich nicht »dumm machen«, der nicht. Er wusste genau, haargenau, was dieser Goebbels sich da ausgedacht hatte.

»Bin doch nich' von Dummsdorf…,« sagte er zu Wöltjen, dem dusseligen Posamentierhändler und Vater von Justine. »Glaubst du denn alles… bist wohl so dumm, was? Das ist ein Lied, das zum Kriege hetzt… nischt weiter…«

Gustav konnte nur über diesen Wöltjen lachen. Der glaubte auch alles, sagte: »Steht doch sogar in der Zeitung… da m u s s es doch wahr sein. Die drucken doch keine Lügen ab…«

Wie Wöltjen sprachen die meisten; vielleicht glaubten sie es auch. Gustav jedenfalls nicht. Der sagte nur: »Für all das wird bezahlt werden… kannst' dich darauf verlassen…«

Aber wer hörte schon auf Gustav Döring? Das war ja ein Roter…

»Natürlich musste dieser böhmische Anstreicher kommen, war kein Zufall… die sehnten sich ja alle danach. Heute ›tun sie so als ob‹ und schreien ›Heil Hitler‹, und sind im übrigen beleidigt, dass die anderen Nationen nicht mitschreien…«, so sagte Gustav Döring, zwar knetend und backend, aber doch denkend.

Er sagte es zu dem »feinen« Genossen Bohner, der wieder einmal gekommen war, um Gustav zu »beeinflussen«. Auch diesmal schlug es fehl. Man konnte nämlich einen Charakter nicht »umbiegen«, das konnte man nicht. Und Gustav war einer, ein fester Charakter, der keine Launen kannte und sich immer weigerte, im sogenannten »guten Deutschen« den »Mitmacher« und »Strammsteher« zu sehen.

»Seh'n Se mal, Genosse Bohner, glauben Sie denn wirklich, dass das Volk so dämlich ist und Ihnen noch ein einziges Wort glaubt? Nee… so dämlich sind die Arbeiter nich, weder in Linden noch in Limmer. Auch nich in Hannover, das so stolz auf seine ›Reitschule‹ is … ich meine jene ›Königlich Preußische Drillanstalt‹, wo die Pferde parieren müssen. Sonst spüren sie ja die Sporen; und dann is es doch nichts weiter als eine ›Fickanstalt‹, in der die ›Offssiere‹ lernen, wie man es mit den Bürgermädchen macht. D a s lernen sie da, und wie man seinen Schneider nicht bezahlt, wie man Schulden macht und immer den ›feinen Pinkel‹ herausstreicht, auch wenn man aus kleinen Verhältnissen stammt. Und nun ertönt wieder das Geschrei: ›Alle mal herhören…‹, aber niemand darf denken, sonst wird er ›umgelegt‹, wie unser guter Professor Lessing. D a s war ein Mann, Genosse Bohner… das war einer. Dass er sich nicht organisieren ließ, war ja nur Schuld der Genossen, die teils in die Hose machen, teils auf hohem Rosse sitzen. S e kennen doch Ihren Karl Marx, Genosse Bohner, also dürften Sie sich über nichts wundern… will ich Ihnen mal sagen. Ob das nun die letzten oder die vorletzten ›Zuckungen des Kapitalismus‹ sind, weiß ich nich, aber eins ist mir klar, w i r kommen dran. Sie nicht, Bohner, Sie nicht… ich bin offen. Aber der unbekannte tapfere deutsche Arbeiter kommt nach oben… auch wenn er n i c h t organisiert ist wie Theodor Lessing…«

Bohner musste wohl einsehen, dass mit dem Genossen Döring nicht zu spaßen war. Mit dem nicht. Aber da kam gerade der neugebackene Sturmführer Döring, Fritz Döring, in die Backstube, schrie sein »Heil Hitler« und lächelte Bohner an: »Wann kommen Sie denn e n d l i c h zu uns, Herr Bohner… Köpfe wie Sie können wir brauchen…«

Ehe Bohner, sichtlich geschmeichelt, antworten konnte, sagte Gustav: »Versteh' immer was von Köpfen, Fritz… runter oder rauf?«

Fritz gab keine Antwort; was hätte er denn sagen sollen? Er fand die Bemerkung seines Vaters einfach taktlos, er ignorierte diese Bemerkung einfach. Was hätte er denn antworten sollen?

Bohner aber fasste den Entschluss, diesen rabiaten Genossen Gustav Döring einfach zu ignorieren. »Hoffnungsloser Fall«…, so dachte er. Aber dieser junge Sturmführer verdiente wohl eine Antwort. Was sollte er aber sagen? Fritz schien seine Frage ernst zu nehmen.

Bohner sagte nur so leichthin: »Ich habe aber mit I h r e r Bewegung nicht das Geringste zu tun. Bin ja schließlich ein alter Sozialdemokrat…«

Da mischte sich Gustav ins Gespräch: »Na also, Bohner… jetzt können Se ja ihren Kopf riskieren… immer ran an die Nazis… immer ran…«

»Du wirst n i e verstehen, dass unsere junge Bewegung die der Zukunft ist. Es gibt eben d o c h eine Altersgrenze, du wirst es schon einsehen, Vater… verlass dich darauf…«

Da legte Gustav aber los: »Immer und ewig ihr mit eurer ›jungen‹ Bewegung… das ist ja zum Lachen. Weißt du, was die jüngste aller Bewegungen ist, ja? Die sozialistische…«

»Schließlich sind wir doch National-S o z i a l i s t e n , das scheinst du immer zu übersehen…,« Fritz sagte es scharf und betont.

Gustav Döring antwortete nur: »Und einfach den prachtvollen Professor Theodor Lessing totschlagen, was? Das ist wohl e u e r Sozialismus. Ihr seid ein Haufen von ehrgeizigen und ganz gewissenlosen Verbrechern… Mörder seid ihr auch…«

Agathe, die ins Zimmer gekommen war, sagte mit ihrer weinerlichen Stimme: »Wenn ihr nur endlich die Politik beiseite lassen könntet, dann wär' ja alles in Ordnung… meine i c h jedenfalls..«

Kannte Agathe eigentlich etwas anderes als dieses Sich-beklagen über Politik? In den letzten Jahren jedenfalls nicht. Und immer war es (ihrer Ansicht nach) Gustav, der alle Gespräche ins Politische zog. Als ob es nichts anderes auf der Welt geben würde! Diesen Dummejungen-Stolz ihres Fritz auf seine Uniform und die Idee des Nationalsozialismus nahm sie nicht so ernst… das würde sich schon »auswachsen«. So glaubte sie.

Justine, die gute brave Frau ihres Fritz schien ja auch ganz angesteckt von

Gustavs Ideen zu sein. Weniger von denen Fritzens, Agathe glaubte, dass es wohl manchen Ehekrach zwischen den jungen Leuten deswegen geben würde. Aber gab es eine Ehe ohne Krach? Wohl kaum. Man muss nur nicht die Ideen der Männer so wichtig nehmen, d a s war Agathes Meinung. Fritz hatte nun durch die äußeren Ereignisse recht bekommen.

Und darauf kam es wohl an. Oder nicht?

Gustav hatte es längst aufgegeben, seine Frau Agathe über irgend etwas aufzuklären. Wozu auch? Frauen würden ja sowieso nichts von Politik verstehen. D a s war Gustavs Meinung.

Fritz störte die spitzige und rechthaberische Art seiner Frau Justine sehr. Er war zu jung, um zu wissen, dass schließlich auch eine Frau sich entwickelt. Nicht immer so, wie die Männer es wollten. Aber wohin sollte dieser ewige Zank und Streit zwischen Fritz und Justine führen? Agathe gehörte jedenfalls zu den Menschen, die tief überzeugt waren, dass sie im Grunde d o c h nichts ändern könnten.

Wie anders war doch Vater Wöltjen! Der kümmerte sich um rein gar nichts. S o gefiel es Agathe. Gustav war nicht beschränkt genug, um von seiner Frau Verständnis für a l l e s zu verlangen. Das nicht. (Übrigens tun das fast alle Ehemänner). Aber immer dieses Gejaule wegen der Politik war ihm allmählich zum Kotzen.

Er meinte nur: »Diese Politik, Muttern, ist das e i n z i g s t e , was für mich Interesse hat, will ich dir mal sagen. Und die Politik ist nischt weiter als das tägliche Leben… verstehst du? Wenn es der Politik gefällt, dann hört eben Gustav Döring mit dem Backen auf. Wird Müllkutscher oder so was… wirst dann glücklich sein, Mutter?«

Das konnte Agathe freilich nicht sagen, das nicht. Aber Gustav dachte nicht daran, einfach »vorsichtig« und etwas etepetete zu werden, wie es dieser Wöltjen tat und war. Bei dem war ja eine Schraube los, der dachte (wenn er es überhaupt tat) möglichst von allem Widerwärtigen verschont zu bleiben. So konnte aber Gustav nicht sein, so nicht. Dieses Verrunzelt-Werden v o r dem Tode hasste er. Agathe war auch früher anders gewesen. Sie war eben ein Opfer der Zeit. Wie es schließlich der Genosse Bohner war.

Früher war er sicher ein sehr guter und klardenkender Marxist gewesen. Er war eben – auf seine Weise – ein Opfer der Zeit.

Die ganze SPD war es denn auch, als sie die Macht hatte... die Polizei und Reichswehr, da machten sie keinen Gebrauch davon. Alle diese feinen Pinkels... ob sie nun Severing oder Braun, Scheidemann oder Noske hießen, das war alles dasselbe. Und dieser Hoersing? Dieser Genosse und Oberpräsident der Provinz Sachsen? Nebenbei hatte er auch noch das ganze Reichsbanner unter sich.

Jetzt waren sie der »höheren Gewalt« gewichen, hatten es sicher ganz gern getan. Denn nichts ist unbequemer, als gegen die Zeit zu stehen.

Die Pfahlbürger

Man konnte sie wirklich nicht anders nennen, das ging nicht.

Was jenen Dr. jur. Klapproth betraf, so war er eigentlich s e h r charakteristisch für viele. Beinah' für alle, die Strammsteher und »Mitmacher«, die keineswegs so scharf begeistert waren wie der junge Fritz Döring zum Beispiel. Dr. Klapproth war nicht für irgendeine Art von »Revoluzzertum«, das passte nicht zu ihm. Natürlich war er gegen Hitler schon aus Standesgründen, aber das Wort eines geistvollen Wieners: »Manche sagen... e i n e s muss man ihm doch lassen... und dann überlassen sie ihm eben a l - l e s ,« passte ganz genau auf die politische Auffassung Dr. Klapproths, so dachten übrigens die meisten der »Pfahlbürger« des Dritten Reiches, die nur e i n s im Sinn hatten: sich selbst. Diese Pfahl- oder Kleinbürger waren so die Stütze jenes Räuberhauptmanns Hitler, der seine Mord- und Schandtaten eben im »Namen des deutschen Volkes« ausüben konnte. Er tat es auch. Vor allem seine Mitbanditen und Rädelsführer, die sich die hochtrabendsten Titel gaben. Wer hatte schon Lust, seine bürgerliche Existenz zu riskieren? Eigentlich niemand.

So ging das Verbrechen seinen Gang, ohne dass die Pfahlbürger ihn daran hinderten. Dieser »rote Bäcker«, wie sie den Gustav Döring nannten, war ja eine Ausnahme. (Jetzt eine unehrenhafte. Später wohl eine rühmliche).

Das Leben der Bürger in Deutschland ging weiter; wer nicht eingesperrt oder ermordet wurde, konnte von Glück sagen.

Gustav tat es nicht, der nicht. Aber schon Samuel Thaler war anders. Das war vielleicht der Einfluss seines Bruders, des Moritz Thaler aus Bremen, der jeden Monat zu Besuch kam. Der nannte nun den ganzen Naziklamauk: »Stuss«… Er kümmerte sich gar nicht darum, war aber wirklich stolz, dass Gustav Döring ihn nun »Genosse« nannte. Auch Justine tat es, diese hübsche junge Person, die unbegreiflicherweise mit dem Nazi Fritz verheiratet war.

Wenn Moritz auch Gustav gegenüber sehr wichtig tat und sogar manchmal geheimnisvoll lächelte, so als ob er irgend etwas »gegen« diesen Räuberhauptmann tun würde, trotzdem war er seinem Bruder gegenüber salopp und tat wurstig.

»Was geht dich denn der ganze Kohl an, Sammi,« konnte er zu Samuel Thaler sagen, wenn dieser irgendeine neue »Verfügung« der Nazis ernst nahm.

»Eines Tages werden wir d o c h reinfallen,« pflegte Samuel wohl zu sagen. Aber Moritz lachte nur hämisch: »Hast ja dieselbe Angst wie diese Pfahlbürger, die immer noch den ganzen böhmischen Gefreiten ernst nehmen. Kümmere dich um nichts. Mach deine Arbeit und lass die Brüder ihre Suppe doch selbst auslöffeln…« So sagte Moritz oft, Samuel konnte nur staunen.

»Ja, geht's denn dich gar nichts an?« fragte er, aber sein Bruder schien das Ganze gar nicht ernst zu nehmen.

Im Grunde aber tat er es, nahm es verdammt ernst. Höchstens Gustav Döring gegenüber gab er das zu. Sagte dann: »Gibt 'n großen Kladderadatsch… brauchen w i r ja nicht mehr zu erleben. Du bist ja noch ein junger Mann, Genosse Döring, d u wirst es schon mal merken, aber ich?«

Erwähnenswert wäre noch, dass dieser geschniegelte Dr. Klapproth einen Vetter hatte, der Emanuel Holzbock hieß und das unehrenhafte Gewerbe eines »Buchmachers« betrieb. Man musste sich ja direkt schämen, wenn beim Pferderennen auf der »Bult« dieser Vetter Holzbock herumlief und dem ehrenwerten Dr. Klapproth zuflüstern konnte: »Na… Vedder… willste nich mal bei mich wetten…?« Das war ja direkt zum Schämen.

Das tat Klapproth auch, der an den Renntagen einfach zu Hause alles dunkel ließ und seinem Dienstmädchen die strikte Weisung gab, zu sagen: »Herr Dr. Klapproth ist nicht zu Hause.« Angenehm war das gerade nicht, so im Dunkeln zu hocken, besonders wenn der »Vedder« einfach in der Küche stundenlang wartete. Wohl niemand wusste von dieser Verwandtschaft, die irgendwie »befleckend« war.

Komischerweise starb der Vetter, der in oder bei Hamburg wohnte, ganz plötzlich und hinterließ seiner Verwandtschaft nichts, k e i n e n Pfennig. Aber die langjährige Köchin Auguste erbte eine runde Million.

Dr. Klapproth erfuhr die ganze Sache durch einen Hamburger Anwalt, der ihm schrieb:

»Sehr geehrter Herr Kollege,

mein Mandant Emanuel Holzbock starb und hinterließ seiner Köchin Auguste Langbein eine ganze Million Mark. In seinem Testament, von dem ich Sie ausdrücklich in Kenntnis zu setzen habe, bestimmte mein Mandant, dass seine Verwandtschaft nichts erben solle, weil sie ihn zu Lebzeiten schlecht behandelt hätten. Hochachtungsvoll…«

Man kann denken, dass Dr. Klapproth vor Wut schäumte. Aber er konnte gegen den letzten Willen seines Vetters nichts ausrichten.

Es war ein köstlicher Abend, als Moritz Thaler von dieser Sache bei Gustav Döring erzählte. Natürlich rieb sich Moritz Thaler bei dieser Erzählung die Hände. Natürlich benutzte Thaler den Anlass, noch ein paar Pullen Rotwein von Wiggers (Nachfolger) holen zu lassen.

Justine war auch dabei. Ihr machte die ganze Sache großen Spaß. Selbst Agathe musste lachen; was nicht oft geschah.

»So sind eben die Pfahlbürger,« meinte Gustav, »die werden alle mal reinfallen… Prost, Genosse Thaler.«

Das gab es auch, so eine stille etwas hämische Freude, das gab es noch.

Und Justine lachte herzlich: »Ich hab' diesen eingebildeten Anwalt Klapproth nie leiden können. Und w a s der für ein Nazi ist, der reißt überall das Maul auf… so weit…«

»Einmal wird er's zumachen, verlass dich darauf,« sagte Gustav. Dann fragte er »wieder einmal« Moritz: »Warum gehst du denn nich fort, Genosse Thaler? Ich höre so allerhand Gemunkel. Man will die Juden loswerden. Erst natürlich das Geld klauen, aber dann… Du sprichst doch englisch und französisch, Genosse Thaler… willst du denn warten, bis die Nazis zu d i r kommen?«

»Abreisen ist nichts, gar nichts. Durch Abreise wird auch der böhmische Gefreite nicht kirre gemacht. Also wozu?«

Justine sagte auf einmal: »Aber der Genosse Hans tut eine Menge draußen. Klärt die Leute auf, schreibt, redet; hier wär' er nur Jude und Sozialist… draußen kann er uns helfen… Tut es auch.«

Thaler meinte nur: »Wenn i c h rausgehe, dann bin ich nur ein ausgewanderter Kapitalist. Was ist das schon?«

Gustav trank bedächtig, aß auch die gebratenen Fleischstücke, die Agathe wieder einmal vorzüglich gemacht hatte. Dann sagte er: »Ich will dich wirklich nicht wegtreiben, Genosse Thaler, aber wenn du dich nur als einen ausgewanderten Kapitalisten bezeichnest, dann tust du dir selbst Unrecht. Wir brauchen aber nachher, hinterher, Leute wie dich… d e s - h a l b darfst du dich nicht opfern…«

Moritz wartete einen Augenblick, dann sagte er: »Hinterher? Du lieber Gott, dann bin ich längst tot oder ein ganz alter Mann. I h r könnt mich wirklich dann nicht mehr brauchen. Kann auch meinen Bruder nicht allein lassen. Und die Gräber in Hoya? Das geht alles nicht…«

Justine sagte beinah erregt: »Ich kann für deinen Bruder sorgen… und auf die Gräber kann ich auch aufpassen. Wirklich…«

Moritz nahm Justines Hand, küsste sie. Es war eine ritterliche Bewegung, die er lange nicht ausgeführt hatte, er musste seine Rührung direkt runterschlucken, bevor er sagte: »Dank dir… Kind. Aber du hast ja selbst Familie…«

»Für mein Kind wird Mutter Agathe sorgen. Sonst hab' ich nur mich. Fritz rechnet ja mit mir nicht, der ist fast immer auf Dienstreisen… Also, Genosse Thaler,… ich kann es wirklich tun… wirklich…«

Aber Moritz Thaler schüttelte den Kopf: »Nein, Justine… Du bist 'ne junge Person… ich bin ein alter Mann, vergiss das nicht… man muss schon so weitergehen… Nett, dass du mich ›Genosse‹ nennst. Die paar Jahre… wie lange ist das schon?«

Dritter Teil

Der Mensch lebt nicht vom Brot allein…

Wenn Gustav Döring sich d a s sagen musste, der Bäcker und Konditor Döring, dann hatte es etwas zu bedeuten. Es kam nicht auf ihn an, gewiss nicht, doch war seine Funktion für die Masse wichtig. Natürlich auch für die, die sich »besonders« dünkten; für jene schmale Schicht von »Bessergestellten«, die sich auch was »leisten konnten«.

Die wollten jetzt die »Hitler-Torte«, wie sie vorher die »Bismarck-Torte« verlangt hatten. Und ihre Väter hatten sich den Magen an der »Hohenzollern-Torte« verdorben, die es besonders bei Kreipe in der Bahnhofstraße gab. Bei Gustav… nee… da gab's keine »Hitler-Torte«… der war ja auf seiner brandroten »Bebel« – oder »Liebknecht-Torte« sitzen geblieben. D i e wollte niemand kaufen. Kein Mensch.

So beim Kneten und Backen kam Döring auch zum Denken; und das war gut, denn niemand tat es ja mehr. »Wer weiter denkt, wird erschossen…,« war wohl nur ein alter Witz, aber der stimmte n u n genau. Haarscharf. Denn die »braune Sauce« bedeckte ja alles, was da lebte und sogar manchmal denken wollte. Darin waren die Nazis Meister… im Verdummen, im Auslöschen auch des leisesten Gedanken bei den Deutschen.

Und die Bürger gewöhnten sich ans… »Nichtdenken« sehr schnell. Nicht mehr das Volk der Dichter und Denker wie früher… sondern das der Richter und Henker…

Sie nannten es Ordnung.

War aber nur Chaos.

Und sich daran gewöhnen, war für die »Pfahlbürger« nicht schwer. Sie fragten ja auch nicht, was aus den Leuten geworden war, die in roher und bestialischer Weise abtransportiert wurden.

Dem Dr. Klapproth zum Beispiel war sein Ärger wegen der Erbschaft weit

wichtiger als das Schicksal der Familie Isenberg, die einfach aus ihrer Wohnung herausgesetzt worden war und irgendwo hingeschickt.
Vielleicht in den Tod.

Klapproth kümmerte sich nicht darum, aber er machte ein großes Geschrei wegen seines so undankbaren Vetters, der kürzlich gestorben war und seine Familie im Testament mit keinem roten Heller bedacht hatte. Aber seiner »Köksche«, der Auguste, einer ganz untergeordneten Person aus »Irgendwoher«, eine bare Million zu hinterlassen hatte, »Toll, nich?« sagte er wohl einmal zu seinem Freund, dem dicken Bankdirektor Diekmann, »toll… was?« Diekmann war asthmatisch, röchelte so etwas wie: »Tja, man muss eben seine Familie poussieren… sonst kratzen die ab… mit einem Mal wech… und dann hinterlassen sie einem nischt…«

Das war die Geschichte der Erbschaft, die viele Leute beschäftigte, trotzdem Frau Dalberg meinte: »Das sind so Sachen…« sie fügte noch einige »tz…tz…« hinzu, dann sagte sie: »Die Klapproths, das sind so ganz Feine. Meinen Sie, die Klapprothsche hätte mir f r ü h e r etwas von diesem Vetter erzählt? Nich' de Bohne…« Schließlich war auch Frau Dalberg, die Frau von Eduard Dalberg, nichtarisch. Was sollte man auch von »so einer« verlangen? D a s war für Gustav Döring überhaupt das Unverständlichste, wie alle diese so harmlos tuenden Spießer mit e i n e m Male rassebewusste »Germanen« wurden.

Fing da doch selbst der Dr. Klapproth an zu kohlen: »Die Juden haben doch n i c h t s Produktives, ich meine etwas Bleibendes, ewig Gültiges… ja … wickeln Sie mir die Heferollen ruhig ein, Frau Döring…«

Justine tat es; sie war aber schlagfertig genug, um dem Dr. jur. Klapproth zu antworten: »Sooo… da haben Sie die eingewickelten Heferollen. Was ich noch sagen wollte… ja … Sie sagten eben, dass die Juden n i c h t s Bleibendes geschaffen hätten. Das sagten Sie… ich meine nur, dass einige Bücher von Juden geschrieben wurden, nach deren Lehren heute einige hundert Millionen Menschen leben: Die Bibel, das Alte und Neue Testament, das ›Kapital‹ von Karl Marx… das sind doch Gegenbeweise, nicht?« Klapproth meinte nur, dass dieses »Kapital« des Juden Marx rein »bolschewistisch« sei…, das sagte Klapproth.

Gustav kam eben mehlig und verschwitzt aus der Backstube, hörte noch das Gespräch. Wischte sich erst einmal das Mehl und den Schweiß ab, sagte dann: »Von wegen… rein bolschewistisch… W i r leben danach, wir echten Sozialisten. Und w a s ist mit dem J u d e n Lassalle? Ist das auch ein erfolgloser Schmierer? Ja?«

Dr. Klapproth sah ein, dass er mit diesem »roten Bäcker« nicht fertig werden konnte. Er sagte noch »Heil Hitler«, hörte noch Gustavs »bei uns heißt es ›guten Abend‹, Herr Doktor,« aber Klapproth ging … überlegte, ob er nicht doch nächstens lieber zu einem anderen Bäcker gehen sollte. Er tat es aber nicht. Seine Frau war dagegen.

Justine war nur »zur Aushilfe« im Laden; sie tat es jetzt öfters. Gustav freute sich darüber. Was sollte er denn auch immer und ewig auf Fritz warten, der doch schließlich sein Angestellter war… Nee, das wollte Gustav Döring nicht.

Justine war es, die über die Bemerkung von dem Dr. Klapproth sagte: »So fängt's an… Früher wußten die kaum, was Antisemitismus ist. Aber jetzt! Wird es große Mode, scheint mir…«

»Vielleicht heute…«, bemerkte Gustav, aber setzte hinzu: »Und wenn diese Mode vorbei ist, dann kommt das Heulen und Zähneklappern. D a n n wollen sie es nicht gewesen sein…«

»Wollte, dass du recht hättest, Vater Gustav, aber ich fürchte oft, dass sich diese antijüdische Pest einfach festfressen wird… fürchte ich… wie soll man die aus den Leuten wieder rausbekommen?« Justine sagte es ganz ernsthaft, sie hatte ja Augen im Kopf und Ohren auch. Aber sie war gar nicht so sicher, dass man diese Antisemiten wieder zur Vernunft bringen könnte.

So sprach sie und Gustav hörte ihr zu; er liebte ihre Art, die Dinge zu beurteilen, aber in d i e s e m Falle war er doch anderer Meinung: »Der ganze Antisemitismus ist nur Konkurrenzneid. Will ich dir mal sagen, Tine… aber du kannst es n u r mit Gewalt rausbekommen. Ich bin f ü r die Gewalt, wenn es gilt, g u t e Dinge zu schaffen, weißte, Tine.«

Justine sagte: »Aber die Sozialdemokraten glauben doch an die allmähliche Entwicklung… an die Evolution… nicht an die Revolution… weißte, Vater Gustav?«

91

Der sagte: »Dann bin ich eben kein rechter Sozialdemokrat... aber ein Sozialist bin ich, bleibe ich... und meine Fahne ist rot... blutrot...«

Das waren so Feierstunden, wie Gustav sie liebte. Kein Pathos, kein Gerede... nichts wie einfache klare Sätze.

So war es. So und nicht anders.

Für Frau Agathe war das nichts, die liebte die Sicherheit, die sicheren Einnahmen und dass man sich mit den Kunden gut stellte. Darauf kam es doch an!

Justine war ganz anders. Sie hatte ihren klaren und sicheren Sinn für das Wesentliche... von wem hatte sie es?

Vater Wöltjen war anders, ein ewig misstrauischer und missgestimmter Mensch. Er war eigentlich immer vom Leben enttäuscht. Was erhoffte er sich denn? Ruhe und Sicherheit. Friedlichkeit und Behaglichkeit... das liebte er. Und das erreichte er wohl auch. Oder nicht?

Nur seine Tochter war anders, ganz anders. Die hatte, weiß Gott, keine bequeme Ehe mit Fritz, aber ihr schien das alles nichts auszumachen.

In Wirklichkeit sehnte sie sich oft nach einer richtigen Gemeinsamkeit. Wenn Gustav jünger gewesen wäre... mit s o einem wär sie gut ausgekommen. Was waren das für unsinnige Gedanken? Sie verbrachte die meiste Zeit bei Gustav im Laden oder in der Backstube. Ihr Kind, die kleine Amalie, wurde eigentlich mehr von ihrer Schwiegermutter Agathe erzogen. Das war gut so. Dabei war Justine gewiss keine »Rabenmutter«. Nur eins störte sie so: Das Kind wurde dem Vater immer ähnlicher, nicht nur äußerlich. War doch natürlich, nicht wahr?

Die Ehe zwischen Fritz und Justine wurde immer schwieriger. Eigentlich nur für Justine, denn Fritz blieb ein dummer Junge, der in seiner Art glücklich war.

Nur war s e i n e Art nicht die Justines.

Das war ne nette Sache, kein Zweifel; man konnte leben damit, auch schlafen, und auch nichts tun, gar nichts konnte man sehr gut mit diesem Satze tun, der so gar nichts aussagte und nur eine beruhigende Wirkung hatte. »Alles halb so wild,« sagte auch der Kleinbürger, der wie immer den »Völkischen Beobachter« las und sich »wieder« einmal überzeugte, dass die Welt Deutschland beneidete. Erst um den Kaiser, der nun ein »alter Kopp« war und in Holland Holz hackte, nachdem das betrogene, missgeleitete deutsche Volk ihm Millionen hinterher geschmissen hatte… und jetzt beneidete die ganze Welt Deutschland um Hitler.

Niemand hatte Moritz Thaler gefragt, er hätte bestimmt »nein« gesagt. Natürlich hätte er ja wählen können, aber so war er eben geartet, dass er weder eine »Volksbefragung« noch eine Wahl ernst nahm. Er nahm nichts ernst, am wenigsten sich selbst, trotz seiner Freundin Dorothea Salm, die immer zu ihm sagte: »Du musst was aus dir machen, Moritz, sonst nimmt dich ja keiner ernst.«

Trotzdem »wurschtelte« Thaler so dahin, machte seine Grundstücksgeschäfte nachlässig… aber erfolgreich und nannte sich selbst einen »verdammt unpolitischen Burschen«. Wenn freilich dieser Bäcker in Hannover, Gustav Döring, ihm das »Du« anbot und »Genosse« sagte, dann feixte er innerlich und dachte: So uneben bin ich nun also auch nicht. Es kam dazu, dass diese Justine Döring dasselbe tat und ihm einen Hauch von zartester Weiblichkeit schenkte, der ihm gut tat. Das konnte die »Salmsche« wirklich nicht, sie war mehr fürs »Handfeste«, das wiederum Moritz nicht so viel Spaß machte.

Moritz reiste hin und her, jetzt nicht mehr nach Paris oder London, aber dafür auch nach Berlin.

Wer es ihm eingegeben hatte, sich von dem großen Maler Max Liebermann malen zu lassen, ist unbekannt.

Aber eines Tages stand Thaler in Wannsee vor der Villa des »Professors« und verlangte, den Herrn Professor persönlich zu sprechen. Leicht war es nicht, denn Professor Liebermann hatte so seine »eigenen« Sprechstunden, in denen er Besucher empfing.

Es war ein Montagvormittag im Mai 1933, als Thaler vor dem nun fünfundachtzigjährigen Maler stand.

»Kann ich wat for Ihnen tun?« fragte Liebermann, und Moritz sagte nur: »Möchte gern, dass Sie mich malen, Herr Professor...«

»So für di Kinderchen, wat...?« fragte Liebermann und fügte hinzu: »Können' se denn dat bezahln? Ick bin teuer... wissense.«

Moritz bejahte, setzte noch hinzu: »Kinderchen hab' ich keine, so für mich selbst, wissen'se. «

»Rasieren tun Se sich nich? Da sehen Se doch jeden Morgen Ihre Visage ... na, setzen Sie sich mal dahin,« er deutete auf einen Stuhl auf dem Podium: »Und machen Se nich son dämlich bedeutendes Gesicht...vastehnse?« Und Liebermann kratzte mit der Kohle, sagte etwa: »Scheen sind Se nich... aber mir langt's... halten Se mal den Kopf zur Seite... so...«

Und dann begann Liebermann zu malen. Es hörte sich zuerst an, als ob jemand Mörtel auf ne Wand schmeißt ... aber das war wohl die Ölfarbe... Thaler dachte an nichts, an gar nichts.

Da sagte der Maler: »Komm Se doch mal her, Sie... wie war doch Ihr Name... sowat mit Geld oder sowas?«

Thaler nannte noch einmal seinen Namen.

»Na schön, Herr Thaler... aber werden Se mir nich'nen Pfennichfuchser... also, wie finden Sie de Skizze...?«

»Ist schön, Herr Professor... aber doch nicht ähnlich.«

»Wat... nich' ähnlich... dat is zum Kotzen ähnlich, will ick Sie man sahrn... viel ähnlicher als Se sind... Herr Pfennig...«

Thaler berichtigte noch einmal, meinte: »Wird sicher ein großes Kunstwerk, Herr Professor... aber man sieht sich eben anders...«

Da legte Liebermann plötzlich seinen Pinsel und die Palette hin: »Warum gehen Se nich' zum Hofmaler Fischer ... der is in der ›Passasche‹ oder ›Untern Linden‹, weiß nich'. Aber der malt Ihnen nach 'ner Photographie... zum Kotzen ähnlich. Sehn Se mal, Sie sahrn eben, dass Se en Kunstwerk wollen.. scheen, det mache ick ooch für Ihr Geld... aber d i e Ähnlichkeit,

94

die S i e wollen, gibts prima, primissima beim Hofmaler Fischer. Das ist auch en Arier… wissense …müssen'se denn grade zum Juden gehn von wegen Kunstwerke. Und ähnlich muessen Se ooch sein… allens für Ihr Geld? Nee, bester Herr Pfennig oder Mark oder… w i e heißen Se eigentlich?«

»Mein Name ist Moritz Thaler,… Herr Professor…«

»Also en Thaler… so viel wert wie en Sechser.. aber Sie wollen en Kunstwerk… en waschechtes Kunstwerk mit Ähnlichkeit mitten mang… Sie, dat gibts nich … Bei mir nich. Na…jetzt wollen wir erstmal 'ne Tasse Kaffee trinken, was? Na… sehn Se, ick werd' Ihnen schon rauskriegen … Wär' ja gelacht…«

Moritz sagte …(es war eine seiner unpersönlichen Phrasen): »Möchte Ihnen aber keine Unbequemlichkeiten machen, Herr Professor… wirklich nicht.«

»Lassen Se bloß das ›Herr Professor‹ wech, Herr Thaler, die Nazis haben mich auch das Malen verboten… vastehnse das? Na ja, ick kümmere mir um nischt,… aus der Akademie habense mir rausjeschmissen… jroße Ehre das… meine ick. Und den Professor-Titel haben Se mir jeklaut. Na scheen… da fällt mir ein, Sie haben im Gesichte so wat Jüdisches… oder wie man heut in diesen unfeinen Kreisen sagt… so wat ›Nicht-Arisches‹… irre ick mir da? Denn entschuldigen Se man…«

»Ich bin ein Jude, Herr Professor… genau wie Sie, dagegen kann man doch nichts machen…«

Inzwischen hatte das Mädchen die Kanne mit Kaffee gebracht und zwei Tassen auf den kleinen Ecktisch gestellt. Sie sagte noch: »Ist alles fertig, Herr Professor. Ich bringe auch noch Kuchen…«

Liebermann nickte nur, machte eine einladende Bewegung zu Moritz hin: »Platzen Se… ick meene, nehmen Sie Platz, Herr Pfennig… ist allens im Preis drinnen.« Thaler lachte, da sah ihn Liebermann an, sagte: »Kennen Sie d e n Witz, den der Franzose Tristan Bernard gemacht hat, ja? Er sagte von einem Pariser Kunstsammler: ›Das ist kein Jude, seine Mittel erlauben es ihm, sich Israelit zu nennen.‹ Gut… was? Deswegen habe ick mir auch so jefreut, als Sie einfach sachten: ›Ich bin Jude…‹ Das klingt doch besser als ob Se gesagt hätten: ›Nichtarier‹ oder ›mosaisch‹… Nee… ich bin wirklich kein jüdischer Nationalist… aber es freut einen doch, wenn man hört ›Jude‹, als irgend so eine faule Ausrede… vastehn Se, Herr Thaler? Ick sage ja selbst oft: ›Bin der Jude Liebermann.‹ Genügt doch, was? Diese Betitelei ist zu Ende. Für mein Leben jedenfalls. Bin schon fünfundachtzig Jahre alt. Na ja… der olle Tizian hat mit neunzig noch schöne Bilda jemalen… aber ick bin nich' Tizian… hänge zwar in manchen Museen… aber jetzt wohl im Keller. Auch 'n schöner Platz… wat?«

Moritz Thaler war sehr gerührt über den alten berühmten Maler. Der trug das alles mit Witz und Überlegenheit.

Plötzlich kam noch ein Mann, er war jung und elastisch, sagte: »Stör' ich, Maxe…?«

Der antwortete nur: »Tuste immer, Oskar… haste noch 'ne Tasse bestellt?«

Liebermann sah seinen neuen Gast sehr liebevoll an, sagte dann: »Das ist der große Hundezüchter Fried aus Nowawes… ist auch en berühmter und tüchtiger Kapellmeister und Musiker… Oskar Fried… Also, das ist mein neues Opfer, Moritz Thaler, der will ein Porträt… soll auch ähnlich sein. Na, sieh dir mal die Skizze da an. Ist Mist, nich?«

Oskar Fried besah sich das Bild genau, sagte dann: »Mist kannste überhaupt nich' machen, Professor… vor allem ist es ein echter Liebermann… schmissig gemalen und mit Schwung.. das ist es…«

»Und der Herr Thaler will noch, dass es ähnlich is'… haste Worte? Na, da soll er doch zum Hofmaler Fischer gehn… meinste nich'?«

Oskar Fried konnte nur lachen, meinte: »De Ähnlichkeit kümmert mich nich', aber es wird en echter Liebermann…«, dann sagte Fried noch: »Hab 'ne Einladung nach Leningrad bekommen… werde wohl hingehn… wat meinste, Maxe?«

»Geh' ruhig, Oskar… aber nimmste de Tölen auch mit?«

»Erst mal geh ich allein… das andere findet sich…«

Das konnte den alten Maler direkt aufregen, er sagte und stellte seine eben frisch gefüllte Tasse Kaffee wieder hin: »Was sind das für Redensarten, Oskar? Entweder nimmste die Tölen einfach mit oder lässt se hier… Das findet sich schon… was heißt des? Ist wohl so 'ne Naziredensart… bin ich gar nicht bei dir gewöhnt… also, gehste mit den Tölen oder nich?«

Moritz Thaler fühlte sich im Augenblick recht überflüssig, er stand auf, sagte: »Ich will nun weiter nicht stören… geh lieber.«

Da hätte man nun den alten Professor sehen können, er sprang auf, drückte Moritz wieder auf seinen Stuhl zurück, schimpfte: »Wat heeßt hier stören? Mensch… erst muss ich Ihre Visage ähnlich machen… und dann mittendrin kneifen Se, nee… hier geblieben, wir arbeiten nachher noch weiter…«

So blieb Moritz Thaler nichts übrig als da zu bleiben und zu warten, bis das persönliche Gespräch zwischen Oskar Fried und Max Liebermann zu Ende war. Es dauerte noch 'ne gute Stunde, in der meist Liebermann redete.

»Nee, Oskar… passt mir gar nich, dass du überhaupt fortgehst… und o h n e die Tölen! Erzähl mir noch, dass du ohne Musik fortgehst… was?« Dann sagte er zu Thaler: »Ob einer 'ne gute Musik hinlegt wie Oskar oder ob er ohne Hunde geht, ist ja dasselbe. Ja, was ich Sie sage, Herr Pfennig …oder wie Sie heißen … das ist genau dasselbe. Hundeverstand is dasselbe wie Musikverstand… will ich Sie mal sagen…«

Und später malte Liebermann noch mal am Kopf des Moritz Thaler, er strich mit dem Pinsel die Konturen schärfer, gab dem Ganzen einen etwas wärmeren Ton. Er knurrte und schimpfte dabei vor sich hin. Fried hörte es mit sichtlichem Vergnügen.

»Guck mal hin, Oskar… nu ist's doch mehr Thaler als Pfennig, nich? Der hat en ganz verdeubelten Kopp… hat er nich?« Dann zu Moritz hin: »Sehn Sie sich das Zeug mal an, Herr Thaler… so'n paar Tassen Kaffe sind janz jut… für'n Maler wie für's Modell. Wat sahren se nu?«

Moritz kletterte vom Podest hinunter, besah das Bild, meinte: »V i e l ähnlicher, Herr Professor… gefällt mir direkt…«

»Ist ja für Ihr Geld… nich' for meins… dat is wohl de Hauptsache, was?« Oskar Fried aber sagte: »Jetzt ist so was Gewisses drin… ist gut famos…!« Während Liebermann die Pinsel in den Topf mit Petroleum steckte (von wegen des Saubermachens), sagte er noch: »Da hab' ich nun dem Hofmaler Fischer direkt 'nen Kunden abgeluchst… nettes Jefiehl is dat…«

»Ich wäre aber auf k e i n e n Fall zu Fischer gegangen… Ich wollte mich von Max Liebermann malen lassen, nicht von Fischer… verstehen Sie, Herr Professor?«

Max Liebermann schien zufrieden zu sein: »In ein paar Tagen können Sie dies Kunstwerk abholen… aber n u r gegen Kasse…«

Als Moritz Thaler wieder auf der Straße war und die Segelboote auf dem Wannsee erblickte, dachte er: »So wild ist das w i r k l i c h nicht…«, dann ging er zum Bahnhof.

Stille Wasser sind tief

Was Friedrich Wilhelm Wöltjen, den Posamentierhändler betraf, so wurde an ihm dieses Sprichwort unwahr. Man sagt, dass »stille Wasser tief seien«, aber Friwi, (wie der Bäcker Döring ihn nannte), war zwar still, was aber auf seine Mundfaulheit zu beziehen war, auf nichts anderes.

Auf nichts anderes… denn der dusselige Wöltjen hatte nichts, rein gar nichts zu verschweigen… so war er ein stiller Mensch, der nur von dem Notiz nahm, was ihn und sein Geschäft anging. Wie kam so einer zu dieser aktiven, klaren und energischen Tochter Justine? An seiner Frau Frieda konnte es auch nicht liegen, denn sie war, wie man in Hannover sagt, ein »ss-tilles Wesen«, das niemandem etwas zuleide tat.

Man tut überhaupt gut, die Vererbungs-Lehre nicht zu wörtlich zu nehmen. Denn wie kam dieser robuste und gerade Bäcker und Konditor und Sozialdemokrat Gustav Döring zu seinem Fritz? Diesem typischen Nazi, der ewig die Klappe aufmachte, der ein sehr schlechter Schüler war, immer der letzte, der »Pluck«, wie kam der aufrechte und sich vor nichts fürchtende Döring zu so einem Nazi-Knaben? Und warum heiratete die kläräugige Justine diesen etwas dusseligen und großsprecherischen Fritz? Auch d a r a u f gibt's keine Antwort. Nur soviel, dass zwei mal zwei sehr selten vier ergeben, (meist fünf), und dass vieles auf dieser Erde gar nicht gottgewollt, sondern zufällig ist.

So kam Gustav zu Fritz und Friwi zu Justine. Hat gar keinen Reim, was? Als nun dieser Räuberhauptmann Hitler zum Reichskanzler ernannt wurde, da merkte es Friwi zuerst gar nicht. Erst als er den Bäcker schimpfen und krakeelen hörte, da ging ihm wohl ein Licht auf. Ihm war es pottegal,

mochte regieren, wer Lust hatte; die Hauptsache war, dass man den »Posamentier-Laden« ungeschoren ließ.

Und das tat man. Warum auch nicht. War doch gar kein Grund, an der Gesinnung des Wöltjen zu zweifeln. Erst war er ein kaisertreuer Soldat gewesen und dann, als Wilhelm sich verdrückte, da gab es eben 'ne Republik. Man konnte ja auch vorsichtig zu d e r stehen; sie war ja die Regierung. Ob nun die Sozis regierten oder das Zentrum, das hatte mit dem Posamentier-Laden nicht das geringste zu tun.

Fritz Döring freilich, der neugebackene Schwiegersohn, sprach immer vom »Schandfrieden von Versailles«, aber was ging Friedrich Wilhelm Wöltjen das an? Nichts…!

Frieda und Friwi lebten mehr friedlich als schiedlich und redeten meist »vons Geschäft«. Natürlich manchmal auch über das kleine Enkelkind Amalie; aber das war alles nichts zum Aufregen.

Gustav Döring tat immer so, als ob er, der Bäcker, die Hauptperson in Hannover sei. War er gar nicht. Und ob der Bürgermeister (Stadtdirektor genannt) Tramm hieß … oder Leinert, war ja auch pottegal.

Diese »Pottegalität« hörte nun mit den Nazis auf. Da kam doch mal einer (so'n Lehrer) ins Geschäft und fragte Wöltjen, warum er nicht in der Partei sei?

Da fragte nun der dusselige Friwi: »In welcher denn…?«

Die Antwort war scharf und knapp: »Wir haben nur e i n e Partei.«

Fast hätte Friwi etwas gesagt; sicher wäre es töricht gewesen und albern. Wie konnte es auch anders sein? Dieser Wöltjen war ja auch in j e d e r Beziehung ein Dussel.

Stand er nun da, ließ die zwei SA-Leute und den einen Zivilisten ruhig quatschen. Sie sagten so etwas von »völkischer Pflicht« und darüber, dass man das »Joch der Juden« abschütteln müßte, sie sagten auch noch etwas über den »Schmachfrieden von Versailles«, (sie sprachen es genau wie Fritz »Versalch« aus), aber Wöltjen sagte wohl mal: »Sieh mal an…«, oder «…nicht zu glauben«, aber man konnte wirklich nichts von völkischer Begeisterung an ihm entdecken. »Lassen Se ruhig die Papiere mal hier, ich werde sie mit meiner Frau durchlesen… Sie kommen doch wohl mal wieder vorbei?« Mit einem zackigen Heil-Hitler-Gruß gingen auch die drei Herren wieder weg.

»Hättest ruhig etwas freundlicher sein sollen,« sagte Frieda, die (wenn das möglich war) n o c h weniger von Politik verstand, dafür aber nicht gerne »nein« sagte.

Als Wöltjen es am Nachmittag seiner Tochter Justine erzählte, sagte diese: »Schade, dass i c h nicht da war. Hätte denen schon Fragen vorgelegt, r i c h t i g e Fragen… das kann ich nämlich…«

Wöltjen war übrigens recht froh, dass seine Tochter nicht da gewesen war. Es hätte nur unnötige Scherereien gemacht. Wozu denn? Es kam ja nichts dabei heraus, was?

Da war es doch besser, ein guter »Staatsbürger« zu sein, ob unter Wilhelm oder Ebert, ob unter Hindenburg oder Hitler… das war alles nicht wichtig für einen Posamentier-Laden. Das war pottegal. Eigentlich auch nicht für einen Bäcker. Aber der Gustav war ja halsstarrig und erreichte nichts… Oder doch? So musste man wahrscheinlich sein; so und nicht anders, wenn man diese Hitler-Zeit durchstehen wollte.

Döring war einfach eine explosive Natur, konnte gar nicht anders sein. Und s e i n e Feinde waren viel prinzipieller als die von Wöltjen. Versteht man mich recht? Dagegen zu sein, setzte eine gewisse Charakterfestigkeit voraus, die man scharf ablehnen konnte, die man sogar bekriegen konnte, wie es dieser Dr. Klapproth tat, der sich nun doch einfach weigerte, zum »roten Döring« zu gehen, der lieber seine Kuchen und Brötchen woanders kaufte. So wurde es allmählich klar, dass das Geschäft von Gustav Döring schlechter ging. Sauschlecht sogar.

Eines Tages wurde Friedrich Wilhelm Wöltjen ein Mitglied der NSDAP. Endlich…! Fritz strahlte nur, während Justine sehr spitze und bissige Bemerkungen machte.

Sie war immer mehr auf Gustavs Seite, der mit dem famosen Genossen Bohner einfach aufräumte, indem er ihn anschrie: »Jetzt trete ich aber aus der SPD einfach aus. Brauchst du's noch schriftlich?«

Bohner sagte nur: »Nee, du Kommunist… wir verzichten auf deine ewige Nörgelei…«

Dann ging er. Agathe weinte (wie immer). Gustav nahm keine Notiz davon; er konnte dieses ewige Geflenne auf den Tod nicht leiden.

Als Agathe meinte: »Wirst du jetzt nich neue Unannehmlichkeiten kriegen, Gustav… ich wäre nicht gerade jetzt aus der SPD ausgetreten… wo d i e doch sowieso solche Scherereien jetzt haben…«

Gustav hörte sonst nicht recht hin, wenn Agathe irgend etwas Sorgenvolles (und das tat sie meist) sagte. Aber jetzt, nachdem er endlich seinem Herzen Luft gemacht hatte und den famosen »Genossen« Bohner ziemlich rausgeschmissen hatte, jetzt setzte er sich doch zu Agathe, nahm ihre Hand: »Sieh mal Muttern, das ging so nicht weiter. Die Sozis haben ja ihre eigenen Grundsätze verraten… ach … du lieber Gott, schon 1932, als sie den alten Kacker Hindenburg zum Präsidenten wählten… I c h hab's ja nich' getan… m e i n e Stimme hat Thälmann bekommen… das war das einzig Mögliche… schon Anno 32 hätte man den ganzen Saftladen hinschmeißen sollen. Nun hab' ich's getan… Mutter, koch mir jetzt 'ne schöne Tasse Bohnenkaffee… dann geh ich zu Friwi, diesem alten Dussel, und dann zu Justine… mach schnell, Mutter…« Und später ging er auch.

Der Posamentierhändler zeigte ihm mit einem gewissen Stolz sein neues Parteibuch der NSDAP, sagte: »Hat 'n schönes Stück Geld gekostet… natürlich… aber so ist's besser fürs Geschäft… findste nich, Gustav?« Gustav fand das nicht. Im Gegenteil, er sagte: »Jetzt bist du alter »Hosenscheißer« wohl glücklich… was? Aber wenn der ganze Schlamassel vorbei ist… dann soll dich der rote Gustav wohl heraushauen…, wird er schon tun.« Beim Herausgehen sagte Gustav noch: »Aus der SPD bin ich heute endlich ausgetreten… endlich, ging nicht mehr. Dieser »feine Genosse« Bohner war noch mal bei mir. Na, d e r hat was zu hören bekommen… das wird er so leicht nicht vergessen… Na, Adieux, du alter PG… auf mich kannste dich verlassen… trotzdem.«

Wöltjen war ganz ängstlich, als er sagte: »Also du kommst doch a u c h zur NSDAP…? Wäre fein… nich? Wo du doch nich mehr in der SPD bist…?« Gustav tippte bloß mit dem Zeigefinger an die Stirn: »Bei d i r piept's wohl? Zu der Verbrecherbande gehe i c h nich. Solange ich lebe…«

Friwi sagte noch zaghaft: »Aber 'n hübschen Posten von Ausstopfwolle hab'
ich gekriegt... willste es sehen?«

»Nee, danke... alter PG... gehe lieber mal zu Justine... ist besser.«

Wöltjen meinte noch: »Meinste, dass die Nazis sich halten... was?«

Gustav lachte nur: »D i e werden sich nich lange halten... aber dein Freund
Gustav wird dich schon rausboxen... wenn's soweit ist... ich bin nicht so...«

Bei Justine fand er zum erstenmal, dass die junge Frau weinte. »Nanu...,«
sagte er, »du flennst...? Warum denn?«

»Ach, Vater Gustav... der Fritz ist ja dein Sohn... wie haste nur so einen
Nazibengel bekommen können? Versteh' ich einfach nicht. Der liegt mir
den ganzen Tag in den Ohren, dass ich in die NSDAP gehen soll... oder
zur ›Frauenschaft‹... will aber nicht.«

»Recht haste, Tine, lass dich nich zu die Verbrecherbande pressen. Hast ja
'n kleines Kind... immer als Ausrede benutzen, hörst du... nicht wahr?«

Justine nickte nur. Ihr war, als ob Gustav so etwas wie ein guter Engel wäre.

Verbrecherische Neugierde

Das, was der Sturmführer Fritz Döring unter seiner Ehe mit Justine verstand, entsprach eigentlich genau der bürgerlichen Vorstellung von Ehe.
Seltsam zu denken, dass ein Mann, der die Ideen von Morgen zu vertreten
glaubte, im Grunde so befangen und gebunden war an den Vorstellungen
seiner Eltern oder Großeltern. Denn sonst wäre es kaum verständlich, dass
der junge Fritz Döring seiner Frau Justine nachspionierte und ihre Unter-
nehmungen beobachten ließ. Das tat er. Trotzdem er sich fast nie um das
Leben seiner junge Frau kümmerte. Er maßte sich das Recht an, die Geheimnisse seiner Justine zu erschnüffeln; anders konnte man sein schäbi-
ges Verhalten kaum nennen.

Justine, die klare, so leicht zu erfassende Frau, war trotz ihrer Jugend für
diesen Burschen Fritz ein schwer zu durchschauendes Rätsel. Er war einfach zu plump, zu grob für Justine. Seine »Ehefrau«... wie er sie nannte,
war einfach sein Besitz und Eigentum. So glaubte er. Und er fühlte sich

auch berechtigt, die persönlichen Angelegenheiten seiner Frau wie seine eigenen zu behandeln. Ihn kümmerte es nicht, dass Justine nicht nur in politischer Hinsicht, in allen Dingen des Lebens anders dachte als er. Justine war sein Eigentum. Damit basta.

Es war wohl eines Abends gewesen, dass Fritz plötzlich die Idee hatte, die Schreibtisch-Schublade aufzubrechen. Von »brechen« konnte da keine Rede sein. Gewaltanstrengung war gar nicht nötig, denn Fritz hatte immer genügend Dietriche oder Nachschlüssel bei sich, um die kleine Schieblade am Schreibtisch aufzumachen.

Es war natürlich der Tisch, an dem Justine meist arbeitete. Sie schrieb nämlich in letzter Zeit komische Sachen ab, komisch für Fritz, der weder das »Kapital« von Karl Marx gelesen hatte noch dessen »Bürgerkrieg in Frankreich« kannte. Wozu auch? Es genügte vollauf, wenn man Hitlers »Mein Kampf« gelesen hatte oder irgendwelche Schriften des »Parteiphilosophen« Rosenberg.

Aber Justine schien sich gerade in letzter Zeit mehr für den verworfenen und natürlich verbotenen »Karl Marx« zu interessieren. »Natürlich lese ich das. Du solltest es auch tun, ehe du darüber urteilst…,« hatte Justine einmal gesagt, als Fritz ihr Vorhaltungen machte, dass sie n i e die Schriften Hitlers und seiner Anhänger las, sondern meist diese »verbrecherische Judenliteratur«…, so drückte sich wenigstens Fritz aus.

Richtig… da lagen die Bücher… verpackt und anscheinend neu. »So… raus mit dem Zeug,« hatte Fritz gesagt, als er diese Bücher fand. Er warf sie auf einen Stoß, den er nachher verbrennen wollte. Aber… was war das? Ein Bündel Schriftstücke… konnten ja auch Briefe sein? Und dann las Fritz die Briefe des geflüchteten Freudenthal, der nun in der Tschechoslowakei war, von dort Radio-Sendungen nach Deutschland machte. Erregende und sehr kritische Sendungen.

Hatte Justine ihn mit diesem Juden betrogen? Fragte er sich. Während er in den Papieren und Briefen blätterte, während er las: «…Das deutsche Volk wird von einer Bande von Verbrechern regiert, die allesamt ausgemerzt werden sollten… Gangster wie Goebbels und seine Propaganda-Hetzer, die die schamlosesten Lügen verbreiten und das Deutsche Volk vergiften…

währenddessen schläft die ganze Welt… scheint zu schlafen… will es nicht wahrhaben, dass diese Horden von Lügnern und Fälschern drauf und dran sind, die ganze Welt in einen Krieg zu stürzen… es geschieht nichts, gar nichts im Lande und auch in Europa, das anscheinend den Ernst des Augenblickes noch nicht begriffen hat… bald wird es zu spät sein…«. Dann kamen wieder kurze Zettel, auf denen nur stand: «…Liebste, hoffentlich wirst du von all dem Schrecklichen verschont?«… Fritz wusste plötzlich, dass Justine ins Zimmer gekommen war, er spürte es.

Dann hörte er auch ihre Stimme: »So, du brichst einfach ein… entwendest alles und wirst irgend etwas Schreckliches unternehmen… Eine saubere Handlungsweise ist das… Gib die Sachen sofort heraus! Sie sind m e i n Eigentum… nicht das deine…«

»Du bist meine Frau… Dein Besitz ist der meine… verstehst du?«

»Ich habe meinen Kopf für mich… und auch das Herz«… Justine hatte Fritz die Papiere entrissen. Sie hielt die Blätter fest in der Hand.

Nun sprang Fritz auf, seine Stimme, die männlich-befehlend klingen sollte, überschlug sich. Dadurch kickste sie… Es klang nur komisch.

Aber Justine war nicht zum Lachen zumute, sie sagte sehr spitz und höhnisch: »Du bist ja nur eifersüchtig auf Hans. N o c h habe ich dich nicht betrogen. N o c h nicht. Ich hoffte immer, dass du erwachsen werden würdest.. ich habe mich geirrt…«

Fritz aber wusste nichts, gar nichts zu sagen. Er stürzte zur Tür, riss sie auf. Ging. Justine hörte die polternden Schritte, dann ging sie zur kleinen Amalie. Die sah sie nur an. Justine nahm sie auf den Arm. Da hörte sie Schritte auf der Treppe; jemand klopfte. Es war Agathe. Sie sagte nur: »Ich wollte nach der Kleinen sehen… hast du geweint, Justine…?«

»Ist Vater Gustav zu Hause…? Ich m u s s mit ihm sprechen… ja?« Agathe hatte inzwischen das Kind genommen, sagte: »Natürlich ist er zu Hause. Wo soll er denn sein?«

Als Justine die Treppe hinunterging, hörte sie noch das vergnügte Krähen ihres Töchterchens… Sie dachte: »Vielleicht bin ich eine schlechte Mutter…?« Aber dann war ihr klar, dass sie mit Gustav wegen Fritz zu reden hatte… »Den einzigen Menschen, den ich habe«, so dachte sie.

Komisch, dass ihr eigener Vater immer weniger mit seiner Tochter fertig werden konnte. Er fand sie… wie sollte er sagen… verschroben… aber mit d i e s e m Wort konnte auch Wöltjen nichts Rechtes anfangen. Seitdem er PG geworden war, hatte Justine so eine etwas wegwerfende Art ihm gegenüber… Dass sie an diesem unglückseligen Tage, an dem schließlich und endlich Fritz einfach weggegangen war… diesmal wohl für lange (oder für immer), dass sie n u r den Wunsch hatte, Gustav zu sehen, Verständnis bei i h m zu finden, das war ganz selbstverständlich. Natürlich liebte Justine ihre eigenen Eltern, aber an so einem Tag, einem solchen Abend gab es wohl nur einen einzigen Menschen, zu dem sie gehen konnte: Gustav.

Vater und Sohn

Aufgabe eines Schreibers, der wie ich, nicht Ideen darstellen will, sondern Menschen aus Fleisch und Blut, ist es vor allem, wahrhaftige und wirkliche Portraits zu malen; nicht geschmeichelte Öldrucke, sondern (wenn es geht) Darstellungen von menschlichen Geschehnissen. Sie sind nicht photographisch wahr, sondern versuchen das Wesen und den Charakter der Dargestellten glaubhaft zu machen.

Wenn man einen solchen Mann wie Gustav Döring darstellt, so zeichnet man bei aller Wahrheitstreue nicht nur die Zufälligkeiten des täglichen Geschehens auf, sondern auch das Bild der Welt, in der der Dargestellte lebt. Gustav, der Bäcker und Konditor Gustav Döring, wohnhaft zu Hannover, war m e h r als eine zufällige Erscheinung. Dass er Charakter besaß… auch eine Überzeugung, rundet das Bild ab. Der ehrliche Sozialist Döring hatte einen Sohn gezeugt, der wirklich allem widersprach, was Gustav für sein Heiligtum (im weltlichsten Sinne) betrachtete. Dass Fritz ein schlechter Schüler gewesen war, immer der »Pluck«, (so nannte man den schlechtesten Schüler, der den letzten Platz einnahm), konnte noch so hingehen. Gustav war ja auch kein glänzender Schüler gewesen, wirklich nicht, aber Fritz war das, was man in Hannover einen »Butjer«» nennt, in andern Orten wohl einen Straßenjungen. Nun, das mochte noch angehen. Aber dass Fritz in seinem Vater nichts weiter sah, als den »Ollen, den er berappen muss-te«, war trübsinnig. Zu weiterem schien Gustav Döring gar nicht da zu sein… zum Berappen, das war blutwenig.

Dem Bengel Fritz fehlte ja auch jeder Ansporn, nicht nur in der Schule, auch im Leben, besser zu werden. Er döste vor sich hin. Als Fritz ins Flegelalter kam, fiel er gleich auf jenen Bernhard herein, jenen faulen Strick und Aufschneider. Der imponierte Fritz mächtig. Agathe war ja viel zu weich und weinerlich, um eine richtige Mutter zu sein. So eine, die nicht in allem nur das »Beste« in ihrem Sohn sieht, sondern auch die Fehler. Gustav hatte einfach keine Zeit dazu, sich um seinen Bengel richtig zu kümmern. Es hätte sich wohl gehört, dass Fritz in seinem Vater mehr sehen sollte, als nur den »Ollen, den er berappen musste«. So hätte es sich wohl gehört.

Und dann kam die »Poussiersache« mit Justine, die Gustav zuerst gar nicht so ernst nahm. Später erst… viel zu spät. Der Bengel muss doch was vom Leben haben, dachte Vater Gustav meist. Aber damit war ja nichts getan. Fritz log ihm die Hucke voll, erzählte was von »Schulausflügen«, von »Turnspielen« und solchen Sachen. Dabei stimmte nichts.

Fritz war diesem Bernhard völlig hörig geworden; er war mit in dessen »Jugendgruppe«, in der Nazilieder gesungen wurden und irgendwas vom »kommenden Reich« gefaselt wurde. Natürlich würde es das »Dritte Reich« sein; soviel stand fest.

Gustav hatte ja keinen Schimmer davon, dass diese Lausebengels sich über alles mokierten, das Gustav heilig war. Zum Beispiel nannten diese jungen Burschen alle Leute vom neunten November 1918 einfach die »Novemberverbrecher«.

S o war es eben in den ersten Jahren der »Weimarer Republik», die »über Nacht« gekommen war. Der gute Bürger lernte damals schon das Lügen, das himmelschreiende »Charakterlos-sei-das«, was später immer schlimmer wurde.

»Vater und Sohn«, so heißt dieses Kapitel… Klingt ernst, was? Ist aber auch so gemeint, dass Vater Gustav, der wirklich ehrliche und tiefüberzeugte Sozialist seinen einzigen Sohn wie wild aufwachsen ließ. Das tat er; leider.

Das, nur d a s warf sich Gustav jetzt vor; denn er fühlte nun, wie er den Sohn, diesen Lümmel und »Sturmführer« verloren hatte.

Gustav kratzte sich den Kopf, als Justine kam. Sie wollte und musste ja an diesem Abend noch mit Gustav sprechen. Es ging einfach nicht anders. Und da kam sie, hübsch, verteufelt hübsch (dachte Gustav), mit einem »Köppchen« auf den schmalen Schultern. Gustav hatte Augen dafür. Und dann legte sie los: »Hör mal, Vater Gustav… der Fritz, was mein sogenannter Mann ist, ging einfach durch die Lappen. Jawohl, das tat er… Er brach einfach meinen Schreibtisch auf… schnüffelte in den Briefen und Manuskripten von Hans herum. Dann haute er ab… so ist das. Ob er wiederkommt, weiß ich noch nich' mal. Ist mir auch pottegal. Aber dass er was gegen die guten und notwendigen Radio-Sendungen von Hans unternehmen wird, ist mir klar…«.

»Haste denn Beweise, Tine…?« fragte Gustav und entkorkte eine Flasche Kirschwasser…, setzte hinzu: »Du… Kind, das ist mein eiserner Bestand… verstehste… trinken wir erst mal einen… überlegen wir dann. Na prost, Tineken…«

Was gab es eigentlich da zu überlegen? Nichts.

Um die bestimmte Zeit… um acht und fünfzehn Minuten gab der Radio-apparat die »heimlichen Sendungen« von Hans Freudenthal auf Welle 27,8. Justines Gesicht war wie verklärt, als sie Hans' unverkennbare Stimme hörte. Er gab die Nachrichten durch, welche Informationen von der Nazipresse dem deutschen Volke verschwiegen wurden.

Gustav sah Justines Gesicht, sagte dann: »Liebst du ihn eigentlich… diesen Hans?«

Justine sah nicht zur Seite, als sie sagte: »Natürlich… Vater Gustav…«

»Armes Kind…,« sagte Gustav und es war kein Mitleid in seiner Stimme. Wozu auch? Gustav fühlte, dass hier mehr war als die durchschnittliche Liebe. Er verstand etwas vom Leben dieser Frau. Er wusste Bescheid, dieser einfache Bäcker und Konditor. Natürlich war er auch etwas traurig, dass Justine so gar keinen heilsamen Einfluss auf Fritz gehabt hatte. Aber war er selbst nicht daran schuld, dass dieser »dumme Bengel« so außerhalb seiner, außerhalb Gustavs Welt lebte? Manchmal dachte er: Ich bin doch schließlich

der Vater... hätte ich nicht besser aufpassen sollen? Nun war's wohl zu spät...
»Diese Nazischweine versuchen ja den Sender zu stören... hörst du es?«
Justine sagte es.

»Ja, ich hör es, Kind,« dann meinte Gustav noch: »Man muss eigentlich
a l l e s... hörst du, a l l e s tun, um Hans zu schützen. Aber wie? Die SPD-
Leute sind ja zu feige. Es müsste wohl jemand anders tun, aber wer?«

Justine trank noch rasch ein Glas von dem klaren und erfrischenden Kirschwasser, dann sagte sie: »I c h werde es tun, Vater Gustav, wer sonst?«

Aber Gustav Döring schüttelte den Kopf: »Nein, d u bist zu gefährdet...
i c h könnte es wohl besser...«.

»Ach Gustav... du bist doch nicht der rechte Mann dafür... bitte... Vater
Gustav, versteh' mich nicht falsch. Natürlich hast d u das Zeug zu so einer
Unternehmung. Glaubst du aber nicht, dass eine Frau, sagen wir... i c h
zum Beispiel... das noch b e s s e r erledigen könnte?«

Es dauerte geraume Zeit, bis Gustav antworten konnte. Nein, wütend war
er nicht auf seine Tine... wie konnte er das überhaupt sein? ...»Aber zu
irgend etwas m u s s ich doch noch zu gebrauchen sein«, dachte er. Bevor
er aber antworten konnte, klopfte es an der Tür, und wer stand da? Breit
lächelnd und freundlich wie immer? Moritz Thaler aus Bremen.

Er sagte: »Bin nur auf einen Sprung hier... Was ist denn das für ein ekelhaf-
tes Geknatter und Gejaule im Radio? Könnt ihr das Ding nicht abstellen?«

»Wir wollen gar nicht,« sagte Justine und bat Thaler, doch erst einmal Platz
zu nehmen.

Da saß er nun, sagte: »Donnerwetter... der gibt ihnen Saures... ist ja fa-
belhaft... Was für ein Sender ist denn das?«

Es war Gustav Döring, der seinem Gast erst einmal ein Kirschwasser einschenkte und dann sagte: »Hör mal hin, Genosse Thaler... das ist ein
verbotener Sender... siebenundzwanzig Komma acht... merke es dir. Und
da spricht unser Freund und Genosse Hans Freudenthal. Ja, der ist getürmt.
Aber um etwas zu tun...«

Nun hörte man es wieder sprechen: »W a n n wird das Deutsche Volk soweit sein, um mit dem Verbrecherpack, das sich die Macht erschlichen hat,
aufzuräumen? Von draußen können wir ja erst helfen, wenn ihr drinnen

soweit seid. Man kann und muss den Hitlerspuk von innen her beseitigen. Wir helfen euch schon.«… Die Stimme verging im Knattern…

Thaler war ganz aufgeräumt. Er drückte Justine ein paar Geldstücke in die Hand: »Lauf mal rüber zu der Wirtschaft… hol für uns ein bisschen Aufschnitt, was? Nee… Genosse, ich will nichts aus E u r e r Küche. Verstehste, Genosse? Hab' mich immer bei Euch durchgefuttert… lauf mal fix hin, Justine… bring auch 'ne Pulle Rotwein mit, den… wie immer.«

Justine verschwand.

Gustav Döring sagte noch: »Bin direkt in Schwulitäten… nich wegen des Aufschnitts… is' ja nich so wichtig… aber wegen dem Hans. Da wollen die Nazibrüder nämlich was machen. Drüben in der Tschechei… jawoll… da staunste. Tine sagte mir sowas. Na, und irgend jemand m u s s Hans warnen. Sie will es machen, die Justine, aber der Fritz, ihr Mann, spioniert doch so… weiß wirklich nich, was da zu machen ist…«

Justine kam gerade zurück. Sie hatte die Pulle in der Hand …und ein Paket mit Aufschnitt auch. Sie kam gerade zurück, als Moritz Thaler sagte … er tat's in seiner trockenen und geraden Art: »Wichtigkeit… ich muss sowieso geschäftlich nach Prag…Einen Pass habe ich ja auch… Mach' den kleinen Abstecher gern… gib mir mal die genaue Adresse… ja?«

Justine war sprachlos, dann legte sie plötzlich ihre Arme um Thaler, den alten Moritz Thaler… der konnte vor Verwunderung nichts sagen. Gar nichts. Justine küsste ihn, dann ging sie zum Tisch, schrieb ein paar Zeilen, die Thaler mitnehmen sollte. Er sagte nur: »Mensch… Genosse Döring… jetzt haben wir was fürs Feiern…«

Einer kommt zu spät…

»Verdammt… Gottsverdammt…,« sagte Thaler. Er tat es in drei Sprachen. Aber davon wurde Hans Freudenthal auch nicht wieder lebendig. Er lag tot und entseelt auf einem Sofa.

Die böhmische Wirtin jammerte. Der Wirt Papanec sagte: »Sind die Nazis doch einfach über die Grenze gefahren… ganz einfach. Mir nichts dir nichts… als ob sie hier im braunen Reich wären… na ja… diese Kerle nennen sich ja ›Sudetendeutsche‹… das macht alles der Konrad Henlein, dieser Lump…«

Die Wirtin sagte noch, und sie weinte dabei: »Waren in Zivil… wie Touristen. Fragten nur: ›Wohnt hier Herr Freudenthal?‹ Natürlich habe ich ›ja‹ gesagt, und dann sind die Beiden in die erste Etage gelaufen. Kurz bevor sie runterkamen, fielen zwei Schüsse… ich hab's gezählt: es waren zwei… Und unsere Polizei kam gleich hinterher… Da waren die Kerle schon weg… ja; haben ein Protokoll gemacht… sagten, wir dürften nichts anrühren…«

Das war ja alles interessant, aber wenn Moritz ein paar Minuten hätte früher da sein können…na, erledigt… dachte er. Und er deckte das Gesicht Freudenthals noch einmal auf; es sah wie schlafend aus. Thaler war kein Weichling, das gewiss nicht, aber er spürte doch, wie seine Augen nass wurden. Er flüsterte… so als ob es der Tote hätte hören können: »Wir rächen dich, Hans… Die werden auch d a s bezahlen müssen.«… Beim Weggehen dachte er immer: »Wär ich doch nur ein bisschen früher gekommen… die ganze scheußliche Sache wäre n i c h t passiert… wär ich doch…«

Natürlich musste Moritz in Eger eine geraume Zeit warten. Aber er kaufte sich doch noch Zeitungen; in den deutschen stand natürlich nichts, rein gar nichts drin. Aber da gab es noch die »Basler National Zeitung«… die hatte eine richtige Schlagzeile: »Dreister Mord der Nazis«… da konnte er es schwarz auf weiß lesen, wie die Naziverbrecher einfach über die Grenze gefahren waren… niemand hatte sie angehalten… und wie sie dann den Kommentator Hans Freudenthal erschossen. Ja, die mutige Schweizer Zeitung brachte die grauenvolle Tat. Mit Bild von Hans Freudenthal sogar. Es war von Prag telegraphiert worden. Aber die deutschen Zeitungen brachten noch nicht einmal eine e i n z i g e Zeile.

Als der deutsche Grenzbeamte kam und die unvermeidlichen Gestapo-Herren den Pass besahen, da sagte Moritz Thaler nichts. Kein Wort. Er dachte nur: »Nun reise ich also wieder nach Hause, komisch eigentlich…«

»Sie wohnen in Bremen… Sie l e b e n da?« fragte der Beamte.

Und Moritz hätte am liebsten geantwortet: »Wenn Sie d a s leben nennen…« Er tat es aber nicht.

Der D-Zug fuhr über Leipzig und Halberstadt... dann kam Halle. Zwischen Halle und Hannover las er noch mal die Schweizer Zeitung. Sein Gegenüber meinte: »Sie lesen dies deutschfeindliche Blatt?«

Thaler grinste bloß: »Die Schweizer ›National Zeitung‹ ist n i c h t deutschfeindlich...,« er setzte noch hinzu: »Die einzige deutschfeindliche Zeitung, die ich kenne, ist der ›Völkische Beobachter‹... jawohl... die richtet m e h r Schaden an, als Sie ahnen... den lese ich übrigens nie...«

Der Herr gegenüber fragte noch: »Sie sind wohl kein Deutscher?«

»Ich...«, antwortete Moritz, »ich bin deutscher Jude, falls Sie das interessiert...«

»Entschuldigen Sie bitte,« sagte der Herr von gegenüber. Er war ein sehr durchschnittlich aussehender Mann. Thaler hielt ihn für einen Reisenden...

In Hannover stieg Moritz aus. Es war schon bald zehn Uhr abends, er dachte: »Kann ich denn jetzt noch zu Gustav gehen?« Er war hungrig und von der Reise und den Aufregungen recht erschöpft. Also beschloss er, erst einmal ins »Hotel Ernst August« zu gehen (wo er meist wohnte), um sich auszuruhen. Ja, d a s wollte er tun.

Aber stattdessen nahm er ein Taxi und fuhr in die Wohnung von Gustav. Alles war dunkel. Verdammt, dachte er, auch da komme ich zu spät. Aber dann klingelte er.

Es wurde hell im Treppenhaus; er hörte Schritte. Gustav öffnete, streckte die Hand aus. »Komm rein. Wir wissen a l l e s. Justine ist oben...«

Thaler folgte Gustav. Der trug die Handtasche, die Schweizer Zeitung knisterte in Thalers Tasche. Was sollte er sagen? Thaler hatte ein verdammt schuldbewusstes Gefühl. Warum eigentlich? Hatte er nicht alles zum besten wenden wollen? Na...ja der arme, tapfere Hans. Der fühlte nichts mehr... einen Augenblick lang beneidete ihn Moritz.

Hatte ihn beneidet.

Jetzt stand er vor Justine. Schluckte, konnte nichts sagen... kein Wort. Da umarmte ihn Justine einfach, sie legte ihren Kopf an Thalers Schulter. Weinte...

»Ich hab' ihn noch gesehn... das war ein wirklicher Held, Tine...darfst nicht weinen... Hans will es nicht. Hörst du?«

Gustav kam da mit einem guten saftigen Schinkenbrot, sagte: »Wirst hungrig sein, Genosse Thaler…?«

Und Thaler ließ es sich schmecken, hach… und das Brot und den Schinken, die Wurst… und alles stopfte er in den Mund. Goss das Ganze mit einem kräftigen Schluck Rotwein hinunter… hach… wie das schmeckte. Plötzlich sah Moritz das Gesicht, das bleiche, leblose Antlitz Freudenthals vor sich. Es war schrecklich, diese Vision zu haben… während es man sich gut gehen ließ. Er war doch sonst nicht so empfindlich. Sinnierte und grübelte wenig, obwohl er gerade in letzter Zeit genug Anlass gehabt hätte… Was war das? Eine Musik erklang… aus dem Radio… und dann sagte eine Stimme, eine sehr fremde, dunkle Stimme… »Denn sie töten den Geist nicht… Ihr Brüder… sie können ihn nicht töten… sie treffen ihn gar nicht…«

Thaler sagte: »Was ist denn das? Was für einen Sender habt ihr da eingestellt?«

Justines Stimme klang entfernt, beinahe leise… sie flüsterte beinah: »Still… jetzt machen sie eine Feier für unseren Hans… still…«

Ein sehr ferner Gesang ertönte, gar nicht klagend oder schmerzlich, im Gegenteil… es klang beinahe freudig. Sehr mutig und anfeuernd… die Sopranstimme schwebte über den dunklen Baß-Stimmen, sie sangen: »Sie töten den Geist nicht, Ihr Brüder… Ihr könnt ihn ja nicht fassen… Nicht alle sind tot, die begraben sind, denn sie sind unsterblich…« Da jubelte die Sopranstimme wieder: «…Denn sie töten den Geist nicht… Ihr Brüder…«

Gustav stand vor dem Apparat, Thaler auch, Justine war niedergesunken… sie faltete die Hände. Aber es war kein Gebet… mehr ein Versprechen… Plötzlich sagte Justine: »Du gingst uns nur voran… wir folgen dir… aber wir rächen dich… sei ruhig, Liebster…«

Ein seltsamer Abend war das; Thaler fühlte sich zuerst ein wenig geniert. Es war ihm so, als ob er indiskreterweise in eine s e h r persönliche Feierstunde hineingeraten sei. Das legte sich bald. Er empfand es wie eine richtige Wohltat, dass n i e m a n d weiter über die entsetzliche Tat sprach. Moritz Thaler hatte nämlich immer noch ein klein wenig Schuldgefühl, dass er nicht rechtzeitig Hans Freudenthal hatte warnen können. Nun war ja alles zu spät.

Justine erlaubte nicht, dass Thaler sie heimbegleitete. »Sie haben heute schon viel zu viel für uns getan, Genosse, es ist wirklich nicht nötig.« Als Thaler später in seinem Hotelbett ruhte, konnte er zuerst keinen Schlaf finden. Er grübelte immer noch darüber nach, warum er eigentlich so spät, z u spät zu dem Gasthaus gekommen war, in dem Freudenthal gelebt hatte, gestorben war. Beim Einschlafen murmelte er noch: »Für uns alle ist er umgekommen. Werden wir die Sühne für diese Tat noch erleben?«

Als Justine nach Hause kam, konnte die gute Agathe, die das Kind gehütet hatte, endlich weggehen.

»Du bist so gut für mich, Mutter Agathe…,« Justine sagte es. Als Agathe gegangen war, legte sich Justine ins Bett. Sie schlief gleich ein.

Plötzlich wachte sie auf, Fritz war zurückgekommen. Er fragte noch: »Schläfst du schon, Justine?« Keine Antwort, als er sich zu Bett legte, hatte er das Gefühl, eine sehr gute und patriotische Tat begangen zu haben… Er war direkt stolz darauf, diesen Juden Freudenthal denunziert zu haben.

Mann und Frau

Man muss wohl erst eine Menge durchgemacht haben; muss wohl erst »durchgebeutelt« sein. Fritz war eben noch zu unerwachsen, um den tiefen Sinn dieser Worte zu begreifen. Mann und Frau. In diesem Falle hieß es wohl: Justine und Fritz.

Aber er war ein »dummer Junge« geblieben, einer, der nicht im entferntesten ahnte, dass es ein schweres Gewicht war, das er tragen musste. Fritz begriff es nicht.

Er war so von den Nazi-Phrasen angefüllt, dass er jeden Menschen mit e i g e n e r Meinung für einen Verbrecher hielt. Er sagte wohl »Guten Morgen«, da sich Justine den Hitlergruß verbeten hatte, aber er erwartete gleichsam etwas Entgegenkommendes und Liebenswürdiges von ihr.

Sie dachte nicht daran. Sie war so geartet, dass sie das Unrecht, das jetzt in Deutschland geschah, für so tragisch hielt, dass jeder Mensch, der nur das Geringste mit der »Partei« zu tun hatte, in ihren Augen ein Verbrecher war.

Sie ließ es auch Fritz fühlen, der aber gar nicht verstand, dass seine Frau irgend etwas missbilligen konnte, das der Sturmführer Fritz Döring angeordnet oder selbst begangen hatte. Ein trübseliger Morgen war das. Justine sprach kein Wort mit ihrem Mann. Der dachte:»Dumme Gans«... Dann ging er, wie immer. Nicht zu seiner Arbeit bei seinem Vater, (der ihn ja dafür bezahlte), sondern zu irgendeiner »wichtigen« Besprechung.

Justine kümmerte sich um die kleine Amalie, die an diesem Morgen plötzlich fragte:»Wo ist denn Papa?«

Justine wusste zuerst nicht recht, was sie antworten sollte. Sie rettete sich und ihr Gewissen:»Papa hat zu tun, weißt du, Kleines, er arbeitet den ganzen Tag...«

Aber Amalie wars nicht zufrieden, sie quengelte weiter, zuletzt klang es sehr weinerlich:»Papa soll kommen...«

Justine wusste keine rechte Antwort. Sie konnte der Kleinen nicht sagen: »Ich seh' Papa auch selten...,« das hätte Amalie kaum verstanden. Sie sagte wieder:»Papa soll kommen...«

Die Ehe zwischen Fritz und Justine war k e i n Zusammenleben... es waren wirklich nur zufällige Begegnungen... Nichts weiter.

Justine war vielleicht nicht energisch genug; vor allem aber hatte sie ja ihre e i g e n e Vorstellung von den Dingen. Über konnte sie mit Fritz wirklich nicht reden. Er war partei-begrenzt, so befangen in allem, was die NSDAP betraf, dass Justine und Fritz eigentlich keinen Gesprächsstoff mehr hatten. Gar keinen.

»Man kann nicht übers Wetter reden... während die Welt brennt,« sagte Justine einmal zu Gustav.

Was Gustav Döring betraf, so hatte er immer eine große »Wucht« von Tatsachen, die er eigentlich nur mit seiner Tine bereden konnte. Denn sie verstand ihn, den stämmigen und nicht dumm zu kriegenden Bäcker und Konditor. Er nannte den Hitler immer »Schickelgruber«, was übrigens der Name von Hitlers Vater gewesen war.

»Na, Kind ... was sagste nun? Da hat doch der Schickelgruber dem Hindenburg einfach das Gut Neudeck steuerfrei geschenkt... hat er doch.

Natürlich ist da der saubere Oskar Hindenburg mit beteiligt; der macht ja alle solche Schiebungen im Namen seines Vaters, weißte. Der Hindenburg ist ja ein oller Tapergreis… hat von nischt 'ne Ahnung mehr. Da erzählt man sich doch den Witz, weißte, dass der Olle eben j e d e s Stück weißes Papier unterschreibt… j e d e s … ist direkt gefährlich, Papier bei ihm rumliegen zu lassen… Er unterschreibt eben alles. Und s o w a s ist nun ›Reichspräsident‹… da braucht man sich ja nicht mehr über i r g e n d w a s zu wundern…«.

Justine hörte Gustav gerne reden; er hatte so eine Art, die sie bei allen Menschen vermisste. Auch bei ihrem Vater, dem Posamentierhändler Woeltjen, der eigentlich immer nur… Angst hatte. Vor allem und jedem. Das war kein Mensch für Justine, die Gustavs Art liebte. Natürlich und herzhaft… so war's richtig.

Und Fritz? Was war das für ein »Pinsel« geworden? Kaum zu sagen. Er hatte immer gleich so einen scharfen Ton, mit dem er alles runtermachte. Besonders wenn Justine vom »wahren Sozialismus« sprach, mit dem sie den von Marx, Engels und Lassalle meinte… Fritz nannte das nur den »jüdischen Marxismus«, aber er hatte ja auch keinen blauen Dunst.

Einmal sagte Justine: »Der Mussolini hat ja schließlich als Herausgeber der sozialistischen Zeitung ›Avanti‹ eine A h n u n g vom wahren Sozialismus… natürlich hat er nachher alles verraten, aber er w a r doch mal ein r i c h - t i g e r Sozialist. Übrigens ist er d e s w e g e n aus der Schweiz ausgewiesen… spaßhaft, was?«

Darauf konnte Fritz auch nichts antworten; er hatte keine blasse Ahnung. Er meinte nur: »Das haste doch nur aus den Judenzeitungen her… d i e lese ich nicht…«

»Gibt ja auch keine mehr im Dritten Reich zu kaufen…,« Justine k o n n - t e beim besten Willen n i c h t s mit Fritz besprechen. D a s nannte sich nun »Ehe«. War aber keine. Nur ein zufälliges Legalisieren einer Poussage; nichts weiter.

Justine aber hatte wohl andere Vorstellungen von »Mann und Frau« als Fritz, der weder dachte noch sich den Kopf darüber zerbrach. Wozu auch? Das ging alles seinen geregelten Gang; bürdete der Frau die Last des Haushalts und des Kinderkriegens auf, während der Mann eigentlich nur d a s tat, was ihm Spaß machte. Am liebsten nichts.

Die »Partei« (die NSDAP) war natürlich eine andere, ganz andere Sache. Vor allem aber die SA, die geradezu »heilig« war, deren Mitglieder Halbgöttern glichen und die »Zukunft in der Hand trugen«.

Damals sagte man wohl »Arbeiter der Stirn und der Faust«, eine sinnlose Verdrehung der alten marxistischen Bezeichnung: »Arbeiter der Hand und des Kopfes«. Konnte man etwas mit der Faust arbeiten? Niemals, nur zuschlagen. Und die »Stirn« war nicht recht zum Denken geeignet. Doch man hatte die alten Ausdrücke umgedreht. Man war es zufrieden. Die Phrase regierte ja, die sinn- und haltlose Phrase, die Deutschland »rassisch« einteilte, ohne sich darum zu kümmern, dass dieses kleine mitteleuropäische Land von einem »Mischvolk« bewohnt war, das slawisch-wendisch, romanisch-französisch befruchtet war und in seiner rein »germanischen« Rasse eigentlich n u r in Nordwest-Deutschland zu Hause war. Den Begriff der »Arier« gab es nur für die Indo-Germanen, in Vorder-Indien und im Iran. Die Beseitigung eines Angehörigen der jüdischen Rasse war g a n z selbstverständlich. Ob es der »Jude Freudenthal« war oder ein anderer, spielte keine Rolle. Für Fritz nicht, auch nicht für seine Freunde, die meist uniformiert waren.

»Willst du nun eigentlich dich bequemen, für die strahlende Zukunft, an der w i r arbeiten, mitzuwirken oder nicht?« fragte Fritz wohl, aber Justine konnte nur lächeln.

Wenn sie an die Zukunft dachte, dann musste sie nicht nazistisch sein, sondern menschlich. D a s , nur das waren ihre Ideale. Sie sagte es auch zu Fritz: »Ihr faselt immer vom ›tausendjährigen Reich‹ und meint damit den blamablen Zwischenfall des ›Hitler-Reiches‹, über das Ihr Euch einst schämen werdet, d a s ist meine Meinung…«

Fritz konnte nur höhnen: »Das meinst d u … aber du bist im Irrtum. Genau wie mein Vater, den n i c h t s davon überzeugen kann, dass er noch die Ideale von gestern trägt. D u bist aber ein junger Mensch wie ich. Hast du denn keine Augen im Kopf?«

116

»Sogar Ohren, mit denen ich höre. S e h e n kann ich genug. D u bist eigentlich ein bemitleidenswertes Geschöpf, verhetzt und verbiestert. Das nennt sich nun mein Mann, aber du irrst dich gewaltig… N o c h ist es Zeit, Fritz, umzukehren, aber nicht mehr lange…«

Fritz lachte nur. D a s waren also die Gespräche zwischen ihm und Justine. Zwischen Mann und Frau. Im Jahre 1934 in Deutschland.

Der Mann von der Straße

Er weiß von nichts. Dabei sieht er viel. So glaubt er wenigstens, doch nimmt er nicht Partei. Er gehört ja auch zu keiner, meist. Soll man den »Kegelklub« eine Partei nennen? Kaum. Aber er hat geschriebene Statuten, die »eherner« sind als die längst übertretenen Gebote jenes »Nichtariers« Moses… über den man überhaupt nicht so gern spricht. Will sich doch nicht die Schnauze verbrennen. Wozu denn…?

Der Kegelklub »Alle Neune«… (welch sinnvoller Name). Zählte zu seinen tätigen Mitgliedern Friedrich Wilhelm Wöltjen, der Posamentierhändler. Achtbar war er, wie sein Gewerbe. Die leiseste Anspielung auf Politik konnte Wöltjen (jenen achtbaren Menschen) in Harnisch bringen. Der sonst so stille Mann brauste direkt auf: »Sind wir hier en Kegelklub, oder was sonst?« Natürlich waren sie ein Kegelklub. Es kümmerte sie nicht, ob Hindenburg, Ebert oder Hitler regierte. Juden waren ja sowieso nich drin, also… warum denn die Politik? Kam doch nichts dabei heraus. Nichts? Wirklich nichts?

Der Kegelklub »Alle Neune« regierte zwar nicht offiziell das Deutsche Reich, aber in einem »gewissen Sinne« doch. Was den »Mann von der Straße« betraf, so war er höchstens Kanonenfutter. Es war der kleine Mann, der unter Wilhelm noch zur »Mannschaft des Beurlaubtenstandes« gehörte. In der Republik nicht mehr; aber er merkte es gar nicht. Jetzt unter Hitler fühlte er sich mächtig geschmeichelt, wenn die »da oben« auch i h n erwähnten, ihn, den »kleinen Mann«.

Dass diese ganze braune Suppe (man konnte auch Scheiße sagen) von dem

»kleinen Mann von der Straße« ausgelöffelt werden musste, war klar. Er kegelte mit Wucht und Schwung. Hörte nicht das gellende Schreien der Gefolterten, hörte nicht das Aufklatschen von Schädeln von »politisch Unbeliebten«. Hörte nichts… kegelte und trank sein sanftes, blasses Herrenhäuser Bier… das tat er. Er ahnte nichts, dieser Kleinbürger, er wusste nicht, dass schon Granaten fabriziert waren, die ihn treffen würden… Der »kleine Mann« ahnte nichts. Wollte es auch nicht. Wozu denn?

Friedrich Wilhelm Wöltjen liebte diese Kegelabende sehr. Sie waren für ihn Erholung… vom Nichtstun. Denn (ehrlich gesagt) w a s hatte er schon in seinem ach so stillen Posamentierladen zu tun? Nichts… rein nichts. Und davon sollte er mit seiner Frieda nun leben. Hatte aber den idiotischen Glauben, dass die »Zeiten« sich bessern würden. Wieso denn…? Warum denn…? Das wusste auch Wöltjen nicht. Was wusste er eigentlich? Im Grunde nichts, weniger als nichts. Gar nichts. So war Wöltjen, so war Krummacher, so war Storch (der Apotheker), so waren eben alle… sie kamen fleißig ins Lokal, das den komischen Namen »Zum wilden Wald« führte, trotzdem weit und breit weder ein wilder noch ein zahmer Wald war.

Nee, Gustav hätte da nicht hineingepasst. Er war doch zu »politisch«. Konnte auch für ein paar Stunden nicht den Schnabel halten. »Igittigitt,« sagte Wöltjen oft, wenn Gustav 'ne neue Sache erzählte, irgend etwas »Politisches« oder wenigstens »Zeitgemäßes«… so etwas musste es sein. Toll. So'n Kerl konnte man im Kegelklub nicht dulden… wär ja gelacht… könnte ja jeder kommen…

Da spielten sie mittwochs Kegeln. War wirklich keine große Sache, nicht? Kegel schiebt man immer, im Winter, im Sommer und im Frühjahr. Man hat es unter Wilhelm getan, unter Ebert, unter Hindenburg, nun unter Hitler. Was war der Unterschied? Kein äußerlicher, gewiss nicht. Aber der berühmte »Mann von der Straße«, der manches sah, über noch mehr schwieg, war doch ein rechter Dussel, wie Gustav Döring den Wöltjen nannte. Vorläufig ging ja alles weiter. Nun ja, die Juden und Kommunisten erwähnte man lieber gar nicht mehr. Und die Sozis, die ehemals so mächtige Partei, die sogar den Noske als Oberpräsidenten der Provinz Hannover gehabt hatte, sogar d i e hielten ihr Maul. So lebte der »kleine

Mann« dahin, der später einmal alles zahlen sollte. Mit seinem Leben. Für den »Führer« oder fürs Vaterland, war ja gleich. Er änderte n i c h t s , weil ihm alles egal war. Oder nicht?

Gustav war anders, Justine auch. Fritz machte seinen SA-Dienst und kam sich mächtig wichtig vor. Aber a l l e s ging seinen Gang weiter. Politische oder Wetterstürze schienen keinen Unterschied zu machen.

Gustav Döring freilich nahm die Schnauze immer sehr voll. Aber wer nahm ihn ernst? Eigentlich niemand… höchstens Justine. Aber die war ja die Frau des Nazis Fritz. Sie war auch die Tochter des »Dussels« Wöltjen. Und wie Wöltjen waren viele, sogar die meisten. Die dusselten so ihren Tag hin; dachten sich nicht viel dabei. War auch das Klügste… wenn man es so nennen will. Kommt ganz darauf an, was man vom Leben erwartet. Und ob man glaubt, tief innerlich glaubt, dass man d o c h eine Mission zu erfüllen habe. Gustav Döring forderte es von sich, eigentlich auch von der Umwelt. Aber der k l e i n e Mann, der »Passant«, der hier und da zu sehen war, der mehr neugierig als verantwortungsvoll zu sein schien, der war in diesen sehr heftigen und gefährlichen Tagen so vorsichtig… wie Wöltjen. Muss man denn über a l l e s und j e d e s seine eigene Meinung haben? Ja und nein. Wie man will, wie man sich fühlte.

Justine und Gustav wussten beide genau, dass sie als Einzelperson vielleicht n i c h t s machen konnten. Beispiel zu sein und Vorbild zu geben war schließlich doch die Aufgabe des Menschen. Da konnte man nicht lügen. Da d u r f t e man nicht feige sein. Hans Freudenthal war es nicht gewesen, niemals. In keiner Minute seines Lebens.

Justine musste viel an ihn denken. Komisch, dass sie sich einfach den t o - t e n Freund nicht vorstellen konnte. Sie sagte es einmal zu Gustav.

Er antwortete gleich, ohne zu überlegen: »Hans ist nicht tot… wie kommst du darauf, Tine?«

»Aber sie haben ihn doch ermordet, die feigen Hunde… sie haben es doch getan…«

Justine war ganz erregt, sie überkam es so oft, gerade in letzter Zeit, dass sie einen beinahe körperlichen Schmerz fühlte, wenn sie an Hans dachte. Und e r war doch nur e i n Beispiel von Tausenden… Justine wusste genau,

119

dass Hans zu ihr sagen würde: »Kommt es denn auf uns an? Nur auf unser Tun; das freilich muss sauber sein. Denk mal an die Millionen, die n a c h uns kommen… für die sind w i r verantwortlich…« So würde Hans wohl sprechen. Sicher sogar.

Aber der Durchschnitts-Mensch, der »kleine Mann«, der Passant des Lebens? War der eigentlich schon bei seiner Geburt zum Tode verurteilt?

Da traben die Menschen durchs Leben und wissen nichts von dem Wirklichen, das geschieht. Die Sonne scheint. Gewiss. Der Mond auch, ebenso die Sterne. Und immer flossen die Flüsse, immer zu jeder Sekunde brandete das Meer. Und in jeder Minute wird ein Mensch geboren, für den w i r verantwortlich sind. Es gibt keine Eltern-Pflichten… nur Menschen-Pflichten. Jeder, der geboren wird, ist u n s e r Kind. Jeder Sterbende stirbt f ü r uns. Justine sagte solche Dinge zu Gustav, der dies gar nicht »verstiegen« fand, wie es wohl die meisten getan hätten. Er nahm es für selbstverständlich, dass seine Tine solche Gedanken hatte. Und sie auch ausdrücken konnte. Das hätte er nie und nimmer fertig bekommen. Nun, schön, dass es Justine gab.

Gut war auch, dass die Gustavs nicht so vereinzelt sind. Sie gibt es immer. Sie sind zu allen Zeiten da. In jedem Lande. Die Hauptsache ist, dass sie den Mut zu sich selbst haben. D e n kann man freilich vom »kleinen Mann« nicht verlangen.

Die tobenden Jahre

Wenn Gustav diese Überschrift lesen würde, wüsste ich ganz genau seine Meinung etwa: «Hab dich nich' so, Mensch…» Das wäre wohl seine Meinung… mehr als das… sein Urteil gewesen. «Können ja nicht alle Leute so wie du sein…,« hätte ich vielleicht gesagt.

Aber er, der dem Leben wirklich gewachsen war, hätte recht gehabt. Natürlich. Diese tobenden Jahre waren ja für die meisten recht ruhige und ordentliche Zeiten. Sie »tobten« keineswegs, im Gegenteil, sie waren in äußerlicher Beziehung sogar still und für die meisten geordnet. Ja, das waren sie. Für die meisten Leute. Die gingen ihren Geschäften nach und kümmerten sich nicht viel um Politik.

Immer wieder ist dieser Wöltjen da, der Posamentierhändler und der begeisterte Kegler. Was da alles sich austobte. Du lieber Gott, die wenigsten kümmerten sich darum. Sollten sie das? Ja, eigentlich hätte ich das doch erwartet. Ich gebe zu, dass diese Forderung vielleicht nicht erfüllt werden kann. Nicht von den (sagen wir) Wöltjens, die es immer und überall gegeben hat und gibt.

Fritz war ein »aufgeputschter Bengel« geworden, einer, der seine Meinung (die immer die der Partei war) nicht für sich behalten konnte. Er musste immer seine Klappe aufreißen, auch wegen der lächerlichsten Dinge. Dass Justine immer schroffer und beinah' unfreundlicher zu Fritz wurde, lag an dem »Nazigeplapper«, das Fritz von sich gab.

»Das kann ja kein Pferd aushalten…,« Justine sagte es eines Tages zu Gustav. Zu wem hätte sie sonst sprechen können? Man muss Gustav Döring schon als Ausnahme begreifen; denn wenn alle Menschen so klarsichtig und energisch wie Gustav gewesen wären, das ganze Hitler-Regime, diese Lug- und Trug-Herrschaft, wäre eines Tages (und es wäre ein schöner Tag gewesen) zusammengebrochen. Wäre gar keine andere Möglichkeit gewesen. Keine. Denn die Begeisterung der »wohlhabenden Leute« war äußerst mau, die »taten so als ob«, aber in Wirklichkeit waren sie eigentlich nicht für diese Talmi-sozialistische Angelegenheit. Sie sehnten sich meist nach einem »starken Mann« und dieser böhmische Gefreite, der sich »Führer« nennen ließ, war wirklich keiner. So war es damals in Deutschland. Feige und verlogen.

Natürlich waren so junge Bengels wie Fritz Döring höllisch »bei der Sache«. Aber der »kleine Mann« war es kaum. Er »machte wohl mit«, aber in erster Linie doch nur, weil er seine Stellung nicht verlieren wollte. Was die »Kaste« betraf, so sahen wohl die meisten der Bürger recht hämisch auf diesen »selfmademan«, diesen sich selbst aufbauschenden »Führer«, dessen Umgebung ziemlich »suspekt« war. Hatte man das nötig?

Die Wöltjens dachten wohl kaum daran, irgend etwas für den sogenannten »Führer« zu tun. Natürlich war er nun Reichskanzler, aber trotzdem nahmen sie ihn nicht ganz ernst. Sie standen eben »stramm«, ja, das taten sie, aber im Grunde hätten sie doch lieber etwas »Hochgeborenes«, am liebsten eine Art von »Wilhelm«, vor dem die ganze Welt richtig Respekt hatte.

Man kann sie auch »Reaktionäre« nennen, aber sie entsprachen mehr dem »bürgerlichen Geschmack« als dieser Revolutionär und »Putscher«, wie sie doch den Hitler empfanden.

Gustav Döring war anders. Gänzlich. Für ihn war die alte vermottete Gesellschaft, die sich Fürsten oder Könige nannten, einfach »Bruch«. Der Nazismus schwindelte sich durch einen Sozialismus durch, der Gustav nie und nimmer gefallen konnte. Die Nazis hatten ja sogar die alten SPD-Lieder geklaut. Sangen irgendeinen blödsinnigen Text zu der alten herzstärkenden Hymne »Brüder… zur Freiheit… zur Sonne…« D a r a u f fiel Gustav nicht herein; auch dass die alte Gewerkschaft jetzt »Deutsche Arbeitsfront« hieß, fand keineswegs Gustavs Beifall.

Justine war etwas »wild« aufgewachsen; hatte keine rechte Ahnung von der wirklichen Idee des Sozialismus. Wie sollte sie auch? Als Tochter des »Dussels« Wöltjen hatte sie nie Gelegenheit gehabt, den echten, unverfälschten Sozialismus eines Karl Marx oder Ferdinand Lassalles kennen zu lernen. Sie holte es jetzt nach. Und Gustav konnte ihr vieles aus der »richtigen« Arbeiterbewegung erzählen. Er wusste Bescheid.

Einmal zitierte er auch den im KZ schmachtenden Ossietzky, der gesagt hatte: »Lassalle hat den deutschen Arbeiter aus der Kneipe zum Versammlungslokal geführt… Hitler aber führte den Arbeiter vom Versammlungslokal in die Kneipe zurück«…

»Fein, was?«

Gustav strahlte Justine an, die nur nicken konnte und sagen: »Wie wahr ist das…«

»Und dafür sitzt er auch im KZ … verstehste?«

Justine begriff mehr, als sie antworten konnte. Sie hatte ja Augen im Kopf. Und Ohren, die hören konnten. Dass das Herz auf der l i n k e n Seite saß und schlug, war doch Naturgesetz.

Dagegen konnte man nichts tun; auch Fritz nicht, der sich einmal darüber lustig machte. Aber Justine war ja auch nicht auf den Mund gefallen. Sie konnte höhnen: »Das Herz sitzt l i n k s … Der Verstand richtet sich eben danach. I c h kann doch nichts dafür. Oder soll ich etwa mein Herz r e c h t s tragen?« Fritz konnte auch mit seinen besten Nazi-Phrasen dagegen nichts machen. Wollte auch nicht.

Wenn zum Beispiel Bernhard da war, so hatte er vielleicht mehr Mut. Die junge Frau bemerkte überhaupt, dass Fritz in Bernis Gegenwart noch weniger sagen konnte als sonst. Er war direkt abhängig von Bernhards Phrasen. Justine hatte, wie gesagt, überhaupt Augen im Kopf. So pflichtete er Bernhard geradezu in a l l e m bei. Es konnte auch der größte Kohl sein. Dass Justine oft einen Grund fand, sich zu ihren Lieblingsbüchern zurück-zuziehen, immer zu den Schriften von Marx, Engels oder Lassalle, war Fritz bekannt.

Doch eines Abends merkte es auch Bernhard, der wetterte gleich los: »Was lesen Sie denn da? Ach, diese alten Judenschmöker. Warum lesen Sie nicht was von u n s e r e n Leuten? Hitler oder Rosenberg oder sonst was Ver-nünftiges?«

»Das s i n d keine alten Schmöker. Es sind die Bücher von Morgen… au-ßerdem interessieren sie mich m e h r ,« war Justines Antwort. Manchmal sagte sie noch: »Haben S i e sie denn gelesen…? Hätte Ihnen aber gut getan; ist'n prächtiges Gegengift gegen den Nazi-Unsinn, Herr Toelle.«

Bevor Berni etwas sagen konnte, meinte Fritz: »Sag doch ›Bernhard‹ zu ihm… ist doch mein bester Freund.«

Justine konnte nur lachen: »D e i n Freund. Aber ist er auch m e i n Freund? Weiß nicht recht. Übrigens gehe ich jetzt auf einen Sprung mal zu d e i -n e m Vater, Fritz… das Kleine schläft ja. Bin bald wieder zurück…« Nein, sie sagte nicht »Heil-Hitler« beim Weggehen. Laut und deutlich: »Guten Abend…« dann war sie fort.

Berni sagte nicht viel, was sollte er denn über Justine sagen? »Machst du dir eigentlich viel aus Weibern, Fritz?« Bevor Fritz antworten konnte, meinte Berni nur: »Es gibt ja welche, die sind klar und stark wie Männer, aber man trifft sie selten… ehrlich gesagt: Männerfreundschaft ist solider und bes-ser.« Es war das erste Mal, dass Bernhard solch' eine Bemerkung machte.

123

Er war sonst immer so zurückhaltend in seiner Beurteilung von Frauen gewesen. Jetzt hatte er es deutlich ausgesprochen.

Fritz war erstaunt. Zumindest das… er hatte sich nie darüber Sorgen gemacht. Doch in letzter Zeit hatte die fehlende Anteilnahme seiner Frau ihn oft nachdenklich gestimmt. So war es zu verstehen, dass Fritz vorsichtiger, als er es wollte, sagen musste: »Justine ist keine alltägliche Frau. Das bestimmt nicht. Aber ich möchte es d o c h nicht verallgemeinern, verstehst du, Berni?« Ob Fritz verstand oder nicht, blieb ja gleichgültig. Die Hauptsache war doch der g e m e i n s a m e Weg.

Ob Fritz mit Berni oder Oelfken sprach, war ja so gleichgültig. Diese jungen Menschen »Persönlichkeiten« zu nennen, war übertrieben. Es waren doch nur Marionetten in dem großen, lärmenden Puppentheater der Zeit. Nichts weiter.

Dass Justine den Wunsch hatte, sich mit Gustav richtig auszusprechen, war ja selbstverständlich, nicht wahr? Es gab für sie einfach keinen anderen Mann, mit dem sie ohne Zimperlichkeiten reden konnte. Und Justine hatte gerade an diesem Abend viel auf dem Herzen.

»Störe ich dich?« fragte sie höflich, als sie die Backstube betrat, in der Döring wieder einmal einen Teig durchknetete. »Red nich so einen Kohl, Tine« sagte Gustav und arbeitete ruhig weiter.

Dann legte Justine los: »Dein Sohn Fritz hat gar kein Interesse mehr für mich. Er verachtet eben alle Weiber. Sagt es wohl nicht, aber ich fühle es ganz genau…«

»Er ist doch dein Mann, kümmert er sich denn gar nicht mehr um dich? Ist doch ein Skandal.«

»Dass ich verheiratet bin, weiß ich gar nicht mehr. Schon seit langem nicht,« sagte sie und setzte noch hinzu: »Vielleicht bin ich verheiratet, aber ich w e i ß es wirklich nicht. Er verachtet eben alle Weiber, und da gehöre ich mit zu…«

Da wurde Gustav grob: »Soll doch dankbar sein, dass er so eine junge, hübsche Frau hat. Biste nämlich. Kann doch nicht n u r diese Nazi-Politik sein, muss schon mehr sein. Meinste nich?«

Justine sagte nur ironisch lächelnd: »Legt eben kein Gewicht darauf, ein ›Weiberheld‹ zu sein… das ist mit vielen Nazis so: sie glauben ›Helden‹ zu sein. Frauen, oder wie sie sagen die Weiber, die stören bloß… Komisches Gefühl ist das, aber i c h werbe doch um keinen Mann… um keinen einzigen…«

Da sagte Gustav leise (er hörte solange mit dem Kneten auf): »Und Hans Freudenthal…? Der war doch ein Mann u n d ein Held… sehr einfach dabei, aber man könnte ihn doch einen ›Helden‹ nennen…«

Justine lächelte: »Es hätte ihm sicher nich gefallen, ein ›Held‹ genannt zu werden. Aber weißt du, Vater Gustav… den Hans hätte ich schon lieben können… wenn ich's damals nur gewusst hätte…«

»Dass er gemordet wird oder dass er ein Mann ist?«

»Ich habe schon gefühlt, dass er ein M a n n ist. Nicht wie d u denkst, es war ja alles so unausgesprochen zwischen uns. Glaub mir, Gustav, das hat nichts mit der politischen Überzeugung zu tun… ich habe ihn sehr lieb gehabt…«

Gustav dachte bei sich: »Kann man denn einen Nazi lieben? Ich meine, ihm so alles schenken. Alle Zärtlichkeit und Wärme… kann man das?« Er wusste keine rechte Antwort, aber dann sagte er: »Nazi zu sein u n d schwul, das ist ein bisschen viel.«

Justine seufzte nur; sie fragte dann: »Was soll ich denn tun, Vater Gustav? Ich kann ihn doch nicht ›bekehren‹… weder politisch noch als Frau, d a s kann ich nicht tun. Sag mir bitte, wie soll es denn weitergehen?«

Gustav wusch seine Hände und Arme sauber, trocknete sie ab, sagte: »Ihr habt doch ein Kind zusammen. Kann d a s nicht ein wenig helfen?«

Justine überlegte einen Augenblick. »Das Kind ist zu klein. Ich muss mich wohl zwingen, eine gute Mutter zu werden. F r a u bin ich ja schon längst nicht mehr. Und betteln… um Liebe betteln… nein, tausendmal nein. «

Gustav legte seine Arme um Justine, er fühlte sie so gerne. Sagen konnte er nur: »Du bist auf d e i n e Art ein Held. Weißt du, was Hans sagen würde? …Versuche es… es m u s s doch eines Tages gelingen… D a s würde Hans Freudenthal wohl sagen… meinst du nicht?«

Justine schüttelte den Kopf: »Hans würde mich mitnehmen. In sein ungesichertes und gefährliches Leben. Er würde mich nicht h i e r verkommen lassen, er nicht.«

Gustav Döring küsste Justine. Er tat es sehr zart. Der schwere stämmige Mann: »Hast wohl recht, Tine... ich wollt, ich könnt dir helfen... Aber wie?«

Justine lächelte: «Bist ja da, Vater Gustav. Das ist schon sehr v i e l für mich. Glaub' mir, ohne dich könnte ich d i e s Leben nicht ertragen. Dank schön für deinen Rat, Gustav. Dank' schön.« Dann ging Justine schnell fort. Gustav dachte nur: ›Habe ich ihr denn geraten?‹ Er wusste es nicht.

Herzliche Erpressung

Natürlich gingen die »Leute« noch zu Moritz Thaler. Es waren dieselben »Kunden« wie einst; natürlich kamen sie nicht über die Vordertreppe. Da konnten sie ja gesehen werden, und das konnten die Senatoren oder Baumwoll-Großhändler nicht tun. Nicht jetzt im Jahre 1934, wo man nicht einfach wie früher zum »Juden Thaler« gehen konnte. Das ging doch nicht. Man konnte ja gesehen werden; wär' doch dumm gewesen, nich? Aber der Makler Thaler war ja ein solider Geschäftsmann.

War er doch... nöch?

Da kamen eben die Herren Garmann, Schwenke, Oldenkott, Kulenkampf, oder wie sie sonst noch hießen, einfach über die Hintertreppe zum Juden Thaler. »W i r sind doch keine Antisemiten... w i r nicht...,« sagten sie, und einige fügten wohl noch hinzu: »Gott ja, der S t a a t ist gegen die Juden. Aber w i r sind doch viel zu gebildet, um d a s ernst zu nehmen...« Moritz kannte seine treuen und braven B r e m e n s e r, er machte sich nichts vor. Konnte wohl sagen: »Na, die Herren machen eben mit... aber deswegen seid ihr noch lange keine Antisemiten... Gut, dass ich 'ne Hintertreppe habe.«

Und dann wickelte man die Geschäfte ab, die Grundstückssachen, von denen Thaler eine Menge verstand... Das taten sie wohl, diese »feinen

Herren« Senatoren und Großhändler, das taten sie wohl noch. Aber für wie lange? Moritz machte sich keine Illusionen. Dazu war er zu gescheit.

Wer hätte das von Herbert Zietemann gedacht? Eigentlich niemand, denn er war ein ewig duckmäuserischer Mensch, viel jünger als seine ›Wanda‹, die nun gut und gern ihre zwölf Jahre bei Moritz Thaler gedient hatte.

Sie kam immer sehr pünktlich um sieben Uhr morgens bei Thaler an. Er war ein Frühaufsteher. Das hatte kaum etwas mit dem Altwerden zu tun. War immer schon seine Gewohnheit gewesen.« Die meisten Leute verschlafen ja die beste Zeit,« pflegte er zu sagen und fügte meist noch hinzu: »Dann faulenzen sie den ganzen lieben Tag. Warum gehen die denn zu Bett? Sollen doch warten, bis sie tot sind…«. Das waren so Thalers Scherze, die aber die wenigsten verstanden. Hatten eben keinen Sinn für den Thaler'schen Humor.

Also wer hätte d a s von dem Dussel Zietemann gedacht? Am wenigsten Moritz, der überhaupt nur ganz dunkel von der Existenz eines »Herrn Zietemann« wusste. Mag ja sein, dass sich die Sache zwischen Wanda und Herbert einfädelte, als Moritz Thaler noch was mit der Wanda hatte. Interessierte ihn gar nicht. Warum denn?

Nun kam plötzlich ein »Herr Zietemann« zu Moritz und sagte: »Meine Frau reibt sich für Sie auf, Herr Thaler. Und bei d e r Bezahlung… ist ja direkt Ausbeutung…«.

Thaler ließ ihn reden, dachte nur: ›Also Geld will der Kerl haben.‹ Es war an einem Sonntagvormittag, an dem die Zietemannsche frei hatte… ›Na, also schieß los›, dachte Moritz.

»Meine arische Frau dient bei Sie, bei dem Nichtarier Thaler, das geht doch nicht. Die Juden sind…«

Da fuhr Moritz los: «… unser Unglück, wollen Sie doch sagen? Was?«

Herbert stellte sich nun formell vor: »Bin Ingenieur Herbert Zietemann und k a n n nicht dulden, dass Sie, der Jude Thaler, meine rein arische Frau ausbeuten«.

»Sieh mal an…,« sagte Moritz, »sieh mal an…, da beute ich nun Ihre alte Milchziege aus… ist mir neu…«.

»Was erlauben Sie sich?« brauste Zietemann auf. »Wie nennen Sie meine

Frau? Milchziege… noch schöner… dann sind Sie eben mal ein alter Ziegenbock gewesen…«

»Soll wohl geistreich sein, Herr… Ingenieur? Was tun S i e eigentlich? Warum lassen S i e sich denn von Ihrer Frau ernähren… Herr Zietemann? Ich bezahle sie sehr gut… Herr… ich bezahle a l l e meine Angestellten gut, alle…«

Jetzt ereignete sich etwas, das n i c h t im Programm vorgesehen war. Wer kam da zur Tür herein? Dorothea Salm war es. Die sanfte, etwas dickliche und durchaus »arische« Freundin des Juden Thaler.

»Du hast Besuch?« sagte sie mit ihrer angenehmen Stimme, »da will ich nicht stören…«.

»Ich versuche den Erpresser Zietemann rauszuwerfen, Dorchen… Du störst gar nicht…«. Moritz fingerte in seiner Brieftasche. Dann zog er ein paar Geldscheine heraus, warf sie auf den Tisch. »Da sind erst mal dreihundert Mark… genügt wohl?«

Zietemann raffte die Geldscheine zusammen und verschwand.

Moritz schloss Dorothea in seine Arme, sagte: »Es fängt an, brenzlig zu riechen… merkste was?«

Sie nickte, meinte dann: »S o sind aber nicht alle… s o nicht.«

Doch Moritz Thaler sagte düster: »Die meisten sind so… fast alle… d u nicht, Dorchen…«.

Dorothea Salm sagte noch: »Ich sah eben die Zietemannsche in der Kirche. Sie betete. Komisch, was? Ob sie wohl ihren Alten solange hergeschickt hat…?«

Moritz musste lachen, es klang aber nicht heiter, sondern recht sarkastisch. Er meinte: »Sie geht in die Kirche, während ihr Mann den Juden Thaler erpresst. Feine Familie!… Komisch ist das. Und dann betet sie fröhlich zum Juden ›Joschua‹ aus Nazareth… ich meine ›Jesus‹… während der Zietemann einfach mal den Juden Thaler erpreßt…«

Dorothea hatte inzwischen das Frühstück zubereitet. Sagte noch: »Hab' dir auch frischen ›Klaben‹ mitgebracht, den isst du doch so gern…«

»Besonders die Korinthen im Klaben pick' ich gern raus. Ist nicht fein… was? Aber was nützt es schon, ›fein‹ zu sein. Ich habe wirklich keinen großen Eindruck von dem Zietemann gehabt… aber er war für mich ein Symptom. Vielleicht eine Warnung…«

Dorchen trank den Kaffee und stopfte dazu den Rosinen-Topfkuchen – in Bremen »Klaben« genannt – in den Mund. Sie sagte: »Vielleicht solltest du doch abreisen, Moritz… vielleicht wär's das klügste…«

»Und d i c h hier allein lassen, was? Und meinen Bruder in Hannover und die Gräber in Hoya… das geht doch nicht.«

Dorchen hätte darauf viel sagen können. Sie tat es aber nicht. Dieses Aushalten, dies Ertragenkönnen auch der schwersten Beleidigung war etwas, das den in Deutschland unwillig Zurückgebliebenen immer schwerer fiel. Natürlich hatte es immer eine Judenfeindschaft gegeben. In frühesten Jahren war es wohl die Kirche, die Verfolgungen und Pogrome nicht nur duldete, sie auch förderte. So war es im Osten gewesen… Jetzt aber war der gesellschaftliche Antisemitismus der Kaiserzeit in etwas weit Schlimmeres umgeschlagen. Der Jude oder wie es »feiner« gesagt wurde, der »Nichtarier«, war nun offiziell zum Menschen zweiter oder dritter Klasse degradiert worden. Ja… so trugen es die meisten deutschen Juden, die immer geglaubt hatten, dass der »Antisemitismus« nun verschwunden sei. Was für Selbstbetrüger waren doch diese Art von bürgerlichen Menschen! Sie w o l l t e n es einfach nicht wahrhaben, dass große Geister wie Albert Einstein in Deutschland nur »außerordentlicher Professor« werden konnten. Weil er Jude war.

Dass der »Jude«, außer in Bayern (beim Train)… in g a n z Deutschland niemals Offizier werden konnte, nahm man einfach nicht zur Kenntnis. Auch die höheren Stellen als Beamter und Richter blieben den Juden verwehrt.

Und am 9. November 1918 erschoß sich der Jude und Kaiserfreund, der Begründer der »Hamburg-Amerika-Linie«, Albert Ballin, weil sein Kaiser und Herr ein… Deserteur geworden war. Aber das war jetzt nach der »Machtübernahme« durch die Nazis offiziell, und das wurde auch vom Bürgertum (größtenteils) akzeptiert. Warum auch nicht? Der Jude war ja ein »gerissener Konkurrent«, der ü b e r a l l glänzte. Und das, gerade d a s , liebte die bürgerliche Welt gar nicht.

129

Natürlich war alles bei den Nazis ein wenig krass, aber da konnte man ja nichts dagegen tun. Oder doch? Moritz konnte nur seine Witze darüber machen. Mehr nicht. Lohnte sich wohl auch kaum.

Der »hanseatische« Antisemitismus war von »ganz besonderer Art«, ein bisschen feiner und… ss-teifer; aber er war da. Moritz ließ sich eigentlich in seinem sehr tätigen Leben nicht stören. Mochten sie über die Vorder- oder Hintertreppe zu ihm kommen. Sie kamen. Das war die Hauptsache? Als ob es jenen erpresserischen Zwischenfall mit jenem Herrn Zietemann gar nicht gegeben hätte… als ob er nicht unter schmieriger Erpressungs- taktik dreihundert Mark aus Moritz herausgelockt hätte. Wanda sprach nicht davon, und Moritz redete mit ihr gewöhnlich fast kein Wort.

Nur Dorchen Salm konnte es nicht unterlassen, einmal zu sagen: »Es gibt eben so f e i n e Leute, die können erpressen und bedrohen… ja, ja,.. s o l c h e Leute gibt's, Frau Zietemann…«

Aber Wanda schüttelte nur den Kopf: »Mit s o l c h e n Leuten möchte ich aber nichts zu tun haben, das möchte ich d o c h nicht. Kenn' auch keinen solchen Fall.«

Dorothea sagte in ihrer freundlichen, aber bissigen Art: »Dreihundert Mark sind ein ganz schönes ›Nebenbei‹, was Frau Zietemann? Hat er Ihnen denn nichts abgegeben?«

Wanda wusste aber von nichts.

Thaler meinte nur: »Sicher hat er ihr nichts erzählt und gar nichts abgege- ben… sieht ihm schon ähnlich. Diesem Ehrenmann mit Rassebewusst- sein…«

Das ist nur ein kleiner Ausschnitt aus dem kleinsten Leben dieser kleinen Stadt Bremen. Sie war so stolz auf ihren »Übersee-Verkehr»; sie war so stolz, dass sie eine »Hansestadt« war. Das war nämlich etwas Besonderes, fast Selbstständiges. Gab ja auch nur d r e i Hansestädte in Deutschland: Ham- burg, Bremen und Lübeck.

Moritz Thaler war zwar früher eine recht angesehene Persönlichkeit gewe- sen, sein scharfer Verstand, sein witziges und immer die Sache treffendes Urteil, hatten ihm zwar kaum Freunde, aber doch einen Kreis von Bewun- derern verschafft. »Was Thaler sagt, ist richtig,« wurde doch allgemein anerkannt. Dass einer der »Herren Senatoren« einmal sagte: »Schade, dass Thaler Jude ist…,« wurde dem Makler brühwarm hinterbracht.

Aber der meinte nur, ohne irgendeine Gemütserregung zu zeigen: »Dass ich kein Fischblut in den Adern habe, weiß ich selbst… dass ich Jude bin, wird mir eigentlich erst seit der Nazizeit unter die Nase gerieben. Na… mir soll's recht sein. Ich kenne die Brüder, ihre heuchlerische Art, ich vergesse schon nichts.«

Nur »der Salm« gegenüber, war er eigentlich echt. Da konnte er der »große Junge« sein, der sich freute, wenn er einen Schabernack treiben konnte. Aber wer wusste das sonst? Niemand.

Moritz hatte in der letzten Zeit einen gewissen Hang dazu, seine Worte vorsichtiger zu formen. Sagte oft: »Die Ochsen verstehen mich d o c h nicht.«

Aber einer tat es, genau gesagt zwei verstanden ihn wie die Salm: Gustav und Justine.

»Die Fahne hoch… die Reihen fest geschlossen«

Wer nicht mitmachte, war dumm oder ein störrischer Esel. Auf jeden Fall… Esel. War doch klar. Glasklar.

Fritz hatte keine Mühe, d a s zu begreifen; ihm war es von der e r s t e n Minute an klar. Das und nichts anderes war die Gegenwart. Und die Zukunft auch.

»Klar, Mensch, sollte etwa die lächerliche Sozialdemokratie Zukunft sein?« Sie war noch nicht einmal mit der Vergangenheit fertig geworden. Es hatte sich Weimarer Republik genannt, und es war täglich schlapper geworden. Gustav Döring war ein ganz gefährlicher Bruder; das hatten selbst die Sozis gemerkt. Auf einer der letzten Versammlungen, die Gustav noch mitgemacht hatte, war der Genosse Cordes, ein alter bewährter Parteimann, auf Gustav zugekommen: »Weißte, Genosse, du redest immer so, als ob wir a l l e s falsch gemacht hätten…haben wir doch nich?«.

Gustav machte sein witzigstes Gesicht, dann wurden seine Augen ganz klein, er sah Cordes an, meinte: »A l l e s nicht, Mensch… nur habt ihr den Schicklgruber zur Macht gelassen. Das wäre Nummer zwo… denn Nummer eins ist der Genosse Paul Löbe, der im Reichstag gesagt hat, dass man den Hitler als »Frontkämpfer« nicht hätte ausweisen können. Ja… das hat der Genosse Löbe als »Reichstagspräsident« von sich gegeben… das is Nummer eins. Na, dann wäre auch noch die verdammt interessante Frage zu erörtern gewesen, ob man nicht mit Polizei und Reichswehr… die fest zur Republik standen… den ganzen Hitlerspuk hätte beseitigen können. Na, und was wäre dann am 30. Januar 1933 gewesen, wenn die p.p. Gewerkschaften en lüttjen Generalstreik in Szene gesetzt hätten…? Weißte, Genosse, so wie anno Kapp… ›alle Räder standen wirklich still‹… Denn unser Arm w o l l t e es so. Und dann war die ganze Sache mit Kapp in Bruch gegangen… das wäre also Nummer drei gewesen… Siehste… Ihr habt n i s c h t verkehrt gemacht, nur eben die drei Nummern haben nicht gezündet… biste nun beruhigt, Genosse Cordes?«

Der zog sich murmelnd zurück. Gustav grinste nur. Hatte die Neese pläng… und dann der feine Herr Genosse Bohner? Nun, der war ja draußen. Komisches Gefühl für einen, der zwar keine große Nummer in der Partei war… aber sich doch nicht so leicht dumm machen ließ.

Und jetzt hatte Döring eigentlich nur noch Justine, seine Tine, die in Vater Gustav d a s sah, was er war: ein ganzer Kerl. Diese Leisetreterei konnte ja auch kein vernünftiger Mensch mitmachen. Das grölte: »Die Fahne hoch…« und schiss dann in die Hosen.

Gustav buk, knetete, machte Brötchen und Kuchen und hatte ein sauberes Gefühl. Mein Gott… diese kurze Zeit im Kittchen, die war ja halb so wild gewesen… Natürlich hatte Agathe immer Angst. Glaubte jeden Tag an eine neue Verhaftung… »Zum Verhaften und zum Heiraten gehören aber zwei…,« sagte Gustav Döring oft. E r konnte sich diese braune Scheiße nicht so langwierig vorstellen. E r nicht.

Auch Justine nicht, die nun immer mehr darauf kam, dass diese »Dienstreisen« von Fritz eigentlich nur schwule Sachen waren. Einmal fuhr er zu diesem Karl Ernst, dem Berliner SA-Führer; dann wieder zu Edmund Heine nach Breslau. Es musste ja furchtbar wichtig sein… musste wohl.

Fritz war immer häufiger mit dem Bernhard Tölle zusammen. Das war vielleicht alles ein bisschen plötzlich gekommen, denn er kannte Berni ja schon 'ne gute Weile. Wie das im Leben so geht: man lernt jemanden kennen und nachher weiß man, dass es das »Schicksal« gewesen war. Dieses für alles Mögliche verantwortlich gemachte »Geschick«, das schon mehr Unheil als Glück gestiftet hatte.

Justine fühlte immer mehr, dass Fritz nun mit einem Male die »schwule Tour« erwischt hatte. Sein ganzes Wesen veränderte sich besonders, wenn Berni kam, da wurde aus dem etwas »bengeligen« Fritz so etwas wie ein treusorgender, beinahe zärtlich besorgter Mann. Sollte wohl besser heißen… eine »Art von Mann«, denn sein etwas grobes und grades Wesen wurde immer verschwommener und jüngferlicher. Anders konnte Justine es nicht bezeichnen. Was sollte sie tun?

Was kann ein weibliches Wesen überhaupt tun, wenn das bisher männliche Gegenstück … so anders wird? Nichts… gar nichts ist da zu machen. Die Tatsache, dass der junge Ehemann Fritz die sparsamen ehelichen Zärtlichkeiten und Pflichten einfach vergaß, dass er geradezu wegsah, wenn Justine irgendeine weiblich betonte und reizvolle Geste machte, war mehr als erstaunlich. Und eines Tages entdeckte sie sogar, dass ihr Mann einen sichtbaren Ekel vor der Berührung eines weiblichen Körperteils hatte. Ein Kuss ereignete sich selten, höchstens einer auf die Stirn. Konnte aber genau so gut ein Kuss von Vater Wöltjen sein. So war das. So und nicht anders. Es gab kein Mittel dagegen oder dafür… man musste nur abwarten, Geduld haben. Eine schwere Last für Justine. Es hatte keinen, nicht den geringsten Zweck, zu Justine etwa zu sagen: «… das haste nun davon, wenn man einen jungen Schnösel heiratet… warum haste denn das getan?« Es hätte wirklich wenig Zweck gehabt, denn Justine war so geartet, dass sie einen Irrtum wohl einsah, aber niemals eine Antwort auf eine solche Beschuldigung gegeben hätte. Nein, d a s hätte sie nie getan. Höchstens wäre ihre Stimme ironisch geworden und sie hätte wohl gesagt: »W e r zum Donnerwetter macht k e i n e Dummheiten … den gibt's ja gar nicht, den superklugen Menschen, der i m m e r nur kluge Sachen macht…« So war Justine. Selbst Gustav Döring hätte nie gewagt, so etwas zu Tine zu sagen. Trotzdem ja Gustav wirklich von sich sagen konnte, dass er Justines Freund war. Außerdem war er ja auch der Vater von Fritz und hätte wohl wissen müssen, dass… was denn? Dass Fritz ein Nazi war? Dass er nun immer mehr ins »schwule Fahrwasser« geriet… und so weiter.«

Das Ganze is 'ne dolle Sache…,« sagte sich Gustav oft, aber mit seiner Frau Agathe hätte er solche Sachen niemals besprechen können. Sie war viel zu weinerlich zu so was. Und Wöltjen, der »Oberdussel«, der hätte wieder von »Vorsicht« gequasselt… und d a s war a u c h nicht das richtige für Gustav. Komisch… wie einsam man doch eigentlich war. Besonders in dieser »tobenden Zeit«, in der die meisten Leute Angst hatten. Vor dem Nachbarn. Vor sich selbst.

Es war eigentlich eine »feige Zeit«. So müsste man sie wohl nennen.

Phantasie in ganz dunkelrot

Eine Puffgeschichte ist das nicht, dazu ist sie zu ernsthaft, zu schwerwiegend und dazu ist dem Verfasser auch eine Geschichte wie die Gustav Dörings und die zarte, kluge Erscheinung der Justine zu schade. Nee…ne Puffgeschichte ist d i e s Buch nicht. Auch keine »Trauerweide« oder irgendeine Jammerei über die schlechte Zeit. D a s ist dieser Roman nicht. Trotzdem die Zeiten braun und grundschlecht waren, in denen das Buch spielt, trotzdem möchte der Verfasser k e i n e Zeit-Jeremiade anstellen.

Das nicht.

Hieße er zum Beispiel Woeltjen, könnte er das ja tun, aber so?… Nee.
Wenn wir uns mal diesen schwulen Bengel, den Briefträgersohn Bernhard Tölle ansehen, dann würde man unter den Gesichtspickeln und viel zu flaumigen Bartstoppeln alles mögliche erblicken. Da ne kleine Narbe und dort ein Kratzer… vor allem würde man etwas n i c h t finden
Einen C h a r a k t e r … D e n nicht; denn den hatte Berni Tölle nicht. Hatte ihn niemals gehabt. Wozu denn? Belastete ja nur… nich? In der Schule war er ehrgeizig… aber dumm gewesen. Vom Judenjungen Jo de Vries hatte er viel abgeschrieben. Gelernt? Nichts.

Als Bernhard Tölle den Fritz traf, da machte es eigentlich keinen großen Eindruck auf den Briefträgersohn. Der hatte ja schon allerhand gehört, so über den »roten Bäcker«… auch darüber, dass Fritz diese Justine Woeltjen heiraten musste… hatte er gehört… »Jawoll«… m u s s t e . (Warum denn?) Nicht weil was Kleines ankam, das kam schon zu rechter Zeit, aber weil der forsche und stramme Fritz nun ein »Weiberheld« wurde, einer, wie die meisten es waren…

Na, und eines Tages wurde die »Sport-Abteilung« gebildet, die sich später (nicht mehr so schamhaft) SA nannte. Da begegnete Berni dem Döring, wie er eifrig bemüht war, das »Idealistische« der Hitlerbewegung in einem fort zu diskutieren.

Nee… Fritze war kein einfacher SA-Mann wie Bernhard Tölle, der im Grunde n u r den Ehrgeiz hatte, nicht getreten zu werden, sondern selbst zu…treten. Aber sich Mühe geben, die »idealistische Seite« der Hitlerei immer in den Vordergrund zu stellen, wie es Fritz tat, das war n i c h t nach Bernis Geschmack.

Er sagte es auch zu Döring: »Mensch, du schuftest dich viel zu sehr ab. Du liest …liest… bist an den Diskussionsabenden 'ne große Nummer… Ich mache meinen Dienst so schlecht und recht… dann saufe ich… geh mit'n paar hübschen Jungens aus… weeßte, ich mach' mir nichts aus die Weiber… Aber das ist auch alles…«

So sprach Berni.

Seine SA-Uniform sah gut und stramm aus. Seine politischen Kenntnisse aber waren durch n i c h t s getrübt. Sie langten gerade… und darauf kam es an. Auf nichts anderes; brüllen, saufen, zoten… das war eben…»deutsche Männlichkeit«.

Fritz war anders. Weicher. Versuchte zwar es durch ganz besondere Forschheit zu übertönen, aber bei Berni gelang es kaum. Der fühlte genau, dass dieser Fritz eine Sache war, die man einfach… nehmen musste. »Jawoll«… nehmen. Abpflücken wie 'ne reife Birne.

Bernhard Tölle war so geartet, dass er diese ganze Schreierei nur mitmachte, um Karriere zu machen.

Mensch, Tölle… warum lernste nich besser? Das wär doch 'ne Sache. So zu glänzen mit Wissen um…Nee, Bernhard wollte das gar nicht. Genießen ja… kommandieren… ja… aber büffeln… tausendmal nee.

Und als Fritz eines Abends meinte:

»Ich muss heute mal früher zu Hause sein. Meine Eltern kommen… auch vielleicht die von Justine…«, da sagte Bernhard nur: »Quatsch… heute Abend bleibste h i e r im Sturmlokal und die Nacht kannste bei mir auf'm Sofa schlafen, denn morgen um sieben müssen wir wieder hier sein… verstehste?«

Und Fritz tat genau, was Berni gesagt hatte. Er telefonierte noch mit irgendeinem in der Nachbarschaft, der einen Apparat hatte (Fritz hatte kein Telefon), und er ließ seiner Frau sagen, dass er noch im Dienst bleiben müsste… d a s sagte Fritz, log einfach… aber es ging ja um »die Sache«.

Als Fritz vom Telefon kam, sagte Berni: »Endlich bist du ein u n a b h ä n g i g e r Mensch… endlich…« Das sagte Bernhard Tölle, der sich freute, dass Fritz nun auf dem Wege war, von i h m abhängig zu werden. Diesen Ehrgeiz hatte er.

Und Fritz wurde nun gleichsam wie Wachs in Bernis Hand. Knetbar, formbar… also richtig.

Fritz sagte plötzlich: »Du… ich muss mir für die Dienstreise morgen noch ein paar Sachen packen.« Er ging. Versprach, bald zu Berni zu kommen. Meinte noch: »Nee… übernachten tu ich bei dir. Bestimmt.«

Über den etwas tristen Abend bei Gustav lässt sich nicht viel berichten. Woeltjen und seine Frau kamen.

Gustav brummte nur: »So… Fritz hat Dienst?…gefällt mir nicht…« Weiter sagte er nichts. Aber dachte sich 'ne Menge.

Doch zu Justine sagte er kein Wort. Nichts.

Zu Woeltjen meinte er nur: »Recht stolz bin ich n i c h t … auf m e i n e n Bengel. Ist ja aber auch dein Schwiegersohn. Na prost.«

Justine sagte: »Auf u n s e r e bessere Zukunft…«

Und er trank, sagte »Auf d e i n e bessere Zukunft, Tine…«

Justine trank ihm zu, dann sagte sie etwas, so als ob ihr Vater Woeltjen und ihre Mutter Frieda gar nicht anwesend wären, sie sagte beim Nippen: »Auf das Andenken von Hans… trinke ich. Er ist die Zukunft, wenn es überhaupt eine gibt…«

So dusselig war ja Woeltjen auch wieder nicht, er hörte den ihm recht fremden Namen, dachte sich etwas (sicher nicht das richtige). Er blinzelte nur etwas zu seiner Tochter hin.

Aber Gustav Döring antwortete mit seiner breiten und immer lauten Stimme: »Also auf Hans… auf sein Gedächtnis… prost.«

Der Abend verlief still und recht gemütlich; plötzlich sagte Agathe (sie erhob sich dabei): »Ich lauf mal rüber und seh nach Amalie… die ist doch ganz allein.«

Ehe Justine etwas sagen konnte, war Agathe fort. Niemand erfuhr so recht, was sie eigentlich in Fritzens Wohnung erlebt hatte. Erst später einmal kam es heraus.

Fritz war zu Hause gewesen, erschrak förmlich, als plötzlich seine Mutter erschien. Sagte nur: »Och, d u bist das. Ich muss mir noch ein paar Sachen holen, weißt du…«

Agathe sagte: »Warum biste denn nicht zu uns gekommen?« »es wäre schön gewesen… Deine Frau ist doch auch da…«

Aber Fritz hörte gar nicht hin. Sagte dann: »Die Kleine schläft… kannst beruhigt sein, Mutter.«

Da musste Agathe wieder weinen, denn es war alles so überraschend für sie. Schluchzte dann noch: »Hast wohl gar keinen Familiensinn mehr, Fritz?« »Nein, Mutter, d e n habe ich nicht. Es gibt ja jetzt größere Sachen… als die Familie. Der Staat… die Idee der Partei… aber d a v o n verstehst du ja nichts. Familiensinn ist Reaktion. Abgestandenes Zeug. Um d a s kümmere ich mich jetzt nicht. Gibt eben größere Dinge. Du wirst es schon noch sehen… Heil Hitler, Mutter…«

Und er ging.

Ratlos, weinend, nichts verstehend blieb Agathe noch eine Weile beim Kind, das im Nebenzimmer fest schlief. Bevor sie ging, sah sie kopfschüttelnd die Unordnung in der Wohnung, dachte: »Justine müsste da auch Ordnung machen«… Dann versuchte sie es. So gut es ging.

Als sie wieder zu Hause ankam, erzählte sie k e i n Wort davon, dass sie Fritz getroffen hatte. Sie ging still in ihr Zimmer. Niemand wunderte sich.

Das äußere Leben

Der Unterschied eines Daseins zwischen Moritz Thaler und Gustav Döring wäre auch für Blinde sichtbar gewesen. Der Erste machte sich gar nichts daraus, ob er lebte oder nicht, während der Zweite doch so etwas wie eine Aufgabe in sich fühlte. Und vor allem war ihm jederzeit bewusst, dass er ein guter Hannoveraner war. Daran zweifelte ja auch niemand.

Selbst die hämischen Leute, die sich weiß Gott wie edel und liberal vorkamen, dass sie zu dem »roten Bäcker und Konditor« gingen, fühlten sich sogar wie Helden, die irgend etwas Dunkles, Abenteuerliches unternahmen.

Diesen spießigen und gar nicht bedeutenden Juristen Dr. Klapproth zu nennen, heißt, ihm viel zu viel Ehre anzutun. Denn nehmt alles nur in allem... er war ein Scheißkerl. Ein typischer Radfahrer; wie man jene Leute nannte, die also »nach oben beten und nach unten treten«.

Klapproth hatte sich zwar nach jenem früheren Zusammenstoß mit Dörings Schwiegertochter geschworen, niemals wieder zum »roten Bäcker« zu gehen, aber er tat's trotzdem. Seine politische Einstellung war eben schwächer als seine... Fressgier. So war Klapproth, der sich nun als »Kunde« bei Döring direkt heldisch vorkam. War er nicht. Der nicht, denn er wusste es ja, dass er es e i g e n t l i c h nicht hätte tun sollen.

Gab es nicht noch mehr Bäckers und Konditors in der Haupt- und Residenzstadt Hannover? Ne schwere Menge.

Aber Dr. Klapproth war nun mal ein so gieriges Bürgertier, dass er trotz aller politischen Bedenken am liebsten das Döring'sche Brot, seine Torten und Kuchen aß. Und so handelte er.

Na ja, Agathe merkte von gar nichts etwas. So waren eben die meisten Frauen. Justine nicht. D i e nicht. Das wusste Gustav ganz genau; er konnte sich manchmal direkt ärgern, dass seine Tine diesen schwulen Nazibengel Fritz geheiratet hatte. Dabei war es doch s e i n Sohn. Also wozu der Ärger? Wenn nämlich die Ehe zwischen Justine und Fritz n i c h t zustande gekommen wäre, dann hätte vielleicht Gustav sie n i e kennen gelernt. So und nicht anders war das äußere Leben, das manchmal so eine prächtige »Sache« wie Justine zum ollen Gustav bringen konnte.

138

Moritz Thalers Leben war ganz anders: Einfacher auf der einen Seite… andererseits wieder recht kompliziert. Die Verbindung zwischen Döring und Thaler war eigentlich n u r durch das äußere Leben entstanden. Infolge der politischen Verwickelungen und Zustände. Darüber konnte sich Gustav nicht den Kopf zerbrechen; dazu war er auch philosophisch oder auch politisch gar nicht genug geschult, um aus diesen verwickelten Dingen irgendetwas Logisches zu machen.

»Wenn« und »wenn« und vielleicht nochmals »wenn«, das hätte wohl ein gebildeter Kopf sagen können, ohne dass es ein sinnloses Gefasel geworden wäre, aber Moritz liebte diese »wenns« nicht. So aber…? Nein, das ging nicht. Gustav war recht froh, wenn Thaler zu ihm kam und Moritz unterhielt sich gern (meistens bei einer Pulle Wein) mit Gustav Döring. Das war doch 'ne andere Sache als da mit den kleinstädtischen Bürgern im »Essighaus« oder im »Ratskeller« zusammenzuhocken und zu »klönen«. Dies »Miteinander-klönen« war der bremische Ausdruck für »reden« oder »schwätzen«, ein plattdeutscher Ausdruck übrigens, wie vieles in der Hansestadt immer noch »plattdütsch« war. Wurde Moritz Thaler von diesen so ehrbar tuenden Hanseaten eigentlich ernst genommen? Man kann es schwer beantworten, denn der Lokal-Patriotismus der Bremer Bürger ging s o w e i t , dass irgend jemand, der eine Frau »von auswärts« heiratete, nicht ganz voll genommen wurde. Und der Jude Thaler stammte ja aus Hoya, das bekanntlich in der Provinz Hannover liegt, also »außerhalb« Bremens. Es machte ihn gleichsam zu keinem »Hiesigen«.

Thaler musste über diesen »Zopf« lachen. Kam d a n n noch hinzu, dass er Jude war. Also doppelt fremd; trotzdem seine Familie schon seit ewigen Zeiten in Hoya ansässig war.

Da gab es die Anekdote um den Vater von Moritz, der einst dem König von Hannover, als der die Truppen inspizierte und fragte: »Wieviel Leute?«… vom alten Thaler die ernsthaft gemeinte, aber witzige Antwort erhielt: »E i n Leut', Majestät.« Der alte Thaler war nämlich der e i n z i g e in seiner Kompanie gewesen. Die anderen waren tot: gestorben oder gefallen.

Moritz Thaler… ein unpolitischer Mensch im Dritten Reich. Als ob das »Jude-sein« gleichbedeutend mit einer politischen Richtung sei?

Und eines Morgens kam auch Wanda Zietemann nicht mehr zum Dienst. Statt dessen ein Schreiben jenes Herbert Zietemann, der schrieb, dass seine arische Frau n i c h t mehr bei einem Juden dienen könnte. Als PS stand dann noch darin, dass Thaler verpflichtet sei, die nächsten drei Monate v o l l zu bezahlen.

Moritz lachte nur, telefonierte Dorchen Salm an, die auch gleich kam. Nein, tragisch nahm Moritz Thaler die Sache nicht. Gab es überhaupt irgend etwas, das er »tragisch« nahm? Eigentlich nichts. Noch nicht einmal sich selbst. Dass er sich Sorgen um seinen Bruder in Hannover machte, kam eigentlich nur daher, dass S. Thaler,… besser wohl »Samuel« (aber er nannte sich eben S.), in seinem Handwerk als Schneider tüchtig war.

Ist das denn ein Fehler, tüchtig zu sein? Eigentlich nich'.. keineswegs, aber in dieser tobenden und von Phrasen vollgestopften Zeit war es besser und sicherer… n i c h t tüchtig zu sein. Aber d a s konnte Moritz seinem Bruder »S Punkt« nicht gut sagen. Hätte es wohl auch kaum begriffen.

Moritz machte sich mehr Sorgen um Samuel als dieser um ihn. Die Konkurrenz war höllisch »auf dem Damm«, schnüffelte, spitzelte… hetzte… bis schließlich der Jude nachgab. Aber Moritz ließ weder sich selbst noch seinen Bruder Samuel einfach fallen. Nee… Thalers »hielten durch«.

Er sagte es auch an diesem Morgen zu Dorothea Salm, die einfach sagte: »Keinen Pfennig mehr an die Zietemannsche. Jetzt bleibe i c h hier. Setz' dich hin… hierhin… so… ich mache uns einen schönen Kaffee.« Sie tat es. Moritz fand auch, dass das Leben nicht so schlimm war. Da konnten auch alle die Zietemannschen nichts ändern.

Das Reich der tausend Jahre

Es muss schon einige gegeben haben, die daran glaubten. War ja auch keine große Zahl im Vergleich zur Ewigkeit…

Dass Fritz daran glaubte, war selbstverständlich. Bernhard freilich machte nur eine seiner unbestimmten Bewegungen und grinste.

So ein Kleinbürger wie Friedrich Wilhelm Woeltjen glaubte schon aus d e m

Grunde daran, weil es in der Zeitung stand. Ob es nun der »Hannoversche Anzeiger« war oder der »Völkische Beobachter«, das war egal. Denn Woeltjen war ein zeitungsgläubiger Leser, der immer sagte: »Ne Lüge wird doch nicht gedruckt. Wird doch nicht?«

Bei Gustav Döring aber hatte er kein Glück. Der glaubte weder an Gedrucktes noch Geflüstertes; laut zu sprechen war ja direkt lebensgefährlich. Gustav glaubte an das, was er sah. Und das war genug. Hinter »die Kulissen zu sehen«, war gar nicht nötig. Gustav wusste Bescheid. Er hatte ein gutes Gedächtnis für alles, was diese Verbrecher… die regierten… sagten und taten. Natürlich behielt er das Meiste für sich.

Mit wem sollte er denn so etwas besprechen? Nur Justine war da, das war auch die einzige, zu der er oft seine boshaften und sarkastischen Bemerkungen machte. Konnte es auch tun, denn Tine hatte sich noch immer nicht den Verstand rauben lassen. Von wem denn? Etwa von Fritz? Das ging nicht gut, denn Justine sah Fritz so selten. Er kam meist von seinen Dienstreisen, war wohl ein paar Tage nett zu seiner Frau (was e r so unter Nettigkeit verstand), und dann verschwand er wieder. Wieder mit Berni.

Justine hatte es längst aufgegeben, zu fragen oder sich zu wundern. Warum denn? Weil sie Fritz kein Wort mehr glaubte.

Nicht, weil er nun »schwul« war oder fast immer mit diesem Bernhard Tölle verkehrte, nicht darum. Weil er sich eben anders entwickelt hatte, wie es Justine früher glaubte. Aus dem strammen hübschen Bengel, der frisch und natürlich sein konnte, war ein ewig kriecherischer, streberischer Mensch geworden, der nur immer die e i n e Angst hatte, dass er »beim Dienst« keine gute Nummer bekam.

Darüber musste sie nur lachen, denn sie nahm das alles gar nicht so ernst. »Lieber Gott…,« sagte sie zu Gustav oft, »da ist nun wieder so eine ›Dienstreise‹ fällig, und Fritz hat nur die e i n e Sorge, dass er seine ›Pflicht‹ erfüllt.«

Gustav Döring aber meinte knurrend: »Bist schon 'ne ganz famose Person, Tine, dass du alles so leicht nimmst.«

»Tu ich gar nicht, Vater Gustav… aber was soll ich denn machen? Ne richtige ›SA-Frau‹ werde ich nie und nimmer. Weißt du, so eine, die ihren Mann auch noch antreibt, sich hervorzutun… nee… so eine werde ich nie.«

Gustav tätschelte sie wohl dann, meinte: »Der Fritz wird noch einmal froh sein, dass seine Frau ihre fünf Sinne beieinander behalten hat. Wie gesagt, bist 'ne feine Deern…«

Das war freilich etwas Trost, aber mager genug. Schließlich war Justine ja ne Frau. Eine richtige. Manchmal dachte sie an Hans, den so heimtückisch ermordeten feinen Kerl. Sie dachte an ihn, hörte wohl ab und zu seine Stimme. Das war auch nur ein magerer Trost. Ja, wenn er noch leben würde und schreiben könnte, aber so? Mit Fritz konnte sie d a r ü b e r kaum sprechen.

Er sagte nur einmal: »Alle Verräter werden so enden. Verdienen es auch nicht anders. Wer sich dem Willen des Führers nicht bequemen kann, m u s s verschwinden.«

Justine sagte dann wohl: »Er war ja auch ein Jude…«

Fritz konnte nur lachen; es war kein gutes, sondern ein sehr spöttisches Lachen: »Geht's den Juden etwa schlecht bei uns? Natürlich müssen sie sich fügen… aber sonst? Sind ja nur ›0,1 Prozent‹ der deutschen Bevölkerung. Und sind entweder Halsabschneider oder Ärzte und Juristen. Viel zu viel…«

Justine fragte noch (ihre Stimme sollte harmlos klingen): »Unsere tüchtigsten Ärzte und Anwälte sind eben Juden… das sollte man doch anerkennen. Es gibt weder jüdische Dienstmänner, Schutzleute oder Offiziere… soviel ich weiß.«

Unerfreuliche Gespräche waren das. Aber man konnte ja nicht i m m e r über das Kind, über die kleine Amalie reden. Konnte man doch nicht? Also rutschte das Gespräch immer aufs Politische. Und da gab es eben z w e i Meinungen. Justine hatte eine sehr bestimmte und Fritz tat so »als ob«. In Wirklichkeit betete er nur d a s nach, was die Nazis sagten oder Berni. Was dasselbe war.

Justine konnte nur staunen, wenn sie in den Kinotheatern das Bild dieses dunkelhaarigen, unfrisierten Mannes sah, dem besonders die Frauen zujubelten. Dieser ausdruckslose Kopf, diese Stirn, die auf der linken Seite von einer »Schmachtlocke« bedeckt wurde, hatte etwas durchaus »Fremdländisches«, etwas Schlechtrassiges, dass Justine sich die erotisierende Wirkung dieser »Visage« nicht erklären konnte. Sie staunte nur. Das konnte man, wenn es stumm geschah. Aber im stillen dachte sie so allerhand: dass zum Beispiel jeder Mausefallenhändler so aussah. So fremdartig, so stupid fanatisch und eitel. Justine staunte nur.

Als im Januar 1934 dieser »Herrscher« der Deutschen einmal nach Hannover kam und Fritz die Justine energisch aufforderte, den »Einzug« von einem reservierten Platze aus anzusehen, da sagte sie einfach: »N e i n ! …«

Natürlich war Fritz diesen ganzen Tag auf den Beinen. Er hatte sogar die Hoffnung, dem »Führer« vorgestellt zu werden. Aber sie blieb trügerisch. Bernhard sagte zwar: »Mensch, Fritz… h e u t e ist unser großer Tag,« aber er blieb so klein, wie die andern es gewesen waren. Doch Fritz Döring hatte stundenlang gewartet und da… der »Führer« reiste plötzlich ab, ohne seine »Getreuen« auch nur zu beachten. Das hinderte aber Fritz keineswegs daran, weiterhin in seinem Abgott Hitler wirklich d e n zu sehen, den er wollte. Seine Frau hielt er (wie fast alle Frauen) für zu stumpfsinnig. Was seinen Vater betraf, so glaubte er immer noch an Bekehrung.

Daran war gar nicht zu denken. Im Gegenteil, Gustav wurde immer verbissener und fanatischer in seinem Hass gegen Hitler, den er für das größte Unglück Deutschlands hielt. Oft sagte er (und er war darin gar nicht vorsichtig): »So kommt es eben, wenn die Menge nicht hören will. Genauso m u s s es ja kommen… die Arbeiter sind von der SPD und den Gewerkschaften verraten worden… so musste es ja kommen…«

Man stelle sich nicht vor, dass Gustav ein besonders geschulter und politisch kluger Kopf gewesen wäre. Das war er keineswegs. Aber die »aufgeweichte« Bürgerschaft machte eben mit, wenn jemand Erfolg hatte. Und der war auch nicht zu leugnen.

Wenn so geriebene Füchse, wie Hjalmar Schacht einer war, »mitmachten«, wenn der schwächliche Führer des »Stahlhelms« geradezu hochgeehrt war, wenn dieser Seldte den Posten eines »Arbeitsministers« im Kabinett erhielt, dann war wirklich wenig zu hoffen. Der g a n z e »Stahlhelm« ließ sich »gleichschalten«; der Jude oder Halbjude Düsterberg ging einfach fort, und die braunen Herrschaften blieben eben unter sich. Die Nazifizierung des Reiches vollzog sich langsam, aber Schritt für Schritt.

Der »Verband der ausländischen Presse« entfernte auch den sehr unbeliebten Edgar Ansel Mowrer, der das Buch geschrieben hatte: »Germany puts
his clock back« (Deutschland stellt seine Uhr zurück) und wählte dafür den
gefügigeren Louis Lochner, der zuerst nichts tat, was das Propagandaministerium ärgern könnte. So ging es äußerlich im »Dritten Reich« zu.
Nach außen hin erschien es direkt manierlich, aber dass in den Zuchthäusern die politischen Gegner misshandelt wurden, dass langsam aber sicher
Konzentrationslager errichtet wurden, in die man einfach »Unbequeme«
ohne jedes Gericht einsperrte, misshandelte, tötete, davon nahm die »Welt«
zuerst keine Notiz.

Und »die drinnen«, die wussten nichts. Wollten wohl auch nichts wissen,
denn es gab ja doch keine Hilfe. So ein Bäcker Döring war gar nicht so selten
im braunen Reich. Aber was sollten d i e schon machen. Sie riskierten eben
nur ihre Freiheit, manchmal ihr Leben. Die »bürgerliche Welt« fand diese
Art Menschen einfach… unvorsichtig. »Was kommt denn da bei raus…?«
sagte nicht nur der Posamentierhändler Woeltjen, auch die »Klapproths«
taten es und ließen eben alles beim alten.

Justine war eine Ausnahme. Aber sie stand allein und konnte eigentlich gar
nichts, nicht das Geringste machen.

Moritz Thaler in Bremen? Der hatte Sorgen genug. Da war auch S. Thaler,
Herrenschneider in Hannover, dessen Geschäft immer schlechter ging.

Oft sagte sein Bruder Moritz zu ihm: »Gib doch die ganze Sache auf. Du
wirst sie ja doch eines Tages los.«

Aber Samuel Thaler weigerte sich, sagte: »Dann sollen sie mich erst mal
rausschmeißen. Von allein gehe ich nicht… fällt mir gar nicht ein… warum denn?«

Thaler konnte nur die Achseln zucken, weiter konnte er wirklich nichts
tun. Dann ging er auf »einen Sprung« zu Gustav Döring.

Vierter Teil

Kleine Fahrt in die Freiheit

Dass Moritz Thaler eines Tages von Bremen abreiste, verwunderte niemand. War ja längst fällig, nöch? Warum der jüdische Grundstückshändler es nicht schon längst getan hatte, wusste niemand. Da gab es so taktlose Menschen, die Moritz fragten: »Kommen doch nich wieder… was?«

Thaler konnte sich nur die Hände reiben und sagen: »Im Gegenteil… Verehrtester… bleibe nur eine Woche weg…« Zu Dorchen, der treuen und sorgenden Freundin meinte er: »Würde den meisten doch verdammten Spaß machen, wenn ich nicht wieder kommen würde, was?«

»Mir nicht,« sagte Dorothea Salm, fügte noch hinzu »obwohl es das richtigste wäre…«

Thaler lachte nur; nahm sein geliebtes Dorchen in den Arm, sagte: »Man kann nicht immer das vernünftigste tun… kann man gar nicht…«

Und dann reiste Moritz Thaler nach Kopenhagen, wo irgendein Hansen oder ein Johannsen war, der was »befingern« lassen wollte.

In Bremen war schönstes Wetter, was Moritz veranlasste, seine Zahnbürste in die Westentasche zu stecken und abzureisen…

»Wenn's nun in Dänemark regnet?« sagte Dorchen Salm noch, worauf Thaler nur antwortete: »Bin doch kein Wetterprophet… was weiß ich…«

Und Dorothea blieb zurück; ebenso der Mantel, Hut und Schirm.

Natürlich goss es in Kopenhagen, was Thaler veranlasste, nach Hause (also zu Dorchen) zu schreiben: »Auch aufs W e t t e r ist kein Verlass mehr… hier regnet es…«

In Kopenhagen ging Moritz erst mal zum »Fiske« und aß da tüchtig Fische. Abends war er bei »Davidson«, wo es ganz köstlich belegte Butterbrote gab … einfach delikat.

145

Ein schönes Gefühl war das, dem braunen »Affenkäfig« (wie er das Dritte Reich nannte) entkommen zu sein. Wenn man auch wieder zurück musste.

Dass Thaler erst mal alle d i e Zeitungen kaufte, die nicht aus Deutschland stammten, war selbstverständlich. Darunter befanden sich nicht nur englische und französische Blätter, nein, auch die »Weltbühne« und das »Pariser Tageblatt‹, das von Emigranten herausgegeben wurde. Er kaufte sie am Kiosk im Bahnhof und fühlte sich ganz sicher.

Wenn ihm jemand einen Herrn gezeigt hätte, der die Käufer der Zeitungen am »Bahnhofs-Kiosk« mit seiner kleinen »Leika« photographierte, dann hätte Moritz gelacht und vielleicht gesagt: »Ich bin h i e r in einem freien Lande. Kann machen, was ich will.«

So hätte Moritz Thaler gesprochen und wäre der Weisung nicht gefolgt, die deutschen Emigrantenblätter in der sozialdemokratischen Buchhandlung gegenüber vom Bahnhof zu kaufen.

Dieses Schlendern durch Kopenhagen behagte Moritz sehr. Er konnte endlich seiner Neigung folgen, die Dinge so vorurteilslos und genießend zu betrachten. Wenn er an Bremen dachte, an dieses Deutschland von heute, in dem immer etwas geschah oder sich ereignete, dann wurde ihm bei dem Bewusstsein, in dem freien und sorglosen Dänemark zu sein, warm ums Herz. Jetzt bog er gerade zum Rathausplatz ein, um vielleicht im benachbarten Park des »Tivoli« eine Kleinigkeit zu essen… da geschah es…

Er fühlte sich wie ein Verfolgungswahnsinniger… aber da spazierte schlendernd und sehr harmlos tuend der… Kriegsminister des Dritten Reiches »von Blomberg« die Straße entlang. Er trug Zivilanzug und einen weichen Hut. Ein harmloser Spaziergänger gewiss.

Jeder Däne hätte ihn, den erregten und geradezu atemlosen Moritz Thaler wie einen Verrückten betrachtet, wenn er gesagt hätte: »Da… da… sehen Sie nur… da geht Hitlers Kriegsminister spazieren… hier in Dänemark, in Kopenhagen… ein ›harmloser Spaziergänger‹… jawohl… es g i b t überhaupt keine h a r m l o s e n Nazis… gibt's nicht. Passen Sie doch auf…« So hätte Moritz Thaler am liebsten gerufen, geschrien… aber er tat nichts. Gar nichts.

Da ging Herr »von Blomberg« spazieren. Thalers gute Laune war dahin.

Moritz Thaler fuhr noch nach Hellebaek, das am Sund lag und ein bequemes Hotel besaß. Moritz fand etwas Merkwürdiges heraus, etwas, an das er nicht mehr geglaubt hatte. Er konnte genießen, jawohl, das konnte er noch. So im Sande liegen, nichts zu tun, gar nichts als das silbern glänzende Meer zu betrachten. Das konnte er noch. Freute sich darüber, wie die Möwen gierig schrien, wie die Dampfer, die kleinen und größeren den Sund hinauf- und hinabfuhren… Moritz entdeckte wieder die Friedlichkeit der Welt.

Da kam auch eines Morgens dieser dänische Herr Hansen (oder Johannsen), mit dem er in Kopenhagen allerhand besprochen hatte, setzte sich zu ihm, sagte: »Ich wollte Sie eigentlich nach Helsingör abholen, damit Sie auch mal die »Feste Kronborg« kennen lernen. Wissen Sie, das ist die Stelle, wo Hamlets Geist spukt… interessiert Sie das nicht?«

»Ehrlich gesagt… nein,« sagte Thaler, gähnte einmal nach Herzenslust, fügte hinzu: »Gespenster habe ich genug in Bremen… da laufen sie herum, geben vor, am Leben zu sein. Wissen Sie, w a s ich möchte, ja? Die paar Tage hier genießen und nichts, gar nichts von Gespenstern sehen. Weder lebende noch tote. Auch Zeitungen sind mir wurscht. Zuerst stürzte ich mich darauf, aber jetzt? Meine Ruh' möchte ich haben, das Meer betrachten … zu Mittag hübsch essen, einige Gläser Aquavit trinken… Ihr Essen hier… das »Smörgasbrod« ist ja v i e l zu fett. Schmeckt aber. Nach Helsingör zu fahren, selbst in Ihrem bequemen Auto, möchte ich nicht…«

Der dänische Herr sah bald ein, dass mit Moritz Thaler eigentlich nichts Vernünftiges anzufangen war. Wenn er so an andere Deutsche dachte, die ebenso wild nach Historie wie nach dem Essen waren, dann musste er staunen.

Thaler sagte noch: »Wissense… in Deutschland erleben wir gerade Historie, nicht zu knapp. Die Gespenster tragen da braune Uniformen… kein schöner Anblick ist das, können Sie mir glauben…«

Der Däne verabschiedete sich bald. Beim Abschiednehmen ermahnte er noch Thaler an sein Versprechen, bei der Rückreise noch einmal in Kopenhagen vorbeizukommen. Er sagte: »Wir können da noch manches besprechen…«

Aber Moritz schien nicht recht zuzuhören. Er grunzte etwas Undeutliches, dann ging der nette Herr. Ob er nun Hansen oder Johannsen hieß, war Thaler pottegal.

Moritz aß mit Behagen alle die fetten Sachen, diese Butterbrote mit Mayonnaise oder Fisch, dachte oft daran, dass sein Arzt ihn schon seit langem auf Diät gesetzt hatte. »Sie haben einen empfindlichen Magen. Kann ein Ulcus werden, ein Magengeschwür… nicht angenehm das«… Daran musste Moritz Thaler oft denken. Ihm bekam das Essen prächtig. Keine Spur von Magenbeschwerden.

Aber als er über Gedser und Warnemünde wieder zurückfuhr, als er diese dämlichen Gesichter von deutschen Beamten sah, da verspürte er plötzlich einen heftigen Schmerz in der Magengegend. Thaler wusste mit einem Male Bescheid, dachte: »Meine Magenbeschwerden heißen Hitler und n i c h t Ulcus«… Wenn er in besserer Laune gewesen wäre, hätte er sogar darüber gelacht. Aber dazu war ihm nicht zumute. Keineswegs.

Heimkehr des Gefangenen

Das war ein komisches, um nicht zu sagen »mulmiges« Gefühl für Moritz, als der Hamburger D-Zug in der Halle des Bremer Bahnhofs einlief. Da war ja auch Dorothea, lächelnd, dicklich und freudig erregt.

»Na, Dorchen… Was Neues?« fragte Thaler als er die ersten Schritte vom Bahnsteig hinunter zur Halle gemacht hatte.

Sie antwortete nicht, meinte nur: »Darf ich nicht wenigstens das Paket tragen?«

»Kannst es gern behalten… alles für dich drin… na, freust du dich?«

Sie blickte ihn dankbar an, nahm das Paket, sagte: »Wär doch nich nötig gewesen, … nöch?«

Thaler meinte nur, dass er es nicht mehr umtauschen könne: »Das geht ja nicht. War schön da draußen. Na also… was Neues?«

Als sie in der Taxe saßen, sagte Dorothea Salm: »Im Geschäft, weiß ich nicht. Komm' ja nicht hin. Aber zu Hause liegt so'n Brief vom Polizeirevier… versteh' ich nicht.«

Thaler sagte in seiner spöttischen Art: »D i e haben eben Sehnsucht nach mich« (er sprach absichtlich falsches Deutsch), »die können ohne mir nicht leben…« Ernster sagte er: »Wollen mir wohl meinen Pass abnehmen. Geht doch auch nicht, dass der Jude Thaler so in der Welt herumkutschiert…« Dorchen wollte noch sagen, dass er doch geschäftlich verreist wär. Aber sie kam gar nicht mehr dazu. Sie waren schon zu Hause.

Das Polizeirevier teilte ihm nur mit, dass er sich gleich nach seiner Rückkehr aus dem Auslande zu melden hätte.

Als Dorothea ihn einige Tage später danach fragte, antwortete er: »Gehe nur zu deinem Ferscht, wenn du erst gerufen werscht.«

Und eines Morgens um neun Uhr war Moritz Thaler beim Revier, wo ein Polizist sagte: »Geben Sie mal den Reisepass her, zur Kontrolle.«

Moritz antwortete nur: »D e n habe ich zu Hause. Ich schleppe ihn doch nicht immer mit mir herum…«

Ein anderer Beamte sagte dann: »Gehen Sie mal zur ›Geheimen Staatspolizei‹ in die Mathildenstraße.«

Thaler hatte es damit gar nicht eilig. Eines Nachmittags ging er hin. In die Mathildenstraße. Irgend so ein mäßig rasierter und grauhäutiger Mann fragte: »Sie waren in Dänemark?«

»Natürlich war ich da. Habe einen Geschäftsfreund in Kopenhagen besucht.«

Der Beamte sah den Pass an, steckte ihn dann in eine Schieblade.

»Nanu… was wollen Sie denn mit dem?« fragte Thaler.

Eine Antwort erhielt er nicht, stattdessen schob der Beamte einige kleine Photobildchen auf den Tisch.

Thaler besah sich die Photos, auf denen ein Herr zu sehen war, der irgend etwas in der Hand hielt.

»Kennen Sie d e n ?«

Thaler überlegte eine Sekunde lang, dann meinte er: »Kann ja jeder sein… warum soll ich d e n gerade kennen?«

Der Beamte sagte mit fester, betonter Stimme: »Das sind S i e … kein anderer. Sie kaufen sich gerade Hetzblätter in Kopenhagen… Sie können sogar den Namen lesen. ›Pariser Tageblatt‹ und die ›Weltbühne‹. Geben Sie also zu…?«

149

Moritz Thaler aber gab n i c h t s zu. Sagte nur: »Ich war ordnungsgemäß in Dänemark. Können ja den Stempel im Pass lesen…das können Sie ja.«
Als er gehen wollte, hörte er noch die Stimme sagen: »Wir haben Sie beobachten lassen… die Photos beweisen Ihre Schuld. Wir werden schon Acht geben, verlassen Sie sich darauf. Der Pass bleibt vorläufig hier… verstanden?«
Moritz Thaler hatte seine Ruhe wieder gewonnen, sagte s e h r ruhig: »Mein Pass gilt noch zwei Jahre… ich will ihn wiederhaben.«
Er hörte nicht das spöttisch-hämische Lachen der Gestapo-Beamten. Der eine sagte nur: »Der wird während der nächsten zwei Jahre nichts zu lachen haben…da bin ich sicher.«
Moritz Thaler ging nun wieder in sein Büro. Um die Mittagszeit war er wieder zu Hause.
Dorothea schien ganz aufgeregt zu sein, fragte: »Warst du bei der Gestapo?«
»Jawoll… wunderst dich, was? Haben mir ein paar niedliche Bildchen aus Kopenhagen gezeigt. Wie ich da am Bahnhof ein paar anständige Blätter kaufe. Denk mal, die Schweine photographieren sogar im Ausland… machen so… knips – knips und denken, dass man gleich in die Hosen macht. Können aber lange warten…«
Er bedauerte direkt, dass er die Sache nicht Gustav und Justine erzählen konnte. Aber in einigen Tagen würde er ja wieder in Hannover sein. Dann hatte er was zu erzählen. Moritz Thaler freute sich direkt darauf.
Einige Tage später war es ja auch wieder so weit, dass er nach Hannover fuhr, um seinen Bruder zu besuchen. Er war so gelaunt, dass er plötzlich in Hoya ausstieg, um das Grab der Eltern zu besuchen.
Der alte Friedhofsgärtner, übrigens ein Nichtjude namens Ellermann, sagte: »Gut, dass Sie mal wieder kommen, Herr Thaler… es ist nämlich so, dass ich doch gerne hier bleiben möchte und die Nachbarn, auch meine Frau, liegen mir immer in den Ohren und sagen: ›Dass du für die Juden arbeitest, is’ doch ’ne Schande‹ und so reden sie daher. Ich sage nur: ›Es sind ruhige, nette Juden bei mir, kann ohne die kaum leben. Lasst sie mir doch…‹« So redete Ellermann, der alte Friedhofsgärtner.
Moritz Thaler dachte: Soll ich nun trösten? Komisch… was?

Als Thaler wieder einmal vor den Gräbern seiner Eltern stand, als er dann das Rechteck sah, das einmal s e i n Grab werden sollte, da beneidete er die toten Eltern ordentlich dachte: Die brauchen sich nicht mehr herumzuärgern... d i e nicht. Plötzlich fiel ihm ein, dass sein Bruder Samuel eigentlich auch noch einen Platz haben müsste. Na ja, der wollte auf dem Hannoverschen Jüdischen Friedhof »An der Strangriede« beerdigt werden. Das hatte er mal so gesagt. Und seine Frau, die dürre Lina, auch. Da konnte man nichts machen. Freilich musste man vorher sterben. Das war gerade heute so einfach, besonders für Juden... dabei brauchte man sich gar nicht anzustrengen...

Als er den Friedhof verließ, schrieb er noch vorher ein Zeugnis für den alten Ellermann aus. »Bescheinige hiermit, dass Herr.... und so weiter.« Na, Ellermann war glücklich, besonders, dass ihm Moritz noch zehn Mark extra gab. »Da, du alter Gauner...« sagte Thaler zu Ellermann, als er ging.

Der Personenzug brachte ihn nach Hannover, wo er um sechs Uhr und einundzwanzig Minuten eintraf. Natürlich gab er erstmals sein Gepäck im Hotel »Ernst August« ab, sah sich das Zimmer gar nicht an. Dann aß er schnell bei Knickmeyer ein Abendessen und war um sieben Uhr dreißig bei Gustav Döring. Natürlich mit ner Pulle Rotwein. Ohne die ging es nicht. Justine war nicht da, aber Agathe erbot sich, nach dem Abendessen schnell hinzugehen und Justine Bescheid zu sagen.

»Zu Samuel gehe ich erst morgen früh,« meinte Moritz.

Gustav brummelte nur: »Hast recht, Genosse Thaler... die Familie soll man, wenn überhaupt, dann ganz spät aufsuchen. Sehe übrigens von deinem Bruder recht wenig... wie geht's ihm denn, Genosse?«

»Das ist schwer zu beantworten... Weißt du, der hat doch seit dem Kriege so'n komisches Leiden... weißt du. Da hat er doch einen Selbstmordversuch gemacht... ist natürlich alles verheilt. Na, und da hat er so'n Tick behalten... ist manchmal komisch im Kopf... Ich rede nicht gerne davon, aber ich denke öfters an ihn... verstehste?«

Gustav knetete gerade wieder einen Teig fertig. Da sprach er kein Wort. Aber hinterher im Wohnzimmer fragte er plötzlich: »Warum hat dein Bruder denn das getan...?«

»Warum…« Moritz versuchte seine Stimme zu mäßigen: »Warum? Wegen des Antisemitismus… wegen der Judenschnüffelei… weil man ihm j e d e n Urlaub verweigert hatte… darum tat er es. Ist immer noch ein bisschen komisch… verstehste? Das Tollste aber ist, dass man ihm, den man schikaniert hatte, ein ›Eisernes Kreuz zweiter Klasse‹ auf die Bettdecke legte… toll, was?«

Gustav sagte: »Diese Schweine, diese Hunde… heute sind sie wieder obenauf. Jetzt heißen sie Nazis… will dir mal sagen, Genosse Thaler, die ganze Schweinerei mit dem Antisemitismus begann ja schon damals… im Kriege. Dieser Anstreicher und seine Mitverbrecher haben den Antisemitismus n i c h t erfunden… war ja längst drin im deutschen Bürgertum… na, ich sage dir, wenn dieser Hitlerschwindel mal vorbei ist, dann werden sie vom Antisemitismus genug haben… denke ich doch… hoffe es. Die Judenfeindschaft sitzt den Herrschaften im Blut, man kann diese Judenfeindschaft n u r mit Gewalt austreiben, das ist m e i n e Meinung,« sagte Gustav.

In diesem Augenblick kam Justine.

Thaler sprang auf, sagte: »Jetzt wird der Abend erst richtig…«

Alle drei tranken. Jeder dachte wohl an den Menschen, den er am liebsten hatte. Justine dachte an Hans, der ihr so nah war wie nie zuvor. Thaler dachte wohl an Dorothea.

An wen dachte wohl Gustav? Er dachte an die vielen in den Gefängnissen, Zuchthäusern und Konzentrationslagern… er dachte an Alle. Vor allem an seine Heimat.

Der Januskopf

Eigentlich hätte man im Dritten Reich diesem alten römischen Gott Standbilder errichten müssen. Man tat es aber nicht. Dieses zwiegesichtige Antlitz, das auf der einen Seite freundlich in die Zukunft schaute, während die andere Gesichtshälfte ziemlich grimmig die Vergangenheit erblickte… dieses Standbild gab es nicht.

Hätte auch kaum der Anschauung dieses sogenannten »Dritten Reiches«

entsprochen. Es sah mit getrübtem Blick in eine Zukunft, die wohl niemals kommen würde, und fast blind in die deutsche Vergangenheit, die gänzlich anders war, als der Räuberstaat eines Hitler und Konsorten weiszumachen glaubte.

Es war das Reich der Unruhe und Unordnung, dieses Regime, das vorgab, das der »Ruhe und Ordnung« zu sein. Dieser Hitler krächzte bei jeder Rede etwas von den »vierzehn Jahren der Schmach«, mit denen er die allzu gefügige Weimarer Republik meinte.

Unordnung und Unruhe herrschte nicht nur bei den Gegnern des »Dritten Reiches«, auch gerade bei den Anhängern, die sich n i e m a l s sicher fühlten. Sie hatten ja fast alle ein schlechtes Gewissen, weil sie entweder zu viel oder zu wenig mordeten.

Solche Leute wie Friedrich Wilhelm Wöltjen waren n i c h t die Förderer, aber die …Dulder dieses Räuberstaates, Er konnte ja nur lügen. Da war jener Hauptmann Röhm, der eigentlich die SA geschaffen hatte, er war ein »Duzbruder« Hitlers, aber… doch davon später. So erging es eigentlich allen. Auch so ein unbedeutendes »Würstchen«, wie es der Sturmführer Fritz Döring war, auch der SA-Mann Bernhard Tölle… sie alle waren irgendwie gefährdet. Man konnte sie stündlich, täglich, verhaften und erschießen lassen. Sie w u s s t e n nämlich zu viel.

So und nicht anders muss man das Reich der »Unruhe und Unordnung« betrachten. Dabei ging alles äußerlich seinen Gang. Die Züge fuhren, die Fabrikschornsteine rauchten, die Menschen liefen mit oder ohne Aktentaschen zur Arbeit und glaubten, in einem geordneten, friedlichen Lande zu leben. War nicht jeder so »helle« wie der Bäcker Döring. Die meisten waren taub und stumm (nicht medizinisch), die meisten Leute lebten so dahin, als ob… Es bekümmerte auch keinen, dass die Nazigegner gefoltert, geköpft, erschossen und malträtiert wurden. Ging ja keinen etwas an, nich' wahr?

So, genau so wollten es die Machthaber haben. Und so war es ja auch. Äußerlich. N u r äußerlich.

Justine Döring zum Beispiel hatte einen zu wachen Kopf. Die ließ sich nichts vormachen, d i e nicht. Da konnte Fritz seine Phrasen dreschen, da konnte dies oder das in der Zeitung stehen, Justine gab keinen Sechser dafür, also n i c h t s . Nur Vater Gustav verstand sie; er war aber nicht einer von den Nachbetern und Jasagern, wie es Vater Wöltjen tat. Gustav nicht. Keineswegs. War ein Beispiel für den, der sehen wollte.

Und Justine wollte sehen. Sie liebte keine Scheuklappen oder gefärbte Brillengläser. Sie war richtig, goldrichtig. Was sollten die Hunderttausende von »Justines« eigentlich machen? Sie hätten reden und hetzen können, sie hätten auch streiken und »nichts-tun« können. Das hätten sie gewisslich; aber die Männer, dieses »überschätzte und überwertete« Pack hätte mit gutem Beispiel vorangehen können. Hätte es wohl. Das wäre schon das mindeste gewesen. Nicht wahr?

Aber da kam die Stunde, in der plötzlich ein Mann kam, man konnte ihn auch einen »Herren« nennen. Ein Zivilist erschien bei Moritz Thaler, der aber gerade in sein Büro gegangen war. Er traf nur Dorchen an, die dabei war, etwas Ordnung zu machen.

»Ist der Jude Thaler da?«

»Herr Thaler ist gerade fortgegangen… muss aber in seinem Büro sein,« antwortete Dorothea Salm und erwartete, dass der Besucher gleich gehen würde.

Im Gegenteil, der nahm sich einen Stuhl, setzte sich hin und begann zu fragen: »Lebt der Jude Thaler hier allein…?«

Ne komische Frage, was? dachte Dorothea, sagte: »Ich lebe auch hier… Herr… ich weiß Ihren Namen nicht…«

»Tut nichts zur Sache… ich komme von der Polizei.«

Das war klar; da blieb kein Zweifel übrig. Dorothea Salm wartete nun auf die zweite Frage. Sie kam:

»Sie sehen aber gar nicht nichtarisch aus… Fräulein…?«

»Salm…,« sagte Dorothea, »ich bin evangelisch, falls Sie das interessiert…?«

Der »Herr« nickte nur, machte ein paar Notizen. Dorothea war das Geschreibsel des »Herrn von der Polizei« nicht angenehm. Sie ließ sich aber nichts anmerken.

Nur als dieser komische »Herr« eine Bemerkung machte, wie etwa diese: »Haben Sie denn als Arierin kein ›Rassegefühl‹?« Da hätte Dorothea beinah' gelacht; sie tat's aber nicht, sagte: »Was ist denn ›Rassegefühl‹?… Kenne keinen besseren Menschen als Moritz Thaler. Die Rasse ist mir pottegal.«

Der »Herr« klappte sein Notizbuch zusammen, meinte: »Scheinen auch nicht in d i e s e r Zeit zu leben. Haben Sie denn nicht ›Mein Kampf‹ gelesen?«

Dorothea antwortete nur: »Ich interessiere mich nicht für Politik.«

Als der fremde »Herr« gegangen war, lief Dorothea (was sie sonst n i e tat) zu Moritz ins Büro. Sie erzählte ihm von dem Besuch des »Herrn«.

Thaler kratzte seinen Kopf, dann sagte er nur: »Die ruhigen Zeiten scheinen vorbei zu sein… wäre es nicht vorsichtiger, wenn du…,« aber er konnte den Satz nicht vollenden.

Dorothea sagte ganz energisch: »Vorsichtig? Was ist denn d a s für ein Wort? Kenn' ich nicht von dir. Ich kann wohnen, w o ich will… hörst du, w o ich will. Und ich bleibe bei dir…«

Da konnte Thaler nichts machen… Im stillen dachte er nur: Die Kerle w o l l e n mich hereinlegen. Bin auf alles gefasst. Laut sagte er noch: »Ist schön von dir, dass du so denkst aber…?«

»Es gibt kein ›aber‹ für mich. Hat es n i e gegeben, ich denke nicht daran, mich nach diesen Burschen zu richten.« Das war klar und deutlich. Thaler konnte darauf nichts erwidern.

Und eines Morgens… etwa acht Tage später… klingelte es um sieben Uhr in der Früh. Thaler ging an die Tür. Da standen zwei in brauner Uniform. Er wusste Bescheid.

Die beiden SA-Leute gingen einfach ins Zimmer. Dorchen schlief noch… Wachte erschrocken auf. Der eine SA-Mann fragte: »Sind Sie eine Verwandte…?«

»Ich bin die Freundin von Herrn Thaler,« sagte Dorothea Salm.

Sie legten Thaler Handschellen um, stießen ihn zur Tür. Er sagte kein Wort… nicht ein einziges.

Plötzlich warf sich Dorchen zwischen ihn und die SA-Leute, schrie: »Haben Sie denn einen Haftbefehl…?«

Der eine SA-Mann lachte nur: »Brauchen wir nicht.«

Dorchen sagte, sie schrie es geradezu: »Ich bin Arierin… ich l i e b e diesen Mann. Führen Sie mich auch ab… ich verlange es.«

Da schlug der eine SA-Mann Dorchen zu Boden, schrie dabei: »Sie sind ein Schwein, eine Judenhure!« dann packte er sie und warf sie die Treppe hinunter.

Moritz war wehrlos. Unten stand ein Lastwagen. Thaler wurde hineingeworfen. Dorothea Salm flog hinterher. Moritz wollte sie auffangen. Da er aber durch Handschellen gefesselt war, konnte er es nicht tun. Der Wagen rasselte fort. Moritz verlor das Bewusstsein.

Was sich da in Bremen ereignete, war nur ein kleiner Teil von dem, was im ganzen Deutschen Reich geschah. Ein Jude war abtransportiert, einer von Tausenden. Dass man auch seine arische Freundin mitgenommen hatte, war auch nichts Außergewöhnliches. Wer mit Juden paktiert… muss leiden. Ist doch klar.

Ob Thaler und die Salm erst einmal in ein Gefängnis kamen, nach Theresienstadt oder sonst wohin, war gleichgültig. Nicht für die Betroffenen. Aber w e r fragte schon danach? Niemand fragte, kein Mensch wunderte sich, das Verbrechen regierte und kein Mensch kümmerte sich darum.

Aber Justine tat es; sie fragte sogar Fritz danach. Der aber zuckte nur die Achseln. Dasselbe tat Wöltjen, der noch meinte: »War auch immer zu leichtsinnig. Man m u s s eben vorsichtig sein. Mehr als das. Man muss seine Schnauze halten können.«

Gustav Döring war anders. Er schimpfte und randalierte, dass seine Frau Agathe es mit der Angst bekam. Das war eigentlich ihr natürlicher Zustand. Hatte sie nun nicht recht behalten? Nein… gewiss nicht. Justine wenigstens war anders geartet, sie forschte, sie fragte und endlich erfuhr sie die Wahrheit.

Thaler war tot.

Sein Bruder Samuel konnte nur jammern: »Musste ja so mit ihm gehen… war ja nicht anders möglich…«

»Und d a s lassen Sie sich gefallen?« meinte Justine, die alle Ämter, Polizeibüros, sogar das Oberpräsidium mit ihren Fragen »belästigte«. Erreichte aber nichts.

»Gebe Ihnen 'nen guten Rat,« sagte ein verstaubter Beamter vom Oberpräsidium, »lassen Sie die Hände davon. Bremen hat ja eine eigene Verwaltung. Da können wir hier in Hannover gar nichts tun. Wie sollten wir denn? Im übrigen hat es gar keinen Sinn, etwas mit der Gestapo anzufangen. Die sind eben zu mächtig… können alles. Und wir hier in Hannover? Ja, da kannste nichts machen… also, Fräulein…«

Justine unterbrach ihn: »Ich bin ›Frau‹… mein Mann ist Sturmführer…«

Der Beamte sagte etwas, das Justine nicht recht verstand. Ob der Titel »Sturmführer« Eindruck machte? Es war alles so verfilzt in Angst und Feigheit, dass einem nur übel davon werden konnte.

Der Beamte meinte noch, dass sie ein Protokoll aufsetzen solle… er würde das an die r i c h t i g e Stelle befördern. Aber Justine sagte: »Ich bin ja nur bekannt mit Herrn Thaler, nicht verwandt…«

»Sie meinen den v e r s t o r b e n e n Juden Thaler, d e n meinen Sie doch? Was geht denn S i e das alles an? Ich würde die Hände nicht in die Sache hineinstecken… das würde i c h nicht tun…,« sagte der Beamte.

Justine erzählte noch, dass Moritz Thaler einen Bruder hier hätte, einen gewissen S. Thaler: »Konfektionsmaß… aber aus dem kriegen Sie nichts heraus. Der war ja auch im Krieg schwer verwundet…«

»Ach nee…,« sagte der Beamte, »gibt's denn verwundete Juden auch… wieso denn?«

Justine sagte so ruhig sie konnte: »Wissen Sie eigentlich, dass zwölftausend Juden im Weltkrieg gefallen sind? Zwölftausend von sechshunderttausend… wußten Sie das nicht, was? Also es hat keinen Zweck, den S. Thaler zu vernehmen! Der weiß noch weniger als wir. Der ist ein Dussel… Sein Bruder war ein heller Kopf… der H e r r Moritz Thaler.«

Der Krug geht nicht so lange…

Sprichwörter haben das Gute, dass sie selten stimmen. Auch der vom Kruge, der so lange zum Brunnen geht, bis er bricht… stimmt keineswegs. Es kommt eben auf die Qualität des Kruges an. Und ob der Weg gehend oder stolpernd gemacht wird.

Im Dritten Reich »ging« man nicht; man stolperte. Die feinen »Herren PGs«

taten es auch. Die erst recht. Denn sie wussten nichts anderes, als was erzählt wurde. Das war wenig genug; eigentlich nichts.

In allen Städten und Orten Deutschlands ging alles »seinen« Gang. Wie bisher.

Eine Krankheit brach aus, die kein Arzt heilen konnte: sie hieß »Gedächtnis-Schwund«. Man vergaß einfach alles, das gestern noch wichtig war. Das ganze Bürgertum litt daran. D e n n heute war etwas anderes wichtig. Es hieß »Treue zum Führer«, es nannte sich »völkisches Bewusstsein«, es hatte den oder jenen Namen. Nur den e i n e n nicht, den einzig passenden. Das »Dritte Reich« hätte überall der »Räuber- und Mörderstaat« genannt werden müssen. D a s wäre richtig gewesen.

Die Sozialdemokraten hatten keine Zeitung mehr, sie hofften aber, den Schwindelstaat zu überleben. Einige taten es auch.

Was Gustav Döring betraf, so gehörte er zu den »Quenglern« und »Nörglern«, denen auch n i c h t s recht gemacht werden konnte.

Viele dachten so über ihn; aber Justine nicht. In keiner Minute. Natürlich waren die Gedanken Fritzens (wenn er überhaupt welche hatte) nicht sehr schmeichelhaft für Gustav. Der hatte es sich auch längst abgewöhnt, sich über den eigenen Sohn irgendwelche Sorgen zu machen.

Gustav wusste, dass Fritz sich um seine Frau gar nicht mehr kümmerte, seitdem er die Freundschaft mit Tölle und Oelfken als eigentlichen Lebensinhalt begriffen hatte. Berni war ein »schwules Paket« und sicher nicht der richtige Umgang für einen jungen Ehemann und Vater. War er bestimmt nicht. Aber weder Justine noch Gustav konnten etwas dagegen tun. Agathe blieb lieber aus dem Spiel, die war 'ne rechte Heultrine. Wenn bei d e r irgend etwas nicht stimmte, du lieber Gott, dann klagte sie gleich das Schicksal, den lieben Gott… einfach a l l e s an. Natürlich hatte auch Gustav daran schuld… an was denn? Dass Fritz ein komisch-warmer Bruder wurde, dass die Ehe zwischen Justine und Fritz nicht so klappte? Agathe fühlte sich meist vom Schicksal schlecht behandelt.

Eines Nachmittags nun, als Justine gerade mit der kleinen Amalie vom Spaziergang heimkehrte, hörte sie ein merkwürdiges Geflüster aus dem Wohnzimmer. Nanu… dachte Justine… wer ist denn da drin? Siehe da…

es waren Fritz und Berni, die ziemlich eng umschlungen auf dem Sofa lagen. Kein hübscher Anblick war das.

»Entschuldigen Sie man, Frau Döring…« sagte Bernhard Tölle, der gleich aufgesprungen war, »entschuldigen Sie man; aber ich habe Fritz etwas Wichtiges zu erklären…«

»Sie brauchen m i r nichts vorzumachen, Herr Tölle… ich habe Augen im Kopf.«

Das war peinlich, gewiss doch. Die kleine Amalie aber rief: »Papa… Papa…,« und Fritz nahm sie auf den Arm. Versuchte, irgendein Kinderliedchen zu singen. Es hatte aber anscheinend wenig Erfolg. Die Kleine strampelte plötzlich und schrie: »Mama… Mama…«

Justine kam sofort, sagte ziemlich ironisch zu Fritz: »Na… ja… bei d e r hast du auch kein Glück… bei der a u c h nicht…«

Fritz versuchte, männlich und bestimmt zu wirken, sagte: »Wir machen heute abend eine Dienstreise… Bernhard und ich… eine wichtige…«

Justine war nicht erstaunt, fragte nur: »Bleibst du diesmal wieder so lange fort?«

»Bis übermorgen abend,« antwortete Fritz, ging an den Schrank, um sich einige Sachen zu holen.

Da fragte Justine: »Wohin geht es denn diesmal… Fritz?«

Statt dessen antwortete Bernhard Tölle: »Dienstgeheimnis…Frau Döring. Striktes Dienstgeheimnis…«

Fritz benahm sich ungeschickt und linkisch, so dass Berni beim Packen helfen musste.

Justine sagte noch: »Willst du mir einen Gefallen tun, Fritz, ja? Geh doch bei deinen Eltern vorbei und sage deiner Mutter, dass sie um sieben kommen soll… wenn sie kann. Ich werde nämlich heute Abend ausgehen müssen… willst du?«

Fritz bejahte und fragte auch gar nicht, wohin sie eigentlich gehen müsste. Es war so zwischen den beiden, dass sie zwar wenig Geheimnisse hatten, aber auch keine Gemeinsamkeiten.

Natürlich ging Justine nach sieben Uhr, als Agathe gekommen war, zu Gustav Döring.

159

»Hab' mir schon gedacht, dass du kommst,« sagte der Bäcker, er entkorkte gerade eine Pulle Rotwein, sagte noch: »Zu feiern haben wir zwar nichts, aber es hebt doch die Stimmung, was?«

»Ist meinetwegen nicht nötig, Vater Gustav.« Justine seufzte etwas, dann trank sie einen Schluck. Sie meinte: »Zu feiern haben wir w i r k l i c h nichts… weißt du noch… das letzte Mal…?«

»Nee… das haben wir nicht gedacht…,« Gustav konnte nur den Kopf schütteln, sagte: »War doch ein feiner Kerl… der Genosse Thaler. Obwohl er ein Bürger war… sieh mal, Tine, darauf kommt es ja heute gar nicht an… Bürger oder Proletarier… d a r a u f kommt's gar nicht mehr an… ich trinke auf das Andenken von Moritz Thaler… war ein feiner Kerl…« Dann änderte sich seine Stimme, er fragte: »Wir müßten uns eigentlich um den Bruder Samuel mal kümmern, meinst du nicht?«

Justine wollte noch etwas über das Schicksal der Dorothea Salm wissen. Gustav meinte nur: »Über deren Geschick habe ich n i c h t s Sicheres erfahren können. Die haben diese Verbrecher einfach fortgeschleppt. Weiß nicht, wo sie ist…ob sie noch lebt oder nicht. Du kannst ja nirgendwo etwas Sicheres erfahren…«

Justine meinte, dass diese Dorothea Salm sich einfach geopfert habe. Gegen Moritz Thaler konnten sie n i c h t s sagen, als dass er ein Jude war. Aber Dorothea Salm war, wie man heute so schön sagt, doch »Arierin«. Diese Unterscheidung zwischen »Arier« und »Nichtarier« brachte Justine oft in Raserei. Das war die Tücke jener Propaganda, jener dauernden Hetze gegen das »Jüdische« an sich.

»Leben wir denn nicht nach den zehn Geboten, die vom Juden Moses stammen?« so konnte Justine irgend jemanden fragen, der gerade eine wegwerfende Handbewegung bei der Erwähnung eines Juden gemacht hatte. So war Justine, die Tochter des Posamentierhändlers Friedrich Wilhelm Wöltjen, der eigentlich vor a l l e m Angst hatte.

»Das ist mal im Leben so,« hatte Justine schon mit zehn Jahren gesagt, und ihr Vater meinte: »Och nee… wo haste denn d i e Weisheit her… bist ja noch'n Küken…«

KIFF
51

JUSTINE

So war Justine. So blieb sie auch. Nichts konnte sie verwirren. Nur die »Affäre« mit Fritz war eigentlich das, was man ein »Zwischenspiel« hätte nennen können. Doch Justine war schließlich jung … da m u s s t e man so einen »Fehltritt« (und es war einer) verzeihen.

Hätte sie sonst auch Gustav kennen gelernt? Sicher doch, aber ob es so einen Eindruck auf sie gemacht hätte, kann man nicht wissen. Schließlich hatte ja auch Gustav die Agathe geheiratet, und es hätte sicher noch andere Mädchen in Hannover gegeben. Man nennt es wohl Schicksal. Leicht übertrieben. Die Hauptsache war nur, wie man mit der Sache fertig wurde. Gustav konnte es. Agathe auch, und darauf kam es ja an.

Dies Kapitel beginnt mit einem Sprichwort. Es soll auch so schließen. Der »Krug« war schon lange gebrochen. Die feigen Mordtaten an Professor Lessing, an Hans Freudenthal, der blutige Mord an Moritz Thaler, das geheimnisvolle Verschwinden von Dorothea Salm… alles das waren Dinge, über die man doch sprechen musste.

Dies Sich-aus-dem-Weg-gehen, dies sinnlose, dumme Gespräch um das Kind Amalie, alles das hatte keinen rechten Sinn mehr. Schlimmer als die Lüge ist das Verschweigen, dieses Verstummen bei Dingen, zu denen man »JA« oder »NEIN« sagen musste. Das war weit schlimmer als das sichtbare und direkt betonte Nicht-Interesse an Justines Weiblichkeit, das Fritz nicht nur in Worten zeigte. Er tat so, als ob er gar keine Frau mehr hatte. Mehr lässt sich darüber kaum sagen.

Die Dienstreisen nahmen überhand, sie dauerten oft tagelang. Schließlich war es so, dass Justine immer allein mit ihrem Kind blieb. Nicht, dass sie Fritz entbehrte… aber manchmal konnte sie von einem Zusammenleben mit einem Menschen träumen. Das konnte sie, ja, dies blieb ihr unverwehrt. Ihre Ehe mit Fritz existierte einfach nicht mehr. Es war ein zufälliges Zusammensein mit einem zufälligen Menschen. Sie hatten sich ja auch nichts mehr zu sagen.

Fritz spielte immer eine »Rolle«. Justine fand, dass er ein schlechter Schauspieler war. Sie war hellhörig geworden… so entging es ihr nicht, dass Fritz sich immer mehr die Sprechweise von Berni angewöhnte. Das konnte ja

161

noch angehen, aber weit schlimmer war, dass er jenen Bernhard Tölle in allen Einzelheiten kopierte. Das fand sie einfach lächerlich. Der »Ehekrug« war geborsten… lag in Scherben…

Revolutionshochzeit

In d i e s e r Form fand sie nur einmal statt. Wie sich das in traditionell-bürgerlichen Häusern gehörte. Aber bei dieser »Hochzeit« wurde das »Paar« nicht gefeiert, im Gegenteil… es wurde »gefeuert«.

Die Salven krachten Tag und Nacht, vom 30. Juni bis zum 1. Juli 1934. Bluthochzeit… Revolutionshochzeit war das. Im g a n z großen Stil.

Der Anführer des Dritten Reiches übte Vergeltung, nicht nur e r, auch seine Kumpanen und Mitverbrecher taten es. Und hinterher ließen sie sich vom völlig senilen Reichspräsidenten ein Telegramm schicken, das etwa folgenden Wortlaut hatte: «….stellte ich fest, dass Sie durch Ihr entschlossenes Vorgehen und Ihr mutiges persönliches Eingreifen alle hochverräterischen Umtriebe im Keine erstickt haben… Ich spreche Ihnen meine tiefe Dankbarkeit aus…« Das war das Telegramm des Reichspräsidenten, von dem aber keiner mit Sicherheit sagen konnte, dass er es tatsächlich diktiert hatte. Die Einflüsterungen Oskars, des Sohnes, nahmen überhand.

Wenn ein Mann wie Gustav Döring sagen konnte: »Und so was haben die Sozis gewählt… kaum zu glauben…,« dann sagte wohl der oder jener: »Hitler wäre ja auf jeden Fall gekommen, glaubst du nicht, Gustav?« Dann konnte der Bäcker Döring nur lachen. Er tat es auch.

Was er dachte, wusste niemand. Nur Justine.

Aber als jener Tag… es war wohl der 29. Juni 1934… anbrach, da befand sich der Sturmführer Fritz Döring auf dem Bahnhof in Hannover und wartete. Er wartete auf seinen Freund und Kameraden Bernhard Tölle.

Ist doch sonst immer so pünktlich, dachte Fritz und sah auf die Bahnhofs-uhr, die schon sieben Uhr und fünfzehn Minuten anzeigte. Und um sieben Uhr zweiundvierzig sollte der D-Zug nach Berlin abfahren. Nun wurde es schon sieben Uhr dreißig, und Berni war noch immer nicht da. Wo bleibt er denn nur…? dachte Fritz und entschloss sich, um sieben Uhr fünfunddreißig auf den Bahnsteig zu gehen, wo der Zug ja schon wartete.

»Mächtig viele SA-Leute hier…,« sagte ein behäbiger Reisender zu Fritz. Der gab aber keine Antwort. Noch schöner… fangen schon die Zivilisten an zu fragen.

Fritz, Sturmführer Fritz Döring, ging noch einmal auf den Bahnsteig, um nach Bernhard Tölle zu sehen. Niemand war da.

Um sieben Uhr zweiundvierzig pünktlich fuhr der D-Zug langsam an. Wurde schneller und schneller… Fritz war direkt beunruhigt, aber er musste sich ja um elf Uhr vormittags im »Sturmlokal« melden. Das war sein Befehl.

Es war ein merkwürdiges Gefühl für Fritz, nun allein die Reise nach Berlin zu machen. Er versuchte, sich zur Ruhe zu zwingen, aber es gelang ihm nicht. Die Reise und die Meldung beim »Sturmlokal« waren das übliche, doch diesmal hatte Fritz das Gefühl von etwas Besonderem. Es war mehr eine Ahnung. Er konnte es nicht recht erklären.

Dass Berni nicht gekommen war, verstimmte ihn. Bernhard war immer so gewissenhaft, er machte zwar oft recht hämische Bemerkungen über das »Ideelle« des Nationalsozialismus, aber er tat pünktlich seinen Dienst… Er war immer zuverlässig. Komisch, dass er diese Reise so gar nicht ernst genommen hatte. Oder war er plötzlich erkrankt? Er konnte es nicht sagen, fühlte nur immer mehr, w i e abhängig er eigentlich von Berni war. Es war ein schauderhafter Zustand, aber w a s sollte er dagegen tun?

In Berlin angekommen, erledigte Fritz alles, wie es vorgeschrieben war. Nur eins wunderte ihn: Man schickte ihn gleich nach Lichterfelde in die alte Kaserne, er wusste nicht recht, was er da tun sollte. Er wartete da.

Von Bernhard Tölle konnte er keine Spur entdecken. Niemand in Berlin oder in Lichterfelde konnte ihm auch sagen, warum und weshalb Berni nicht mitgefahren war.

Nur e i n e r hätte es bestimmt sagen können. Das war Bernhard Tölle selbst. Der hatte im letzten Augenblick noch, gleichsam in letzter Minute, Wind von etwas bekommen, was sich vielleicht ereignen würde, aber nichts Genaues.

Der schlaue und findige Bernhard Tölle zog es plötzlich vor, in den Harz

163

zu fahren. Nach Blankenburg. Da wohnte ein Bekannter. Früher war der auch bei der SA gewesen. Jedoch war der Zeichenlehrer Jungmüller viel zu beschäftigt, um sich noch um solche »dienstlichen Dinge« zu kümmern. Berni fuhr also zu Willi Jungmüller, Zeichenlehrer in Blankenburg am Harz. Der fragte nicht viel.

Bernhard sagte nur: »Will mal zwei Wochen Urlaub machen.«

»Die kleine Kammer oben ist für dich… da kannste bleiben…,« sagte Jungmüller.

Am anderen Tag, es war der 30. Juni 1934, ging Bernhard Tölle in Zivil aus. Fühlte sich sauwohl…

Mittags sagte er zu Willi: »Mensch… bei euch ist's aber still, wundervoll.« Willi sagte nichts. Das war so eine Gewohnheit von ihm. Er hatte auch noch eine Frau, Emmi Jungmüller, die störte aber auch nicht. Sagte kaum etwas.

Berni sah hier eine Art von Ehe, die wohl ganz allgemein war. Nicht dass Willi in irgendeiner Weise »anomal« veranlagt war, keineswegs. Im Gegenteil, er sah gern hübsche Mädchen. Dass er für Emmi, seine Frau, n i c h t s mehr übrig hatte, war ganz alltäglich; war so die Ehe. War sie immer.

Ungewöhnlich, dass Willi heute schon um zwölf Uhr mittags nach Hause kam, aufgeregt und sehr darauf aus, Berni allein zu sprechen. Er sagte zu Bernhard Tölle, dass sie vor dem Essen noch einen kleinen Spaziergang machen wollten.

Sie taten es, obwohl Emmi sagte (manchmal tat sie den Mund auf): »Kommt nur nicht zu spät zum Essen. Es gibt Kartoffelpuffer.« Und dann gingen die beiden: Willi und Berni.

Als sie an den Waldrand gekommen waren, sagte Willi: »Ganz vertraulich, Berni. Unser Direktor ließ uns heute ins Konferenzzimmer kommen… aber ganz vertraulich, Berni…«

»Ja… ja…,« sagte Tölle.

Und dann begann Jungmüller zu reden: »Weißt du etwas davon? Du m u s s t es ja doch wissen. Der Röhm soll einen Putsch gegen Hitler gemacht haben; ist aber vorher noch von Hitler und Goebbels erwischt worden… in Bad Wiessee… weißt du, am Tegernsee. Der Heydrich hat alles aufgedeckt und die Schuldigen ermittelt… in Berlin… Da soll ja der Gruppenführer Ernst von Bremen auch sein, wo er gerade nach Madeira fahren wollte. Den haben sie auch nach Berlin gebracht… schöne Geschichte… was? Na… und den schwulen Edmund Heines in Breslau sollen sie ebenso verhaftet haben… Ist ja ein Glück, dass du bei mir bist. Da weiß keiner was davon, nicht wahr?«

»Sei ruhig, Willi. Ich habe nur meinen Urlaub hier im Harz verbringen wollen… kannst ganz ruhig sein, Willi.«

Was in den Tagen, in denen Berni eigentlich idyllisch und friedlich lebte, in Wirklichkeit geschah, ist die Geschichte des grauenhaftesten Mordes. Die Reichswehr entledigte sich Röhms, benutzte dazu den »Duzbruder« Hitler, der in einem tragikomödienhaften Flug vom Rhein nach München, die »Hochverräter« (wie er sie nannte) hinmeucheln ließ.

Die N a c h w e l t in Deutschland wird es wohl einmal erfahren, in w e l - c h e r Weise die »Satrapen« Goebbels, Göring, Himmler und Konsorten gehaust haben. Der antike Mord hatte noch Größe, war noch umwittert vom »Mythischen«, hier aber begann die Schlachterei. Die SS erledigte die SA. Gleichzeitig wurden auch katholische Oppositionelle wie Edgar Jung, Gegner wie Gregor Strasser, Offiziere wie Schleicher, einfach »umgelegt«, abgeschlachtet.

Die Reichswehr triumphierte, obwohl ein General Schleicher eigentlich zu »ihren Leuten« gehörte. Auch jener Herr von Kahr, der im Jahre 1923 den Hitlerputsch in München vereitelt hatte, wurde im Dachauer Moor zu Tode getrampelt.

Viele, Ungezählte, glaubten, dass sie einer »Revolte gegen den Führer« zum Opfer fielen. In Lichterfelde wurde Karl Ernst erschossen, weil er ein Mitwisser des »Reichstagsbrandes« war.

Viele mit ihm, Tausende. Sie riefen noch »Heil Hitler«, weil sie dachten, die Gegner Hitlers hätten nun die Macht. Sie a h n t e n ja nicht, dass es ihr »geliebter Führer« war, der sie abschlachten ließ.

Das deutsche Volk wusste wenig, fast gar nichts. Die Berichte im Radio faselten von einem »Röhm-Putsch«, den es n i e gegeben hatte.

Namenlose Opfer waren unter den Abgeschlachteten. Keiner kannte sie.

Die Nachwelt (falls es eine gibt) wird Mühe genug haben, die Namen der Opfer alle zu identifizieren. Es war eine Schlächterei, zu der im Vergleich alles verblasst, was je von Menschenhand verübt wurde.

Der lügenhafte Bericht, den Hitler im Juli im Reichstag gab, das völlig uninformierte Schreiben von Hindenburg, lösten wohl in einigen Menschen das Gefühl aus, einer Gefahr entronnen zu sein. »Röhm« hieß die Gefahr, jawohl, dieser Landsknecht und »bolivianische« Offizier, er ist es nicht wert, dass e i n Wort der Trauer um seinetwillen gesprochen wird. Auch die Ernst, Heines und Kumpanen, ob sie nun »schwule Pakete« waren oder nicht … sie sind so gleichgültig.

Empörend ist n u r die Tatsache, dass dieser Unhold am Leben blieb. Dieser österreichische Tapezierer, dieser unbegabte Maler und Zeichner, dieser Schwadroneur… Hitler. Es gibt keinen anderen Namen.

Der Mörder von Millionen, ob sie nun seine Freunde oder Feinde waren, dieser Mörder irrte noch immer über die von ihm geschändete Erde.

Als Gustav Döring so »hintenherum« erfuhr, dass sein Sohn Fritz nach Berlin gefahren sei, da dachte er: Nun schlägt's dreizehn… wenn d e r wieder lebend aus dem Schlamassel herauskommt, dann ziehe i c h ihm aber die Hosen stramm.

Aber noch kam Fritz nicht zurück.

Es war der siebente Juli. »Hast du denn was von deinem Mann gehört?« fragte Gustav seine Schwiegertochter.

Sie verneinte nur. Sagte dann noch: »Über Fritz mache ich mir k e i n e Sorgen mehr. Warum denn? Bernhard ist doch mit ihm gefahren…«

Auffällig war nur, dass man recht wenig SA-Leute auf der Straße sah. Aber die schwarz-uniformierte »SS« machte sich umso mausiger.

»Als ob die was Besseres wären…,« höhnte Gustav. Aber als er einmal auf der Straße den pensionierten Briefträger Emanuel Tölle sah, da sagte er: »Na… die jungen Leute machen wohl Fettlebe in Berlin? Kommen ja gar nicht mehr zurück.«

Tölle sagte nur: »Sind doch gar nicht zusammen wech… mein Sohn ist ja im Harz, in Blankenburg, zur Erholung. Hab' ja gestern noch 'ne Ansichtskarte gekriegt. Ihr Bengel, der Fritz, ist doch allein nach Berlin gefahren… wissen Sie das nicht?«

»Keine Ahnung.« sagte Gustav und verabschiedete sich rasch.

Als er zu Justine kam, es war vier Uhr nachmittags, wollte sie gerade mit der Kleinen spazieren gehen. Gustav aber sagte: »Bleib mal hübsch hier, Tine… Mach mir 'ne Tasse Bohnenkaffee…«

Justine tat es auch, brachte die kleine Amalie schnell mal zur Nachbarin, damit sie da spielen konnte, dann kam sie wieder. Justine hatte sich auch 'ne Tasse Kaffee gemacht, Kuchen war auch noch da. Dann sagte sie: »Schieß los… Vater Gustav… was gibt's?«

Und Gustav Döring erzählte haarklein, wie er den Briefträger Tölle getroffen hatte… »Fritz ist a l l e i n nach Berlin gefahren. Dieser Bernhard war ja krank. Ist zur Erholung in den Harz gefahren… ja, so erzählte es Tölle. Hat gestern noch 'ne Karte von seinem Sohn bekommen.«

Justine fragte nur, ihre Stimme klang ganz ruhig: »Fritz ist also allein in Berlin? Was tun wir denn…?«

»Abwarten…,« sagte Gustav. Weiter wusste er nichts zu sagen.

Sonnenfinsternis

Das, was Justine in diesen Tagen durchmachen musste, konnte sie selbst mit Gustav nicht besprechen. Es war nicht Sehnsucht, die sie Fritz vermissen ließ, es war eine Mischung von Ahnung und Traum. Sie hatte ja ihr Kind, das ihrem Leben so etwas wie Inhalt gab. Aber sie konnte ihre wirklichen Befürchtungen nicht mit einem Kind besprechen. Da musste sie heiter und harmlos sein, manchmal vergnügt tuend, obwohl ihr wirklich nicht so zumute war.

Da kam jener schreckliche Tag im Juli, als der Briefträger ihr ein Einschreibe-Päckchen brachte, ein kleines nur. Ein Blechgefäß war darin, voll Asche, weißlicher grausiger Staub und ein Brief.

Da stand es, schwarz auf weiß: «…müssen Ihnen leider mitteilen, dass Ihr Ehemann, der Sturmführer Fritz Döring, tödlich verunglückt ist. Anbei

167

senden wir Ihnen die Asche…« Weiter unten stand noch »Heil Hitler« und das Gekritzel, das irgendeinen Namen bedeuten sollte.

Es dauerte lange, bis Justine es begriff. Sie drehte die blecherne Büchse in der Hand hin und her. Sie dachte: »Fritz…verunglückt… Was soll das…?« Mit ihrem Vater Wöltjen konnte sie darüber überhaupt nicht sprechen. Als sie des Nachmittags bei ihm war, fragte er nur: »Hast du eine Nachricht von Fritz? Ist er wieder zurück?«

Justine konnte darauf nicht recht antworten, meinte nur: »Bis jetzt noch nicht. Warte noch.«

Abends aber kam Agathe, die Gute, sagte: »Wollte mal nach dem Kind sehen… Vater ist zu Hause.«

Dann ging Justine zu Gustav. Hatte die Büchse mitgenommen, sagte gar nichts. Öffnete nur die Schachtel.

Gustav Döring starrte auf das Häufchen Staub, das wie schlechtes Mehl aussah, sagte: »Was soll ich denn damit?«

Justine war die Kehle wie zugeschnürt, endlich sagte sie: »D a s ist Fritz. Man hat mir seine Asche geschickt. O, du lieber Gott…« Jetzt rannen auch die Tränen. Es war mehr Wut als Schmerz. Sie konnte nur stammeln: »Ja, das ist alles… man schickte es mir.« Sie zeigte Gustav das Schreiben.

Der schüttelte nur den Kopf: »Versteh' ich alles nicht. Was bedeutet das?« Als Justine und Gustav begriffen hatten, konnten sie auch nichts Rechtes sagen. Gustav Döring meinte nur: »D e s w e g e n hab' ich den Jungen auf-gezogen. Furchtbar ist das…« Er konnte nur den Kopf schütteln, ging im Zimmer auf und ab. Immerzu auf und ab. Dann blieb er stehen. »D u … das ist Mord. Feiger, hundsgemeiner Mord. Weiter ist das nichts. Was soll man nur tun?«

Justine saß starr da. Ihre Augen waren geschlossen. Der Mund schien ausgetrocknet zu sein. Sie k o n n t e nichts sagen. Erhob sich und ging. Gustav rief noch leise: »T i n e« Aber Justine drehte sich nicht um. Sie ging zur Tür hinaus. Was sollte sie anderes tun?

War es denn so schwer, in diesen Tagen zu leben? In Deutschland zu le-ben, wo eine machthungrige Herrschaft das ganze Dasein, das innere wie das äußere, beherrschte und knechtete? Ja, es war schwer.

Besonders für eine Frau wie Justine, die nun dazu verurteilt war (gleichsam), um den Tod eines Menschen zu trauern, mit dem sie in den letzten Jahren überhaupt keine Berührungspunkte mehr gehabt hatte.

Trauern um der Konvention willen? Das war absurd. Ein offizieller Protest war ja unmöglich. Das »große Vertuschungs-Problem« wurde sehr einfach gelöst. Selbst d i e , welche noch nicht einmal die Asche von den Ermordeten, Hingeschlachteten des 30. Juni 1934 erhalten hatten, mussten ja ihre »Schnauze« halten.

Dieser unselige Tag des Mordens wurde von der gleichgeschalteten Presse (es gab k e i n e andere) einfach totgeschwiegen. Nur dass der »Führer« wieder einmal Deutschland durch seine »umsichtige Führung« gerettet hatte, das durfte veröffentlicht werden.

Gustav Döring aber gehörte zu jenen »gefährlichen« Leuten, die ihre »Schnauze« n i c h t halten wollten und konnten.

Wozu auch? Er hatte seinen einzigen Sohn verloren. Das war für einen Vater genug. Auch wenn man ihm bei der SA-Stelle, wohin der Alte ging, einfach sagte: »Der war ja schwul. So was können wir nicht mehr brauchen…«

Gustav sagte noch: »Aber dass er erst durch Ihre Leute dazu gebracht wurde… das wollen Sie nicht wahrhaben, was? Und dass alle Mitwisser des Reichstagsbrandes umgelegt wurden… ist auch kein Plus für Sie… verstehen Sie?«

Der SA-Führer meinte: »Dafür bin i c h nicht zuständig.«

Niemand war da »zuständig«. Aber alle wussten Bescheid.

Gustav dachte: Das ist organisiertes Verbrechertum, weiter nichts. Er dachte es, aber zu wem konnte er es sagen? Zu niemandem. Zu keinem Menschen. Er spielte seine Rolle als beleidigter, ja, entrüsteter Vater gut… aber wortlos. Ohne einen Ton von sich zu geben.

Justine trug das »Witwenschwarz«, obwohl es nicht »erwünscht« war. Aber d a s war ihr Protest, ein lautloser und anklagender. Wenn jemand sie fragte, warum sie denn »schwarz« tragen würde, antwortete sie mit ihrer klarsten, unpersönlichsten Stimme: »Man hat meinen Mann ermordet… d a s ist der Grund.« Aber meist verzichtete der Frager oder die Fragerin auf Weiteres, sie drückten ihr vielleicht stumm die Hand, gingen rasch fort. Das war alles…

Genau so war die Stimmung in jenen Tagen in Deutschland, so und nicht anders.

War es Zufall, dass sie einmal auf der Straße den »Hilfsbriefträger« Bernhard Tölle traf? Er war zuerst etwas erschrocken, dann aber sagte er: »Guten Tag, Frau Döring… wie geht's denn?«

Justine blieb stehen, sah sich diesen Berni an, der da so gerade und gesund vor ihr stand. Dann meinte sie: »Besuchen Sie mich doch mal… wie wär's mit heut Abend?«

Um acht Uhr ertönten etwas schwere und plumpe Schritte auf der Treppe. Justine wusste: d a s ist Berni. Sie öffnete. Bernhard Tölle trat ein. Er war zuerst direkt verlegen, vielleicht tat er nur so. Hatte seine »Postuniform« an. Drehte die Mütze in der Hand hin und her.

»Setzen Sie sich doch, Herr Tölle. Ich hole nur den Kaffee.«

Während Bernhard allein war, sah er sich das Zimmer an, als ob er es noch nie gesehen hätte. Wie unzählige Male war er hier gewesen?

Als Justine einschenkte, sagte sie plötzlich: »Wie ist Ihnen denn zumute, Herr Tölle… so als Mörder…?«

Berni wollte aufspringen, irgend etwas tun, sagen. Aber er war wie gelähmt. Schließlich trank er von dem heißen, würzigen Getränk einen Schluck, sagte: »Machen Sie immer solche Scherze, Frau Justine?«

Da sah sie ihn an, lächelte: »Das sind keine Scherze, Herr Tölle. Ich m e i - n e es so.«

»Ich weiß doch nichts von Fritz, ist er denn hier?«

Da legte Justine nun los, nannte Berni einen gewissenlosen Verführer und Lumpen… sie schrie beinah: »Schauspielern Sie doch nicht so mir gegen- über, ja? Hat gar keinen Zweck. Weiß doch alles. Erst haben Sie Fritz verführt. War ja ein harmloser Junge. Niemals schwul. S i e haben ihm das eingere- det. Auch dass er damals zum Reichstagsbrand nach Berlin fahren m u s s - t e . Das ist alles I h r Werk… nein, sagen Sie nichts… jetzt rede i c h … Sie waren es, der absichtlich nicht mit nach Berlin fuhr… j e t z t meine ich. Sie haben ja Lunte gerochen… Von wegen Kranksein… lachhaft… Sie wussten g e n a u , dass was in der Luft lag. Deswegen sind S i e nicht mit nach Berlin gefahren. Sie haben ihn einfach in den Tod geschickt... S i e sind sein Mörder.«

Bernhard sah die zornbebende Justine vor sich stehen. Er suchte nach Worten. Es war für Bernhard Tölle wie für Justine recht schwer, die richtigen Worte zu finden. Sie hatte zwar das Wort »Mörder« ausgesprochen, sie hatte es Berni ins Gesicht geschleudert. Was hätte Justine ihm nicht alles sonst noch sagen können... einfach alles.

»Fritz war n i c h t schwul... S i e wollten es so haben... S i e allein... Fritz sollte I H R Werkzeug sein, aber Sie haben sich feige im Hintergrunde gehalten... d a s haben S I E getan...«

Berni schluckte heftig, dann sagte er, es klang ziemlich jämmerlich: »Was machen Sie mir denn für Vorwürfe...? Er wollte es ja so haben. Ihn interessierten eben Frauen überhaupt nicht mehr... auch S i e nicht. Dass er allein nach Berlin fuhr, war ein unglücklicher Zufall... nichts sonst. Ich war w i r k l i c h krank gewesen... m u s s t e in den Harz! Ich wusste nichts von den Scheußlichkeiten, die sich in Berlin ereignen würden.«

»Sie nennen das also... ›Scheußlichkeiten‹. Hätte n i c h t soviel Ehrlichkeit von Ihnen erwartet...« Justine sagte es mit ihrer kältesten und schärfsten Stimme, dann fuhr sie fort: »Warum geben Sie mir gegenüber nicht zu, dass Sie das alles wussten? S i e allein haben den Mord an Fritz auf dem Gewissen... geben Sie es zu?«

Berni hatte seine Fassung wiedergewonnen, sagte: »Sie haben ja Fritz nicht als Mann behandelt, sondern als Jungen... das war I h r Fehler. Er m u s s t e ja allmählich dahin kommen, dass er nichts, auch gar nichts mehr mit Ihnen zu tun haben wollte. Das verträgt eben ein junger Mensch nicht. D a s nicht, dass er wie ein Schuljunge behandelt wird...«

Justine war auf alles gefasst gewesen... Auf d a s nicht... Dass man i h r die Schuld gab. Nein, d a s hatte sie nicht verdient.

»Warum sind Sie nicht ehrlich zu mir, Herr Tölle? Sie wissen doch genau, wie i c h es weiß, dass der arme Fritz von I h n e n auf die falsche Bahn gelockt wurde. I c h habe in Fritz früher den wirklich fähigen und für die Zukunft möglichen Mann gesehen... schließlich war ich ja seine F r a u ...

und wir haben ein Kind zusammen… vergessen Sie das doch nicht. Aber dass Sie ihn feige und verräterisch nach Berlin reisen ließen, das macht S i e in meinen Augen zu seinem Mörder. Ich muss ja lachen, wenn ich in den Zeitungen das Ganze so lese, als ob der Führer… ich meine jenen Verbrecher Hitler… das deutsche Volk von einer großen Gefahr gerettet hätte. E r hat den Röhm-Putsch inszeniert… und das Volk, das betrogene und nun willenlose, muss ihm glauben… Sie, Herr Tölle, nennen die Dinge in Berlin mit rechtem Namen. Es waren ›Scheußlichkeiten‹, nicht nur in Berlin. Überall… in München, in Wiessee… in j e d e m Ort, wo sich ein unbequemer Mensch befand, da wurde gemordet… Und Fritz war n i e m a l s schwul… dass er s o wurde, ist I h r Werk, Herr Tölle.«
Bernhard Tölle konnte nichts erwidern. Wollte ja auch gar nicht. Er ging sehr bald, aber bevor er das Zimmer verließ, schleuderte er noch d a s Wort gegen Justine; d i e s e n Satz: »Sie sind ja marxistisch verseucht. Und dann lieben Sie überhaupt den… ollen Sozi, diesen roten Bäcker Döring. F r i t z wusste es ganz genau… er hat's mir ja immer gesagt.«
Justine sagte nur, ihre Stimme war leise, aber sehr bestimmt: »Bitte gehen Sie j e t z t, Herr Tölle.«

Nutzlose Erkenntnis

So war Gustav Döring n i c h t veranlagt. So nicht. Er war ja kein Dussel wie Wöltjen. Kam überhaupt nicht in Frage, dass er sich mit irgend etwas a b f i n d e n würde. Dass sein Sohn Fritz gemordet war, schien ihm immer noch unbegreiflich zu sein. Er würde sich nie daran gewöhnen können. Niemals.
Da konnte selbst die herzensgute (aber weinerliche) Agathe nichts daran ändern, dass er sich wieder und wieder Vorwürfe machte: »Ich hätte den Jungen eben r e c h t z e i t i g in meine Obhut nehmen sollen. Ihn aufklären… warnen.«
Da war Justine und das Kind natürlich, die kleine Amalie, die nun schon die »Vorschule« besuchte. Übrigens sah sie ihrer Mutter zum Verwechseln

172

ähnlich. »So haste wohl früher ausgesehen, Tine,« meinte Großvater Gustav, der nun öfters zu Justine kam. Die lachte nur.

Dann sah er gern der Kleinen zu. Half ihr sogar, als sie anfing, die ersten Buchstaben zu malen. Justine beobachtete es mit Vergnügen, besonders, wenn er wirklich von Nutzen sein konnte. Es war, als ob Gustav nun plötzlich d a s nachholen wollte, was er bei Fritz (seiner Ansicht nach) versäumt hatte. Die oft jubelnde Dankbarkeit der Kleinen entschädigte für manchen Schmerz.

Es konnte geschehen, dass Gustav Justine plötzlich nach ihrem Alter fragte. Dann musste er lächeln, wenn er ihre Jugend begriff: »Hast ja das ganze Leben noch v o r dir, Tine…« sagte er oft.

Aber Justine konnte nur sagen: »Habe soviel Kraft verschwendet… ja, das ist das r i c h t i g e Wort… verschwendet. Fritz hat a l l e s für diese Idee, diese Partei gegeben… Selbst m i c h hat er dabei aufgegeben. Gewiss, es war der Einfluss von dem Bernhard Tölle. Er war übrigens kürzlich bei mir, dieser Tölle… na, d e m habe ich aber meine Meinung gesagt… hat nur keinen Zweck mehr. Gar keinen. Ich habe den Bernhard einen ›Mörder‹ genannt, aber weißt du, was dieser Kerl mir zu sagen wagte? Dass ich Fritz zu sehr als Schuljungen behandelt hätte… d e s h a l b sei er eben ›schwul‹ geworden… Haste Worte?«

Gustav konnte nichts darauf antworten. Was hätte er sagen sollen? Dass e r es gewesen sei, der seinem Sohn nicht r e c h t z e i t i g die Augen geöffnet habe? Aber das konnte er der jungen Frau nicht sagen… Das blieb sein geheimer Kummer.

»Die ganze Sache mit dem 30. Juni stinkt zum Himmel. Hat dir Freudenthal… ach, entschuldige, der ist ja auch nicht mehr am Leben…« Gustav hatte so in Gedanken gesprochen. Es war ein trübseliges Gespräch, in dem der eine den anderen schonen wollte. So kam nichts dabei heraus. Gustav meinte nur: »Bin froh, dass ich schon so'n oller Knopp bin… die paar Jahre werden a u c h vergehen. Aber weißt du, Tine, manchmal möchte ich die Strafe, die g e r e c h t e Strafe für all' die Verbrechen sehen… d a s möchte ich noch. Und du, Justine, darfst mir nich eingehen… so verzweifeln… wurschtig werden, wie die andern alle. D a s darfst D U nicht… hörst du?«

Da umarmte Justine ihren Schwiegervater, küsste ihn sogar, sagte: »Ich will

mir auch Mühe geben, den Fritz so zu sehen wie d u bist, Gustav. Bist ja
sein Vater… und bleibst mein bester Freund, nicht wahr?«

Gustav war gewiss kein weicher Mensch, keiner, der die Gefühle für wichtiger nahm als den Verstand. Er sagte oft, und es war seine wahre Meinung:
»Man müsste viel, viel mehr lernen als man weiß. Die großen Zusammen-
hänge in der Geschichte sind es wohl wert, wirklich mit dem Verstand, nicht
in einer Gefühlsaufwallung begriffen zu werden… verstehste, Tine? Du
sagst, ich sei dein Vater u n d dein bester Freund… natürlich bin i c h dein
Vater, nicht der dusselige Wöltjen… aber ich lasse dich n i c h t im Stich.
Den Fritz habe ich ein bisschen wild aufwachsen lassen. Du kennst die
Folgen, w i e ich sie kenne. Man muss sein Wissen bereichern, das kann
man nur durch die Erfahrung, verstehst du?«

Justine nickte. Sie verriet Gustav nicht, dass sie während seiner Rede eigentlich immer an Hans Freudenthal gedacht hatte, als Frau gedacht hatte, begehrend und zärtlich. Dass er nun tot war, konnte sie immer noch
nicht begreifen…

Laut sagte sie: »Hans wusste 'ne Menge. Er hatte die Erfahrung d u r c h
sein Wissen. Fritz war ja nur ein kleiner sinnlicher Zwischenfall, eine
Episode. Gewiss, wir haben ein Kind zusammen, das ist wohl das wich-
tigste…«

Gustav meinte: »Euer Kind, ja, das ist die Realität. D a s musst du begreifen. Mach' was besseres aus Amalie, etwas v i e l Besseres als ich aus Fritz
gemacht habe. Ich will dir g e r n dabei helfen, ich tue es nich, weil es mein
Enkelkind ist… weil ich dein Freund bin… verstehst d u ?«

Justine nickte nur. Im stillen dachte sie wieder an Hans, sagte zu Gustav:
»D e i n e Freundschaft ist wichtig, nicht nur für mich.«

So war das Zusammensein mit Vater Gustav für Justine m e h r , viel mehr,
als sie sagen konnte. Diese Freundschaft war eigentlich i h r Leben. Es hätte
sie wohl ausfüllen können, aber sie hatte sich nun f e s t vorgenommen,
sich mehr als bisher um Amalie zu kümmern. Natürlich war es sehr bequem,
dass Mutter Agathe i m m e r bereit war, auf das Kleine aufzupassen. Aber
Justine beanspruchte sie seltener als zuvor.

Wenn sie so am Bettchen ihrer Amalie saß, las sie meistens in den erregenden Büchern von Karl Marx, von Engels und auch die Briefe der Rosa Luxemburg und in den berühmten »Junius-Briefen«. Gustav Döring staunte über das genaue von Justine. Sie beurteilte die Dinge von »heute« völlig aus dem Blickpunkt von Marx und Engels.

Einmal sagte Gustav zu ihr: »Da reden nun die meisten Menschen über die Dinge von heute. Dabei wissen sie wenig. Wie sollten sie auch…?«

Justine sagte öfters: »Die meisten Menschen, selbst die, welche gegen Hitler stehen, denken nicht an die Zukunft. Weißt du, Gustav,« (sie ließ jetzt oft das Wort »Vater« fort) … « Es ist eine Denkfaulheit in Deutschland ausgebrochen, die es w i r k l i c h möglich macht, dass das ganze Lügengewebe gesponnen wird. Ich will n i c h t , dass Amalie einmal mir den Vorwurf macht, dass i c h ihr nichts erzählt habe. Gewiss… nicht alles ist für die Kindergehirne fassbar, aber die Lügen und Verzerrungen, die in der Schule zum Beispiel in sie hineingepresst werden, sind unvorstellbar. Die Eltern müssen mehr aufpassen… das ist m e i n e Meinung.«

Gustav überlegte, dann meinte er: »Natürlich sind die Eltern verantwortlich, sie sind es ja, die die Zukunft zu gestalten haben. Wer sonst? Aber jetzt lernen sie ja erst einmal zu ›gehorchen‹, die Schnauze zu halten, d a s lernen sie.«

Und Justine sagte nur: »Das bisschen, das ich meinem Kind beibringen kann, ist ja nicht gewichtig genug…«

Gustav Döring fragte einmal: »Weiß Amalie eigentlich, w i e ihr Vater ums Leben kam? Sie weiß sicher nichts, wie sollte sie auch…?«

Justine konnte darauf nicht erwidern. Was hätte sie sagen sollen? Etwa: »Dein Vater wurde von den e i g e n e n Leuten ermordet«? Sollte sie sagen, dass nur Lug und Trug in den Zeitungen stehe? Das k o n n t e sie nicht; durfte es noch nicht einmal.

S o und nicht anders standen die Sachen in Deutschland. Vielleicht in der Welt? Wer wusste es schon?

Es bildete sich in Deutschland eine Schicht von »Maulhaltern« heraus, die es anderswo d o c h nicht in d e m Maße gab. Natürlich regierte in Italien der Faschismus, führte auch Krieg gegen Äthiopien. Aber wen kümmerte das schon? Eigentlich niemanden.

175

Überall gab es Menschen, die mit den Regierungen, die sie in gefälschter Wahl gewählt hatten, unzufrieden waren.

Dies Jahr 1934 ging zu Ende.

Mit ihm auch der halbe Faschismus in Österreich. Der Kanzler Dollfuß wurde am 25. Juli 1934 ermordet, während fünfundzwanzigtausend Wiener beim Fußballspiel waren. Einhundertvierundvierzig Nazis waren in das Palais des österreichischen Bundeskanzlers eingedrungen und hatten die Tat vollbracht. Man ließ ihn einfach verbluten. Der Mörder hieß Georg Planetta. Die deutsche Gesandtschaft sah zu.

Der Bürger trottelt mit

So lebten sie dahin… die guten, braven Bürger, die sogar noch manchmal zum »roten Bäcker« gingen, um sich dort ihr Backwerk zu holen. War es Mut? Kaum. Man hatte ja so seine Erfahrungen mit den anderen Bäckern und Konditoren gemacht. Konnte ja nicht jeder ein »Held« sein oder wenigstens einer, der eine Überzeugung hatte. Konnte man ja nicht. Nicht wahr? Wer also zum »roten Bäcker« ging, tat es »auf eigene Gefahr«, was blieb denn anderes übrig?

Gustav Döring hatte sich in »keiner Weise« geändert. Konnte er auch nicht. Niemand hätte es ihm geglaubt. Am wenigsten er selbst. Seine politische Anschauung war ja in keiner Weise, in irgendeiner Hinsicht »parteiisch«. Er gehörte ja auch keiner Partei an. Welcher denn? Die SPD war mausetot, und irgendeine bürgerliche Partei kam ja nicht in Frage.

Es gab ja n u r die NSDAP. Und es war gar nicht so leicht in die Partei, die herrschende und sich wichtig dünkende, einzudringen. So komisch es klingt, aber diese »verschworene Gemeinschaft« (wie sie sich manchmal nannte), wurde in gewisser Hinsicht »exklusiv«. Natürlich wurde ein rassereiner und fanatischer Mensch leichter Mitglied »der« Partei als etwa ein vorsichtig und ängstlich lavierendes Geschöpf, wie es zum Beispiel Friedrich Wilhelm Wöltjen war. Aber es war ihm d o c h gelungen.

Man muss es recht verstehen: die »Nationalsozialistische Arbeiterpartei« war ursprünglich durchaus »bürgerfeindlich« zu nennen. Gustav Döring, der unerschrockene und durch n i c h t s zu beirrende Sozialist, dachte nicht im Traum daran, in die Partei der Nazis einzutreten. Warum sollte er auch? Natürlich wäre seine Frau, die stille, weinerliche Agathe, sehr dafür gewesen. Nicht wegen der Begeisterung. Das nicht. Aber schließlich aus »Geschäftsinteresse«. Und weil ja eben a l l e dazugehörten. So waren die »guten Bürger« ja damals. So und nicht anders, damals lernten sie auch zu lügen.

»Meinste denn nich, dass dies tausend Jahre hält? Die schreiben das doch immer in der Zeitung… und das Geschäft… weißt du, das geht ja immer schlechter…«

»Von wegen tausend Jahre… Du bist ja dusselig…«, Gustav lachte nur.

Natürlich wäre wohl auch Dr. Klapproth wiedergekommen. Warum nicht? Aber Gustav Döring hatte etwas s e h r Seltenes in der damaligen Zeit. Er hatte nämlich Charakter… das hatte er. Und das Geschäft ging mies. Sehr sogar.

Aber bei dem »roten Bäcker« ging das doch nicht so einfach, dass er »umlernte«. Gestern rot… heute braun, jawoll. Nee…, das war nichts für Gustav.

Und Justine? Die hätte höllisch aufgemuckt, ja, das hätte sie. Die war ja nach der Ermordung ihres Mannes besonders scharf und spitz. Sie war außerdem bei Gustav eine tüchtige Gehilfin geworden. Anders als Fritz, dieser Faulpelz.

Gustav Döring sagte nur: »Weißte Mutter, das mit der Partei,… d a s kann ja der Dussel Wöltjen machen, aber ich nich. I c h nie und niemals.

Justine machte direkt »gefährliche« Bemerkungen, wenn von den Nazis die Rede war. Sie hatte Vertrauen, berechtigtes Vertrauen zu Gustav. Wär' ja noch schöner gewesen. Aus »Geschäftsgründen«, ja, Pustekuchen. Für sie waren die Nazis erbärmliche Verbreche. Sagte es auch ganz klar zu Agathe, die wieder Grund zum Weinen hatte.

»Und wenn der ganze Laden kaputt geht,« sagte Justine, »das darf Vater Gustav niemals nich machen… D e r nicht…«

So blieb Gustav Döring der, der er war. Der »rote Bäcker«, zu dem wohl einige der »feinen Leute« nicht mehr gingen… Na schön!

Die Bäckerei ging kläglich. Es kamen immer mehr Abbestellungen.

»Sollen sie doch zu ihren ›Nazibäckern‹ gehen,« pflegte Justine zu sagen und arbeitete tags und nachts… war ihr ganz pottegal.

Gustav und Justine blieben innerlich sauber, ganz sauber. Dass Justine immer »röter« wurde, dass Gustav ihr darin nicht nachstand, es war selbstverständlich. Klar… Mensch.

Es gab immer weniger Menschen, die ihrer Überzeugung treu blieben. Man konnte sie direkt zählen.

Eines Abends kam sogar Wöltjen, Friedrich Wilhelm, in den Laden, um mal »nach dem Rechten zu sehen«, so sagte man wohl. Aber alle seine Bemühungen scheiterten einfach. Sowohl bei Gustav wie bei Justine. Nichts zu machen.

Justine war ja schließlich mit dem »überzeugten Nazi Fritz« verheiratet gewesen; sie sagte zu ihrem leiblichen Vater Wöltjen: »Tja… was haste denn von deiner Gleichschalterei gehabt? Nischt… gar nischt. Du krebst dich ja auch in dem Laden zurecht. Ist das Geschäft etwa besser geworden?«

So redete Justine mit ihrem Vater, der nur sagen konnte: »Ich habe nichts von dem gehabt. Aber man will ja schließlich nicht zu den Ausgebooteten gehören… will man doch nicht.«

Gustav Döring aber meinte: »Na, und wenn die Sache vorbei ist, dann kommste wieder angekrochen? Na… ich werde dir wohl aus der Patsche helfen… wie ich das versprochen habe… d a s will ich tun.«

Wöltjen mümmelte etwas. Ging dann.

Nachher sagte Gustav zu Justine: »Dein Oller schien übrigens erleichtert zu sein, dass i c h ihm hinterher… verstehst du… hinterher aus der Patsche helfen will. Tu ich natürlich, trotzdem er es ja eigentlich verdient hätte, die Suppe, diese scheißbraune Suppe, allein auszulöffeln. Tu ich n u r, weil's ja der Vater von Tine ist… von d i r… Kind…«

»Nett von dir, Gustav. Aber irgend 'ne Lehre sollten die Konjunkturbrüder d o c h daraus ziehen müssen… verstehst du?«

»Und ob. Aber der deutsche Kleinbürger müsste eigentlich die Lehre daraus ziehen… das müsste er…,« Gustav war ganz in Fahrt, er schmiss den Teig hin, putzte sich die Hände und die Unterarme sauber, meinte dann: »Mach Kaffee, Kind… ich hab' so'n Durscht. Ja? Willst du?«

Während des Kaffees wurde Döring ganz nachdenklich: »Natürlich hast du recht, wie meistens… aber s o sind die deutschen Bürger: sie sehen dieser Scheiße so lange zu, bis der Geruch zu doll wird. Dann gehen sie. Sagen… ›Schocking‹… oder sowas fremdländisches, aber wollen für n i c h t s verantwortlich sein. So sind se… diese Hammelherde. Und dass gerade s i e für a l l e s verantwortlich sind, d a s wollen se gar nich wahrhaben. Zusehen… zugucken… ja. Aber nichts tun. Arbeiten tun se ja sowieso nicht… dazu gibt's ja Dienstboten, nicht? Aber zusehen… d a s können se. Na, und hinterher wollen se nie etwas gesehen haben… i c h weiß das schon jetzt. Siehst du, der Prolet m u s s gerade stehn, wenn er etwas versiebt hat, 'ne Schraube falsch gedreht hat oder so was, aber die Bürger haben Dienstbolzen… Vielleicht erleb' ich's gar nich mehr. Aber pass gut auf, Tinekind… wenn's mal vorbei ist, dann wissen die Bürger von nischt… Na, und jetzt wollen wir den Kaffee trinken.«

Das war 'ne Kaffeestunde nach Gustavs Geschmack. Gut, dass Wöltjen sich verkrümelt hatte. Hätte doch nur spitze, bissige Bemerkungen von Gustav gehört. Konnte er denn nichts anderes reden, als immer von P o l i t i k ? Konnte schon. Wollte es aber gar nicht. Das stank ihm ja s o in die Nase. Und irgendwie musste er sich ja Luft machen. War doch natürlich.

Die meisten Leute aber lebten in dieser Zeit, als ob sie das alles gar nichts angehen würde. Direkt ja nich… aber sehr indirekt.

Agathe führte ein immer besorgtes Leben; sie ging jetzt viel zu der kleinen Amalie. Schon weil Justine ja meist im Laden und in der Bäckerei beschäftigt war. Freunde, richtige Freunde, hatte ja auch Agathe kaum mehr. Die hatten sich so verkrümelt. Wollten auch nicht immer hören, dass Fritz tot sei. Und das war das einzige, worüber Agathe eigentlich sprechen konnte. Für s i e war das plötzliche Verschwinden ihres einzigen Sohnes wohl d e r Gesprächsstoff.

Hatte ja jeder mit sich zu tun. Und diese Agathe Döring kam immer so leicht ins Weinen. Wer mochte denn das? Für Agathe war es wirklich ein

Herzensbedürfnis, darüber zu sprechen. Die kleine Amalie schien immer mehr ihren Vater zu vermissen. Wenn sie mal fragte: »Wo ist denn Papa?« dann konnte Agathe nur sagen: »Er ist verreist.« Etwas anderes hätte ja das Kind auch kaum verstanden.

»Kommt er denn bald wieder…?« fragte die Kleine zuerst zaghaft, dann wurde ihr Stimmchen mutiger, »Sag mal, Oma, ist da denn was dran, was die Leute sagen?«

»Ich weiß doch nicht, w a s die Leute reden. Kümmere dich doch nicht darum… lass die Leute reden…«

»Ist es wahr, dass sie meinen Pappi erschossen haben? Ist das denn wahr? Warum denn…? Er war doch immer so lieb und hat n i e etwas Böses getan…«

So fragte Amalie.

Agathe wusste keine Antwort.

Als sie es Justine erzählte, meinte diese nur: »Warum soll die Kleine nicht die Wahrheit erfahren? Ist ja doch alles Bruch, was die Nazis tun und sagen… also i c h würde ihr ruhig die Wahrheit sagen…« So sprach Justine. Sie meinte es auch so.

Als sie eines Tages wieder Bernhard Tölle sah, er fuhr auf einem Fahrrad… da tat sie, als ob sie ihn gar nicht bemerken würde. Natürlich war Berni beleidigt. Justine war es egal.

Zu Gustav meinte sie nur: »Es geht mit Riesenschritten zu Ende. Ich meine mit den Nazis, glaubst du nicht auch?«

Da sagte Gustav Döring etwas, an das Justine noch lange denken musste. Er sagte, rieb sich dabei nachdenklich das Kinn, das übrigens nicht gut rasiert war. »Bevor die Brüder gehen… machen se noch 'nen Krieg. Ich weiß es, spüre es, rieche es. Es wird ein entsetzlicher Krieg kommen … Hoffentlich verlieren ihn die Nazis…«

»Und was wird aus Deutschland…?« Justine fragte ganz leise.

»Dieses Land… unsere Heimat, wird völlig zugrunde gehen… durch die Nazis… mit oder ohne Krieg. Glaubst du, dass ein siegestrunkener Hitler u n s schonen wird? Wir werden seine Opfer werden… so oder so. Aber e r , der kriegslüsterne Narr, wird dann zugrunde gehen. Da kannst du sicher sein.«

Wer würde das tun? Natürlich Gustav Döring. Er gehörte zu den »Unverbesserlichen«, von denen es eigentlich wenig gab. Sollte man seinen Kopf auch noch hinhalten? Nee… warum denn? Es gab genug Scherereien und Laufereien… der »Bürokratismus« blühte ja im »Dritten Reich«. Wer natürlich das »Glück« hatte, zur »Partei« zu gehören, hatte es in mancher Beziehung besser. Nicht in allem.

Da gab es Stunk und Klatsch, Missgunst und so etwas … Komisch war, dass man nach »Arisierung« der Geschäfte immer noch so etwas wie Konkurrenzneid fürchtete. Es war keineswegs »ideal«. Weit davon entfernt. Im Gegenteil, selbst so ein »harmloser Bursche« wie Samuel Thaler, (der übrigens jetzt aus dem »S.« ein »Samuel« selbst auf dem Firmenschild gemacht hatte), dieser harmlose »nicht-arische« Einwohner der Stadt Hannover, hatte seine liebe Not, auch das »Geringste« durchzusetzen. Dass sein Bruder, Moritz Thaler aus Bremen, tot war, wusste er schon. Aber die näheren Umstände seines plötzlichen »Ablebens« hatte man ihm verschwiegen. Dieser Samuel war im Gegensatz zu seinem Bruder ein sehr harmloser, beinahe einfältiger Mensch.

Und eines Tages erschien ein gewisser Polizeikommissar Frieseke, um ihm mitzuteilen, dass er seinen Beruf nicht mehr ausüben dürfe.

»Sie sind ja der »Jude Thaler« und da geht es nicht, geht wirklich nicht, dass Sie weiterhin arische Kunden bedienen und arische Angestellte haben.«

Samuel sagte noch: »Es liegt doch nichts gegen mich vor, Herr Kommissar, was soll ich denn tun? Ich habe ja das ›Eiserne Kreuz Zweiter Klasse‹ bekommen… das bekommt ja schließlich nicht jeder… ich habe meinem Vaterlande tapfer gedient… ist das nun der Lohn?«

»Weiß i c h doch nicht,« antwortete Frieseke, »nur, das E i n e steht fest, dass Sie hier rausmüssen… etwas anderes weiß ich auch nicht…«

Und so verlor der fleißige und an Politik gar nicht interessierte Samuel Thaler sein Geschäft. Hatte noch etwas Geld auf der Bank. Wie lange würde das reichen? Er lag auf der Straße.

Wenn er mit Gustav Döring darüber sprach, dann sagte der »rote Bäcker«:

»Tut mir wirklich leid, Herr Thaler… aber wie soll i c h Ihnen denn helfen?«
Und dieser Dr. Klapproth, Anwalt, ließ sich gar nicht erst sprechen. Im
Vorzimmer wurde ihm schon gesagt, dass der »Herr Doktor sich mit nicht-
arischen Mandanten ü b e r h a u p t nicht abgeben würde.«

»Aber Herr Dr. Klapproth ist doch mein Kunde…« sagte Samuel noch.
Aber die Stenotypistin im Vorzimmer meinte nur: »Wie ich Ihnen schon
sagte… der Herr Dr. Klapproth gibt sich mit nicht-arischen Sachen
überhaupt nicht mehr ab.«

Kopfschüttelnd verließ Thaler das Büro. War doch dieser Anwalt Klapproth
noch vor wenigen Wochen bei ihm gewesen, hatte einen Anzug bestellt.
Sakko, Weste und Hose… der lag nun bei Thaler… Musste er wohl hin-
schicken?

S o ging das eben auch nicht… Aber wie?

Auch der Bankdirektor Diekmann, für den er ja auch früher gearbeitet hatte,
ließ sich nicht sprechen. Früher war er immer s o freundlich gewesen.

Eine Art Boykott wurde von dem nicht »politisch interessierten Bürgertum« durchgeführt, der durchaus im Sinne der Machthaber lag. Sie konnten ja schließlich nicht sechzig oder siebzig Millionen Menschen einsper-
ren! In den KZs gab es zwar neunhunderttausend Gefangene, in den
Zuchthäusern auch eine stattliche Zahl und der Rest der »Nicht-Mitma-
chenden« war auch groß genug. Aber niemand war da, der ein lautes, ver-
nehmliches »HALT« ausrief.

Niemand.

Sie machten eben meist »mit«, ballten oft die Faust in der Tasche, aber d a s
tat ja niemandem weh. Man machte mit, die wenigsten mit Begeisterung,
aber alle, weil sie ihre bürgerliche Ruhe nicht gefährden wollten. Und
natürlich auch die Stellung. Darauf kam es ja an.

So ein leichtsinniger Hund wie den »roten Bäcker«, ja, den gab es selten.
Das »Dritte Reich« hatte um so mehr leichtes Spiel, weil ja die Reichswehr
(bald würde sie Wehrmacht heißen) einfach a l l e s tat, was dieser »böhmische Gefreite« und seine Helfershelfer sich ausdachten und befahlen.
Die Jugend…? Was sollte man von den Bengels sagen, die als Schuljungen
zur »Hitlerjugend« gingen, »Pimpf« genannt wurden und später zur »SA«

182

gehörten? Es hieß einmal (vor grauen Zeiten) »Sport Abteilung«, aber jetzt offen und klar: »SA« oder »Sturm-Abteilung«.

Wenn Gustav Döring ab und zu sagte: »Sieh mal, Justine, die Opposition hat eben keine Partei, keine Gewerkschaft, keine Organisation. D a s ist der Jammer.«

Dann konnte Justine nur zustimmen. Sie dachte ja ebenso.

Aber wenn ein völlig unschuldiger, ja uninteressierter Mensch wie Samuel Thaler manchmal seiner dürren und unansehnlichen Frau Lina gegenüber äußerte: »Eigentlich beneide ich meinen Bruder Moritz… d e r hat's hinter sich…«

Dann begann Lina, die geduldige und treue, einfach zu weinen an. Schluchzte: »Aber einmal m u s s es doch besser werden, das k a n n doch nicht Ewigkeiten dauern…«

Samuel sagte dann: »Wir auch nicht, Mutter… wir auch nicht. Man ärgert sich aber doch scheckig, dass so ein »Goj« einem einfach die ganze Schneiderei weggenommen hat. Wie kommt denn d e r dazu? Nur weil er k e i n Jude ist? Versteh' ich nicht. Du etwa?«

Nein, Lina verstand es nicht. Auch wenn sie mal mit Agathe über diese »Sachen« sprach, hatte sie eigentlich nichts davon.

Die jammerte meist über ihren Mann, den festen, charaktervollen Bäcker und Konditor Gustav Döring, sie klagte nur: »Der bringt uns a l l e mal ins Kittchen… oder Gott weiß wohin… er ist ja so vernagelt…«

Und dann weinte sie auch. Zwei »Heultrinen« zusammen… was sollte dabei herauskommen?

Justine wäre besser gewesen, sie hatte »Ideen von morgen« (wie sie sagte) … aber wer glaubte schon an ein »Morgen«? Tine stand s e h r fest auf dem Boden. Was in ihr vorging, das sagte sie wohl keinem… Vielleicht manchmal zu Gustav, der sie nur tätschelte, lächelte und dann sagen konnte: »Bist 'ne feine Deern, Tine, zu schade für diese lausige Zeit. Es gedeihen ja nur Schieber und Hochstapler. Na, und solche Maulaufreißer und Feiglinge wie dieser Bernhard Tölle, der seinen besten Freund… m e i n e n Sohn, vor die Hunde gehen ließ. S o l c h e Leute gedeihen… Wenn ich d e n mal zu fassen kriege… na warte…!« So konnte Gustav Döring wohl

183

reden, aber niemand hörte ihm ja zu. Nur ein Mensch. Die Justine tat es. Sie verstand ihn auch. Aber wer sonst? N i e m a n d .

Das Merkwürdige in diesem Deutschland war ja, dass wirklich einige gute und beste Köpfe noch erhalten blieben. Sie lebten irgendwo im Stillen und Verborgenen… n u r hatten sie überhaupt keine Macht mehr. Natürlich meine ich eine »geistige« Macht, denn an etwas anderem war ihnen ja nicht gelegen… D a s waren die »geistigen Menschen« in Deutschland.

Während der Terror wütete und brüllte, währenddessen ein sinnlos macht-trunkener Haufen von Halb- oder gar Nicht-Gebildeten aus dem Lande eine wüste Satansideologie machte, nach der gelebt werden m u s s t e , während die »Stillen im Lande« allzu still waren, noch i m m e r nicht die V e r - p f l i c h t u n g der Denker begriffen hatten, währenddessen ereignete sich die größte Bluttat aller Zeiten.

Nein, die Dörings k o n n t e n ja nichts tun, da die geistigen Menschen stumm blieben. Justine ahnte es wohl… aber sie konnte nichts dagegen tun. S o ging das geistig blühendste Land zugrunde. Weil die h ö c h s t e n Geister schwiegen. Das und nichts anderes war: S c h u l d . Eine junge Frau wie Justine wurde das Opfer. Sie wusste g e n a u , dass sie einst dafür zu zahlen hatte.

Fratzendiener

So wurden sie fast alle, Männer und Frauen… im Hitler-Deutschland. Sie beteten nicht nur »Fratzen« an, ihre Gesichter wurden auch zu einer Frat-ze. Merkten es kaum. Sagte ihnen ja auch niemand. Eine devote und ängst-liche Fratze wurde ihr Gesicht.

Zum Lachen, daran zu denken, dass die »Kultusbeamten« der Religionen den zu taufenden oder zu beschneidenden Säugling einst das »E b e n b i l d G o t t e s «nannten. So stand es in der Bibel. Aber w e r las die schon? Nie-mand.

Es war ein gefährliches, aufreizendes Buch… d a s war es. Wenn auch die christlichen Pfaffen versuchten, aus der Gestalt des Zimmermann-Sohnes aus Nazareth keinen Proletarier, der er war, zu machen, sondern ein salbaderndes geduldiges Wesen. Er lehnte sich ja gegen die höchste Kaste, die der Priester, auf. Er war ein aufrührerischer Proletarier, d a s war er. Und d a r u m wurde er hingerichtet. Nur d a r u m .

Die Gesichter der meisten bürgerlichen Deutschen wurden ab 1933 zur Fratze. Sie duckten sich, machten sich klein (noch kleiner) und hatten eigentlich nur e i n e Sorge: nicht aufzufallen… Die Fratzendiener verfälschten ihren ursprünglichen Ausdruck. Während sie bis 1918 »Untertanen« gewesen waren, so wurden sie jetzt Fratzendiener. Vielleicht könnte man sie auch »Teufelsanbeter« nennen, aber das wäre schon zu viel gewesen. Die, welche einmal Gesichter hatten, verschwanden langsam. Wanderten aus, wurden ermordet oder verreckten im geheimen.

Schimpfen ist recht bequem. Man kann auch ab und zu irgendeinen kleinen »Pindopp« (hannoverscher Ausdruck für Kreisel) abschießen. Das kann man. Warum denn nicht? Das wimmelte ja nur so von Gold eingefaßten Braunhemden, die einen großartig klingenden Titel trugen und im Grunde nur feige Jämmerlinge waren.

Nee… mit »Pindöppen« gab sich Döring gar nicht ab. D a s tat er nicht. D a s nicht. Ob einer Gauleiter, Gauführer, Standartenträger oder sonst etwas war, kümmerte Gustav Döring kaum. »Kroppzeug« nannte er diese aufgegoldeten Figuren, die sich wie am 30. Juni 1934 selbst »umlegten«. Mit solchem »Kroppzeug« gab sich der aufrechte und gerade Sozialist Döring gar nicht ab. »Können sich ja selbst auffressen…,« meinte er oft, und sie taten es auch.

Da sah er mal auf der Georgstraße den »Prinzen Auwi« in feiner brauner Kluft zusammen mit dem Nachfolger des ermordeten Banditenführers Röhm, jenen Viktor Lutze, da stehen. Taten sorglos und sehr eingebildet. Worauf eigentlich? Dass sie noch lebten. Dass sie noch atmeten? Reiner Zufall war das. Nicht mehr und nicht weniger.

Ein Mann wie Gustav Döring, dessen Geschäft immer lausiger ging, war selten. Gab es auch kaum. Die meisten Bürger hampelten und jampelten, dass einem ganz schwindelig wurde. Sie glaubten an die »Dämonie« des »Führers« wie an ein Wunder.

185

So ein Sozialdemokrat wie Bohner oder der ehemalige Oberbürgermeister Leinert, die machten einfach »so weiter Hofften vielleicht auf »bessere Zeiten«. Aber gelernt hatten die nichts … gar nichts. Verstanden ihren Karl Marx falsch, begriffen Engels gar nicht und einen August Bebel, der einmal gesagt hatte: »Wenn es gegen Russland geht, schultere ich das Gewehr« den bezeichneten sie als »Patrioten« und missverstanden ihn gründlich. Denn Bebel hatte natürlich das zaristische Russland gemeint, gegen das er kämpfen wollte. Das gab es aber schon seit 1917 nicht mehr. Nun gab es ein Sowjetreich, ein sozialistisches Land, die Heimat der wirklichen Sozialisten. Das kümmerte aber Bohner und Leinert nicht. Im Gegenteil. Sie hassten wie der erste Reichspräsident Ebert die Revolution und glaubten an eine… Evolution.

Gustav Döring aber erhob sich eines Morgens, sagte: »Muss nach Berlin reisen. Muss.«

Agathe sagte nur: »D u ?«

Justine hingegen fragte gar nichts, sagte einfach: »Ich reise mit…«

Es war ein Sonntag, ein stiller, sonnenglänzender Tag, an dem Gustav und Justine zur Bahn gingen. Nicht viel Gepäck. Ein kleines Köfferchen nur für die junge Frau.

Gustav hatte nach alter Gewohnheit seinen Rucksack um die Schulter gehängt. Schien leicht zu sein. War es auch, so dass Justine fragte: »Hast du denn an alles gedacht, Gustav…?«

»Hat Muttern gepackt, tut sie immer.« Er sah seine Stiefel an, meinte: »Eigentlich hätte ich die ollen vom Militär noch anziehen sollen… wird 'nen Haufen Dreck sein, durch den wir da waten müssen.«

Es war der fahrplanmäßige D-Zug, der von Köln nach Berlin fuhr. Um zwei Uhr fünfunddreißig nachmittags, da wäre man also schon um fünf Uhr in Berlin…

»Aber wo steigen wir denn aus?« fragte Justine.

Gustav knurrte etwas von »Friedrichstraße« und dann glitt der Zug langsam aus der Halle des hannoverschen Bahnhofs.

»Hast du denn ein bestimmtes Ziel, Gustav?« fragte Justine.

»Und ob…,« sagte der Bäcker Döring und wollte sich seine Pfeife anzün-

den… Aber da merkte er noch, dass sie im Coupé »Für Nichtraucher«
eingestiegen waren.

»Geh' besser auf den Gang«, meinte Gustav und erhob sich. Da kam ein
Schaffner vorbei sagte: »Das Rauchen im Gang ist verboten…«

Gustav ärgerte sich mächtig, aber ein Herr neben ihm meinte: »Es sind ja
auch Raucherabteile im Zuge…« So steckte Gustav seine Pfeife wieder in
die Tasche.

Im Coupé sagte er: »Scheint ja alles verboten zu sein… ist ja bezeichnend
für die heutige Zeit…«

Justine blätterte in einer »illustrierten Zeitung«, sagte: »Hast nicht viel
Glück, Gustav…«

»Warum soll i c h denn Glück haben…? Passt ja gar nicht zu mir…«

Da musste Justine lachen: »Bist auch en schöner Kavalier. Fährst mit m i r
zusammen und nennst das k e i n Glück.«

Das waren so Witze, die Gustav liebte. Er tätschelte die Hand seiner Schwiegertochter, meinte sarkastisch: »Hast recht, Tine… bin wohl kein rechter
Kavalier. Woher sollte ich's auch sein? Hast recht, Tinekind…«

Nun flog die Station »Lehrte« vorbei. Der Zug hielt gar nicht. Dachte
Gustav: Der Zug hat's a u c h eilig… na ja… Laut meinte er: »Können wohl
im Speisewagen en Schluck Kaffee bekommen. Haste Lust, Justine?«

Dann saßen die beiden an einem kleinen Tisch im »Speisewagen«, tranken Kaffee, aßen Kuchen und fühlten sich überhaupt wohl.

Wenn nur Justine den Z w e c k der Reise erfahren könnte. Sie wagte aber
nicht zu fragen.

Die erste Station war der »Bahnhof Charlottenburg«, aber Gustav sagte:
»Wir steigen Friedrichstraße aus. Da kenn' ich auch ein kleines Hotel…
ist dir doch recht, Tine?«

Der war alles egal.

Von Berlin Friedrichstraße fuhren sie in das Hotel »Kurfürst«, das in der
Nähe des Potsdamer Bahnhofes gelegen war.

»Ich muss mich erst zurechtmachen, Gustav,« sagte Justine, als sie ein kleines, aber bequemes Zimmer erhalten hatte.

Gustav meinte nur: »Ich werde gegen sieben bei dir anklopfen.« Dann ging er fort. Er hatte wohl ein anderes Zimmer. Justine fragte nicht. Sie legte sich auf ihr Bett, schloß die Augen. Dachte an… nichts.

Pünktlich um sieben Uhr abends klopfte Gustav. Nein, ausgeruht hatte er sich nicht. Aber durch die Berliner Straßen war er gelaufen. Das hatte ihn gar nicht froh gemacht.

»Weißt du, Tine… hier ist's ja n o c h schlimmer als in Hannover. Auf Schritt und Tritt stößt du auf SS-Leute, die wohl den Ton angeben.«

Justine antwortete nicht. Die e i n z i g e Frage, die sie beschäftigte, war das Z i e l von Gustavs Reise. Aber fragen mochte sie nicht. Konnte sie auch gar nicht.

Als sie bei »Habel«, dem feinen Lokal »Unter den Linden« saßen, da sagte sie: »Warum so vornehm, Gustav? H i e r ist doch alles so teuer…«

»Kommt mir heute nicht darauf an, will mal mit meiner Justine richtig essen… na, und der Wein ist auch nicht von Pappe. Soll mir heute nicht darauf ankommen. Na prost, Tine… Es lebe die Zukunft…«

Justine trank, aß mit sichtbarem Behagen, aber innerlich dachte sie i m m e r nur an die Frage… und nach einigen Gläsern Wein (es war »Piesporter Auslese»), rutschte es plötzlich aus ihr heraus: »Sag mal, Gustav… w a s hast du denn eigentlich hier in Berlin zu tun? Geht mich ja nichts an… aber ich frage nur so… brauchst keine Antwort zu geben… bestimmt nicht.«

Gustav sah Justine eine Sekunde lang an, dann sagte er: »Brauchst nicht dabei zu sein… Aber morgen Mittag hab' ich was Wichtiges… s e h r Wichtiges vor… na Prost.«

Und so verging der Abend gemütlich und ruhig.

Einer muss es ja tun

Von s e c h z i g Millionen ein einziger… warum denn?

Man stelle sich da bitte keinen H e l d e n vor, keinen muskelgezierten Athleten… d a s war er nicht. Der E i n e von den sechzig Millionen.

Es war nur der stämmige und für seine Jahre noch gut erhaltene Bäcker und Konditor Gustav Döring aus der Stadt Hannover an der Leine. D e r war es; kein anderer.

Die anderen Hunderttausende oder Millionen taten n i c h t s , überhaupt nichts. Warum sollten sie sich in Unannehmlichkeiten stürzen?

Die Bürger führten ihr Leben weiter. Die Arbeiter knurrten. Die Zeitungen logen ja, mehr als sonst. Sie verschanzten sich hinter den »Vorschriften«, die eine »Reichs-(Un)Kulturkammer« herausgab. Sie druckten a l -l e s ab. So wünschten es die Nazis.

Der nun »gestorbene« Dichter Franz Werfel, dessen Werke nicht mehr gedruckt werden durften, weil er eben »nicht arisch« war, hatte einmal gesungen: «…Lüge deckt uns warm zu…« Das hatte er gedichtet. (Heute würde er sicher gegen die Nazis, doch ganz »westlich-orientiert« sein.)

Man muss sich diesen Bäcker und Konditor aus Hannover nicht etwa »gebildet« vorstellen. D a s war er nicht. Aber er konnte es nicht verknusen, dass man aus der Lüge eine Waffe g e g e n die Wahrheit machte. Und das tat man. Die sogenannten »Gebildeten« taten aber nichts, weniger als das: g a r   n i c h t s .

Als er da so am Morgen durch die Hauptstadt Berlin schritt, nachlässig und dem Äußeren wurschtig gegenüber, er so am Arme seiner hübschen, jungen Schwiegertochter Justine wandelte, schlenderte, da hätte wohl niemand in ihm d e n Mann vermutet, der einfach Schluss machen wollte. Keineswegs mit sich. Nein, daran dachte Döring wohl kaum, obwohl sein Laden mies ging und er, als ehemaliger Sozialdemokrat, immer noch den Spitznamen hatte der »rote Bäcker«… Trotz seiner Jahre fühlte er sich jung und unternehmungslustig.

»Man sollte sich wohl vorher noch ein paar schöne Bilder ansehen…,« sagte er zu Justine, die gar nicht begreifen konnte, warum Gustav das Wort »vorher« benutzte, sie sagte nur: »Ich hab' eigentlich keine Lust, Museen anzusehen… lass uns doch einfach…spazieren gehen… nichts tun… w a n n hast du denn dein so wichtiges Geschäft, wegen dem wir hergekommen sind?«

Gustav lachte nur: »Wann ich will… jetzt gleich oder später… wie es der Zufall so fügt…«

Das war Gustavs Antwort gewesen. Justine fragte nicht mehr. Wozu denn? Sie gingen gerade die »Linden« hinunter, freuten sich an den immer noch frisch wirkenden grünen Bäumen. Justine sah auch Auslagen von Juwelieren, die sie sich gern genauer angesehen hätte.

Gustav trabte überall mit hin. Fand alles schrecklich teuer. Sagte es auch: »Wozu die Leute ihr Geld rausschmeißen. Rätselhaft ist mir das. Bin froh, wenn ich mit Muttern so durchkomme. Geht oft knapp. Aber es geht…«

Justine sagte noch: »Und dann die t e u r e Reise hierher… na ja, fürs Geschäft. Versteh' schon. Freut mich, dass du mich mitgenommen hast. Will auch gar nichts kaufen. Nur ansehen. D a s darf ich doch?«

»Darfst noch viel mehr, Kind… w e n n ich erst m e i n Geschäft hinter mich gebracht habe… wirst noch 'ne feine Dame werden können. Hoffe ich doch…«

Inzwischen war es schon halb zwölf geworden. Gustav meinte: »In 'ner guten Stunde können wir ja en Happenpappen essen, wenn du so lange aushalten kannst… ja?«

»Hältst mich wohl für verfressen, Gustav? Bin ich nicht … niemals gewesen. Das Abendessen gestern war ja für Millionäre. M e i n e t w e g e n brauchst du nicht immer in so teure Lokale gehen. … M e i n e t w e g e n nicht…«

»Es hat m i r aber Spaß gemacht, weißt du… so'n schön gebratenes Stück Fleisch… Rumpsteak… oder wie sie es nennen, und dazu 'ne Flasche guten Wein… d a s habe ich gern.«

Gustav war kein Kostverächter, war er nie gewesen. Hätte ja auch nicht zu ihm gepasst. Agathe war darin anders, s i e las auf der Speisekarte (w e n n sie mal ins Lokal gingen) zuerst die Preise. Haste Worte. Und dann wählte sie immer das billigste Essen. Wöltjen war übrigens auch so… Justine n i c h t …Wie d i e überhaupt zu so einem ewig ängstlichen und vorsichtigen Vater gekommen war, das wussten die Götter. Hätte so gut zu Gustav gepasst, der niemals fragte, niemals. Dabei soll nicht gesagt werden, dass er i m m e r und a l l e s richtig machte. Das tat er nicht. Konnte es auch gar nicht.

Seine Lebensfähigkeit beruhte auf der Tatsache, dass er immer und in j e -

d e r Sekunde Eindrücke sammelte. Sich auch nicht scheute, die Nutzanwendung zu ziehen…

Er war eben »richtig«, das heißt ein Mensch dieser Zeit, der sich n i c h t s , auch gar nichts vormachen konnte. Zu einem »gebildeten Spießer« fehlte ihm auch die Schulbildung. War 'ne Menge, was er so im Laufe seines Lebens gelesen hatte, mehr noch: erfahren, aber Schulbildung besaß er nicht. Der Unterschied zwischen einem natürlichen Menschen, wie Justine einer war und ihm, lag nicht an der Menge der »Bildung«, nur an der Menge der Erfahrung.

Das imponierte Justine, die eine sehr behütete (so sagt man wohl) Kindheit genossen hatte. Und dann purzelte sie einfach in die erste beste Dummheit. Und die hieß »Fritz«. Da half keine Überlegung und kein Wissen, sie war ein lebendiges junges Mädchen, das sich den »Poussierstengel Fritz« einfach genommen hatte. Ohne viel zu fragen oder zu überlegen…

Als sie später dem so schändlich gemordeten Hans Freudenthal begegnet war, da war zwar ihre Bindung zu Fritz nicht stark, denn der »Reiz« war schnell verflogen.

Aber sie war nicht mehr d e r Mensch von einst. Eine Frau. Vielleicht keine Geliebte. Sonst hätte sie ja einfach ein »Verhältnis« mit Hans anfangen können. Sie nahm es aber mehr als Schicksal, als tragisches … Wie j e d e Begegnung. So auch d i e mit Gustav. Der war für sie so, wie sie sich die Menschen immer gedacht hatte… genau so.

Nun ging sie mit ihm in Berlin spazieren. Sah wohl auch manche Dinge, die sie gern besessen hätte. Hier eine Armspange, dort einen Ring oder eine Brosche… alles Dinge, für die eine junge Frau sich wohl hätte begeistern können.

»Hübsche Sachen sind das«, sagte Gustav und überlegte, ob er nicht das eine oder andere Stück für seine Tine hätte kaufen können. Er dachte wohl manchmal an Agathe, aber die war ihm nicht dazu da, dass er sie hätte »schmücken« können. Warum denn nicht? Er liebte doch seine Frau. Aber sie war für ihn in den Ehejahren mehr ein bequemes Besitzstück geworden als eine…Geliebte.

»Soll ich dir nicht diesen Ring da kaufen?« fragte er Justine. Wartete ihre

Antwort gar nicht ab. Kaufte den Ring, der einen großen Stein trug. »Behalt ihn gleich an,« sagte er zu Tine, die wirklich erfreut und verlegen zugleich war.

Gustav machte es großen Spaß, dass der Verkäufer sehr jüdisch aussah und sagte: »Ich geh' übrigens morgen fort…,« wunderte Gustav nicht fragte nur: »Wohin reisen Sie denn…?«

»Das ist keine Reise… ich w a n d e r e aus… nach Frankreich, später wohl weiter.«

Gustav wollte sagen: »Warten Sie doch noch… bis morgen kann sich v i e l ereignen.« Er tat es aber nicht.

»Nun gehen wir mal zur Dorotheenstraße… in den »Igel«, das ist ein feines Lokal … Haste Lust, Tine?«

Die meinte nur: »Hoffentlich ist's nicht zu teuer, Gustav.«

Er lachte nur, sagte: »Der Ring ist hübsch. Dann denkste wenigsten noch ein bisschen an mich…«

Als sie den »Igel« betraten, fanden sie auch einen Tisch am Fenster.

»Möchte gern hinaussehen..,« sagte Gustav.

»Da gibt's doch nischt zu sehen,« sagte Justine, »nur die SS-Pilze wimmeln da herum«… Sie rief: »Herr Ober… geben Sie mir mal einen doppelten Cognac.«

»Na, du fängst ja g u t an,« lachte Gustav und ließ sich auch einen Cognac geben.

Dann kam das Essen. Nichts Besonderes, aber Justine war wie ausgehungert. Sie löffelte hastig, so dass Gustav meinte: »Jetzt wollen wir erst mal den Braten haben… nennt sich Rostbraten… na, hoffen wir das Beste…« Siehe da, er schmeckte gut. Sehr gut sogar. Gustav fragte: »Willst du noch 'ne Portion haben… Tinekind?«

Die nickte kauend; bald hatte sie einen Teller mit neuem Rostbraten auf dem Tisch. Gustav schien es weniger zu schmecken. Er zerrte das Fleisch über den Teller… hin und her. Justine sah es mit Staunen. Auch dass Gustav nun wieder einen Schnaps trank, wo doch die Flasche »Dürkheimer Feuerberg« unberührt auf dem Tisch stand, war seltsam.

»Weiß nicht,« knurrte er, »muss erst mal was Richtiges trinken«. Er tat es auch.

Das Lokal füllte sich allmählich. Ein Herr sagte: »Der Führer muss j e d e n Augenblick h i e r vorbeikommen… sehen Sie nur, die Leute winken ja schon…«

Ehe es Justine begreifen konnte, war Gustav plötzlich, ganz plötzlich aufgesprungen… war zur Tür geeilt… hatte sie aufgerissen…

»Wo will denn der Herr hin?« fragte ein Kellner Justine, aber die musste sich erst sammeln, bevor sie antwortete.

Nun wurde das »Heilrufen« und Schreien immer lauter. Justine wusste nicht, was sie machen sollte.

Plötzlich krachte ein Schuss draußen. Noch einer… noch einer… Man hörte Schreie… Männerstimmen brüllten… laut… lauter…

Dann wurde die Tür zum Lokal aufgerissen. Gustav stürzte hinein. Wie sah er bloß aus! Das Haar hing verwirrt, wie zerzaust in die Stirn… es war furchtbar… In der rechten Faust hielt Gustav einen… Revolver… der rauchte noch etwas… Es war ein schrecklicher Anblick. Entsetzlich.

Justine war aufgesprungen. Gustav goß sich direkt aus der Rotweinflasche Wein in die Gurgel… ohne Glas… er schien gar nicht mehr aufzuhören…

Justine rief: »Gustav… Gustav… was soll denn das?«

Da stürzten vier SS-Leute in das Restaurant. Sahen nur kurz die Tische an. Dann aber packten sie Gustav.

»D a s Schwein hat ein Attentat auf den Führer versucht… misslungen… Gott sei Dank… Hat ja noch den Revolver…«

Bevor Justine irgend etwas tun oder sagen konnte, hatten die SS-Männer Gustav gefesselt. Einer schlug immer auf seinen Kopf, rief dabei: »So'n Schwein… so'n Schwein… raus mit ihm…« Sie zerrten den widerstrebenden Körper zur Türe.

Justine legte irgendeinen Geldschein auf den Tisch. Lief den SS-Leuten nach, die Gustav hinausgeschleppt hatten.

Alle Leute im Lokal standen da, starrten und sagten nichts. Der Kellner aber besah den Geldschein: »Ist doch zu viel, Fräulein… Sie bekommen ja noch drei Mark zurück.«

Justine kümmerte sich nicht um den Kellner. Sie erwischte ein Taxi, sagte: »Fahren Sie mich zur Prinz-Albrecht-Straße… zur Gestapo.«

Ein seltsamer Anblick war das: eine junge Frau verlangte dringend in das Gebäude eingelassen zu werden. Sagte, schrie beinahe: »Ich bin doch Zeugin… bei dem Attentatsversuch gewesen. Der Täter, mein Schwiegervater Gustav Döring, wird sicher jetzt schon vernommen… mein Mann war übrigens Sturmführer…«

Der SS-Mann an der Tür sah sie nur an: »Wo ist denn der Sturmführer… Ihr Mann?«

Beinahe hätte Justine die Wahrheit gesagt, aber sie tat es nicht, meinte nur: »Der ist in Hannover… da wohnen wir ja…«

Einen Augenblick ging die Wache fort. Justine stand allein da. Sie hatte n u r den Wunsch, bei Gustav zu sein.

Da kam ein anderer SS-Mann, winkte ihr. Sie folgte. Bald war sie in einem kleinen Raum. Da vorne stand ja Gustav. Wurde gerade vernommen.

Es war der Standartenführer Mahlstedt, der jetzt fragte: »Sie geben also die Tat zu? W a s waren die Motive…?«

Da sagte Gustav, seine Stimme klang ganz ruhig: »Braucht man d a z u Motive?… Meinen Sohn, den Sturmführer Döring, haben sie ja umgelegt … am 30. Juni 1934… und d a n n konnte i c h die Sache nicht mit ansehen… d a s waren meine Motive. Dass g a n z Deutschland von den Nazis vergewaltigt wird, das ist I h n e n wohl gleichgültig, mir nicht. Dass mir die Sache n i c h t geglückt ist, finde ich bedauerlich. Wenn es sie interessiert… jawoll, ich w a r Sozialdemokrat, aber bin aus der Partei ausgetreten. Nicht, weil sie mir zu radikal war, im Gegenteil… das sind ja alles schwächliche Pinkels. Schon 1914 hatten die ja Schiss…«

»Halten Sie hier keine Propagandareden… Ihr Schicksal ist sowieso entschieden…« Der Standartenführer nahm einen Zettel, der vor ihm lag: »Der versuchte Angriff auf den Führer wird mit dem Tode bestraft, das wussten Sie doch…?« Dann winkte er Justine zu, die hinten auf einer Bank saß, sagte: »Sind Sie mit dem Täter verwandt…?«

»Er ist der Vater meines Mannes… und mein b e s t e r Freund… ich wusste nichts von der Tat.«

Da sah sie, wie Gustav sich umdrehte und mit der gefesselten Hand ihr zuwinkte. Sie hörte seine Stimme: »Mir ist a l l e s klar. Aber meine Schwiegertochter wußte von nichts… überhaupt nichts. D i e ist völlig unschuldig, den Mann, m e i n e n Fritz, haben S i e ja totgeschlagen. Sie ist Witwe… ist auch meine b e s t e Freundin. Der können Sie n i c h t s tun… gar nichts… und Deutschland ist meine Heimat…«

Mahlstedt aber sagte: »Das interessiert uns nicht…« Er winkte mit einer Hand und zwei SS-Leute gingen zu Justine, dann kam noch eine Frau… forderte Justine auf, ihr zu folgen.

Beim Hinausgehen hörte Justine noch, wie Gustav rief: »Ich geh zu Hans… sei vorsichtig, Tine.. grüße Muttern.«

Die Unterhaltung zwischen Mahlstedt und Gustav war nur kurz.

»Nee… Reue hab' ich keine, mir tut's nur leid, dass meine Tat missglückt ist… Wer Hans ist, fragen Sie? Das ist mein Freund und früherer Genosse gewesen. Den haben Sie ja in der Tschechoslowakei ermorden lassen. Er hatte j e d e n Abend durchs Radio die Wahrheit gesagt… die nackte Wahrheit… so, nun tun Sie, was Sie nicht lassen können…«

Man führte Gustav ab. Vier SS-Leute kamen, um ihn zur Exekution zu holen.

Ende und Beginn

Natürlich hielt man Justine einige Wochen im »Frauengefängnis« fest. Sie hatte es nicht schlecht dort. Konnte sogar arbeiten: Körbe flechten. Das war alles.

Der Standartenführer Mahlstedt ließ sie eines Tages kommen: »Frau Döring… angesichts der Tatsache, dass Sie die Frau eines SA-Führers waren, werden Sie heute entlassen. Sie dürfen aber n i c h t s erzählen … verstanden?«

Justine fragte noch: »Was ist denn aus Gustav Döring geworden, meinem Schwiegervater und dem Vater des ›Sturmführers‹…?«

Mahlstedt blickte gar nicht auf, als er sagte: »D e r hat seinen Lohn bekommen. Wir haben ihn erschossen…«

Justine erwiderte nichts… Sie erhielt ihre Sachen, den Koffer. Bald war sie wieder in Hannover. Ging gleich zu Agathe… Die weinte natürlich.

»Wo ist mein Kind, wo ist Amalie?« Und dann kam die Kleine schon, schrie: »Mama« und weinte vor Glückseligkeit.

Agathe sagte noch: »Bleib ruhig hier. Hast ja doch keine Bleibe mehr.«

Justine fragte nicht. Sie aß und trank, dann bestellte sie auch die »letzten Grüße« von Gustav.

Am Nachmittag ging sie zu ihrem Vater Wöltjen, umarmte auch ihre Mutter Frieda. Die sagte: »Es h a t ja so kommen müssen…« Wöltjen fügte noch hinzu: »Wär er man vorsichtiger gewesen. Hab's ihm oft genug gesagt.« Justine antwortete gar nicht. Wozu auch? Es gab eben … »so'ne« und »so'ne«… Gustav Döring aber gehörte nicht zu den »vorsichtigen Leuten«, niemals hatte er das. Konnte er ja nicht.

Es war nicht Pathos, nicht das leere und hohle Pathos, wenn er oft gesagt hatte: »E i n e r muss es ja tun,« und nun war eben e r der »Eine« gewesen. Deswegen hatte er keinen Stolz oder Hochmut gehabt, trotz seiner Witze, die er so gerne machte, besonders, wenn solche »falschen Fuffziger« wie dieser Bohner ihn auf den »Boden der Tatsachen« führen wollten.

Dumm war nur, dass sie manchmal dem Bernhard Tölle begegnete, der »richtiger« Briefträger geworden war. Er prahlte und renommierte immer noch herum, wie er es immer getan hatte. Justine beachtete ihn gar nicht. Das war er gar nicht wert.

Und nachts träumte Justine immer oft von Gustav, hörte seine feste, laute männliche Stimme. Manchmal erschien auch Hans in ihren Träumen. Er war immer etwas traurig, immer etwas (eine kleine Spur) wehmütig. Und einmal erschien ihr auch Fritz… aber so, wie er früher gewesen war. Jungenhaft, ausgelassen… und übermütig.

Als sie eines Nachts, müde von der Arbeit in ihr Zimmer kam, da sah sie sogar Gustav, leibhaftig, der stämmige Gustav, hörte, wie er »Tinekind« sagte. Die kleine Amalie wuchs erschreckend schnell, kaum zu glauben. Justine dachte dann manchmal: Ich werde ja alt… wie ist das möglich?

Justine blieb Tine, und Tine blieb Justine. Allen Ereignissen zum Trotz. Justine nahm an den Tagesereignissen Anteil … wie bisher. Nur dass sie niemanden zum Sprechen hatte, keinen Menschen wie Gustav, fiel ihr direkt schwer. Natürlich fehlte ihr Hans Freudenthal auch, aber das »Tägliche«, die »kleinen Dinge«, waren doch sehr mit Gustav verbunden. Hans war mehr die »Idee«, die unzerstörbare »Idee des Sozialismus«. Gustav aber war die praktische, tägliche Arbeit. Da gab es keinen Ersatz dafür. Hatte auch nichts zu tun mit den Erinnerungen an »schöne Zeiten«, von denen Agathe ganz angefüllt war. N u r darüber konnte sie sprechen… Justine nicht.

Einmal begegnete ihr Samuel Thaler, der nun von Konsulat zu Konsulat lief, um auszuwandern. Geldverdienen konnte er ja nicht mehr. Ihm blieb nur das Gespenst der Hoffnung… weiter nichts.

Justine fragte sich oft, ob sie nicht auch auswandern sollte. Aber wohin? Kein Land war da, kein Erdteil, der eine Justine hätte gebrauchen können. Justine blieb, die sie war. Die Jahre wuchsen, sie auch. Sie sah die Menschen immer schäbiger und seelisch abgeschabter werden. Die Vorsicht wuchs. Die Feigheit auch.

Sie arbeitete immer noch in der Bäckerei von Gustav Döring, trotzdem da ein anderer Geist wehte… ein Mann da zu sagen hatte, der es a l l e n Kunden recht machen wollte.

Siehe da … eines Tages kam auch jener Dr. Klapproth wieder in den Laden. Jetzt, da der »rote Bäcker« ja nicht mehr dort war. Schien direkt erstaunt zu sein, dass er Justine »immer noch« traf. Sie nahm keine Notiz von ihm.

Der neue Inhaber hieß Ernst Hölting und war sicher in nationalem Sinne »zuverlässig»; natürlich »Arier«. Das Geschäft florierte wieder.

Agathe lebte direkt auf. Einmal kam auch Wöltjen, fragte gleich nach der kleinen Amalie. Sie war aber spielen gegangen. Mit Justine konnte er weniger sprechen. So ging er bald.

Da gab es einen Wasserfall, der sogenannte »Schnelle Graben«, zu dem die »Seufzerallee« führte. Da ging Justine jetzt im August öfters hin. Sie liebte das brausende Wasser, das da mehrere hundert Meter tief hinunterstürzte.

Es war so gegen acht Uhr abends, als Justine wieder einmal da stand und ins Wasser starrte. Ein junger Mensch, der etwas unschön aussah, eine ewig rutschende Brille trug, fiel Justine auf. Er sprach sie an. Er starrte … wie sie … ins Wasser.

Einmal sagte er: »Sehen Sie nur, wie die Sonne sich im Wasser spiegelt.«

197

»Ja,« sagte Justine, »jetzt ist ja Sonnenuntergang. Das ist immer schön. Die Sonne geht im Westen unter.«

Der junge Mensch sagte nichts, dann aber meinte er: »Haben Sie mal einen Sonnenaufgang h i e r erlebt?«

Justine verneinte, fügte noch hinzu: »Möcht' ich schon mal sehen. Die Sonne geht nämlich im Osten auf. Ex oriente lux das ist lateinisch... Das Licht kommt aus dem Osten... Nicht nur für uns. Für alle kommt der Morgen, Licht aus dem Osten. Für uns alle. Für ganz Deutschland.«

Epilog

Die Schuld der Zuschauer

Heute ist es leicht, gescheit zu sein. Jeder kann das. Du oder ich. Auch WIR können es, falls es UNS noch gibt. Es kommt aber nicht darauf an, was der »Zuschauer«, der »Überlebende« denkt. Es geht nur darum, festzustellen, dass alle die Zuschauer von 1933 bis 1945 schuldig und todeswürdig sind. Denn sie h a b e n alles geduldet.

Es kommt nicht darauf an, ob jemand applaudiert hat, ob er »Heil« geschrien hat, d a r a u f kommt es nicht an. Auf etwas anderes, weit einfacheres: ob der Überlebende die tiefen Zwölf-Uhr-Glockenschläge gehört hat. Nicht nur gehört. Auch begriffen, dass jenes fluchbeladene blutige Zeitalter des Kapitalismus zu Ende ist, ob die Kriegshetzer w i r k l i c h stumm gemacht wurden, ob das Zeitalter des allgemeinen Glückes das des Sozialismus wirklich begonnen hat. Sie haben ja a l l e zugesehen. A l l e , jede Nation, jedes Volk hat sich mitschuldig gemacht und hat nun die Möglichkeit, seine S C H U L D zu begleichen.

Gustav Döring, der »Held« unseres Romans ist tot. Ebenso der von den Nazis gemordete Hans Freudenthal, ebenso die hunderttausende von Menschen, die 1935 noch lebendig und jung waren. Sie liegen meist verscharrt auf den Kriegsschauplätzen j e d e r Nation. Wichtig ist nur eins: dass Justine noch lebt und tätig hilft. Mit dem Einsatz ihrer g a n z e n Persönlichkeit.

Die J u s t i n e s sind wichtig, sie m ü s s e n im wahren demokratischen Deutschland stehen, um zu helfen und zu arbeiten. Justine wird es s i c h e r tun. Sie hat Gustav beweint, hat um den gemeuchelten Freudenthal geklagt, hat vielleicht sogar den Vater ihres Kindes, diesen Fritz, beklagt, der am 30. Juni 1934 von den eigenen Leuten »umgelegt« wurde. Justine ist wohl allen gerecht gewesen. Sie war k e i n e Zuschauerin wie die meisten ihrer Klasse und ihres Standes. Der Ernst des Lebens ist ihr wirklich nahe gekommen, hat sie mitgerissen und zu sich selbst gebracht.

Aber ich meine ja diese »feinen Herren«, ob sie »Klapproth« hießen, ob sie Juristen waren oder Ärzte. Ich meine jene sehr egoistische Schicht von Menschen, die in allem nur an sich gedacht haben. An ihre Bequemlichkeit, an ihre Sicherheit, an den fadenscheinigen Nimbus ihrer bürgerlichen Stellung.

Es war der Kritiker und Dichter ALFRED KERR, der gesungen hat:

>>Der Täter war der Schlimmste nicht

Wer das Schlimmste verschuldet hat

war der: der alles geduldet hat.«

Ich versuchte in meinem Roman einen Ausschnitt aus der Zeit von 1933 bis 1936 zu geben. Aber die »Quintessenz« des Buches m u s s sein, dass dieses frivole Spiel mit dem Leben anderer endgültig und für immer zu Ende ist.

Das, nur d a s ist der Sinn des Buches. Wer Ohren hat zu hören, der höre… Wer Augen hat, der lese…

Glossar

9. November 1918. Revolution; Abdankung des Kaisers; Übergang des Reichskanzleramtes von Prinz Max auf Friedrich Ebert (SPD); Scheidemann (SPD) ruft die Republik aus.

30. Juni bis 1. Juli 1934. »Nacht der langen Messer«, Ziel war es, Hitlers Macht zu festigen und den »Störfaktor« SA auszuschalten – die Reichswehr von der Sorge vor einem Konkurrenten zu befreien; Verhaftung und Erschießung der SA-Führung; Ende der »Nationalsozial. Revolution«.

Bad Wiessee. Die Tagung in Bad Wiessee wurde ebenfalls vom 30.6. und 1.7. 1934 dazu genutzt, missliebige Personen umbringen zu lassen. Die Aktion gegen Röhm und die in Bad Wiessee versammelten SA-Führer leitete Hitler persönlich. Die Durchführung der Maßnahmen im Reichsgebiet lag in den Händen von Göring. Am 30. Juni 1934 beseitigte Hitler nicht nur seine rivalisierenden Gefährten, er ließ auch ehemalige und mögliche Repräsentanten einer politischen Gegenbewegung in Deutschland beseitigen: Edgar Jung, Gregor Strasser, General v. Schleicher, Ritter v. Kahr u.a.

Ballin, Albert, Hamburger Kaufmann und Reeder (1857–1918). Generaldirektor bei Hapag (1899); großes Ansehen in der Hansestadt; erlebt die November-Revolution als persönliche Niederlage, Freitod am 9.11. 1918.

Bernard, Tristan, frz. Schriftsteller (1866–1947). Komödien u. Romane.

»Bolivianischer Offizier«. Bezieht sich offenbar auf den Chacokrieg (1932–35), in dem Bolivien und Paraguay sich feindlich gegenüberstanden. Dieser Krieg war für Bolivien außerordentlich verlustreich, weil die Unzulänglichkeit des alten bolivianischen Berufheeres sichtbar wurde.

Boykott-Tag am 1.April 1933 in Bremen. Liste jüdischer Unternehmen wurde aufgestellt (94 Geschäfte, 13 Ärzte und Rechtsanwälte). Bürger wurden aufgefordert, bei Juden nicht zu kaufen.

Blomberg, Werner von, Generalfeldmarschall, (1878–1946). Reichswehrminister 1933–35; Reichskriegsminister, Oberbefehlshaber der Wehrmacht 1935–38. Von Blomberg suchte der Wehrmacht im Herrschaftssystem Hitlers einen herausragenden Platz zu sichern.

Braun, Otto, dt. Politiker (SPD), (1872–1955). Preuß. Ministerpräsident mit Unterbrechungen 1920–33.

Brüning, Heinrich, dt. Politiker (Zentrum), (1885–1970). Reichskanzler 1930–32; entlassen 1932; emigrierte 1933 in die USA; Prof. in Köln 1951–55.

Bund Deutscher Kriegsteilnehmer und Republikaner zur Verteidigung der Weimarer Republik 1924–30.

Clever-Tor. Einst auf dem Gebiet des Simonplatzes in Hannover errichtet; Name nach dem Bäcker Hinrich Cleve, der dort wohnte und ein Alter von über 100 Jahren erreichte. Heute gibt es nur die Clevertor-Brücke in Hannover.

Cuno, Wilhelm, dt. Politiker (1876–1933). 1922/23 Reichskanzler; Politik des »passiven Widerstandes« gegen frz. Ruhrbesetzung.

Dollfuß, Engelbert, österr. christlich-sozialer Politiker, (1892–1934). 1932–34 Bundeskanzler u. Außenminister; gegen Anschluss an Deutschland; bei nationalsozialist. Putschversuch ermordet.

Deutsche Arbeitsfront. Nach Auflösung der deutschen Gewerkschaften wurde die nationalsozialistische »Deutsche Arbeitsfront« gebildet.

Düsterberg, Theodor, Militär u. Politiker (1875–1950). 1918 Abschied vom Heer, wendet sich der Politik zu; Parteisekretär der Deutschnationalen Volkspartei (DNVP) 1919–23; Bundesvorsitzender des Verbandes »Der Stahlhelm« 1924–33; Vorschlag für das Amt des Reichspräsidenten 1932 (»Stahlhelm« u. DNVP), Misserfolg; Rückzug aus dem öffentlichen Leben nach der Freilassung 1934 aus dem KZ Dachau; 1943 kurze Kontakte zur Widerstandsbewegung; Schrift 1949: »Der Stahlhelm und Hitler«; Düsterberg stirbt 1950 in Hameln.

Ernst, Karl. Berliner SA-Gruppenführer.

Fischer, Peter, dt. Maler (Prof.), (1891–1964), ansässig in Berlin.

Freudenthal, Hans. Amerikanischer Freund Karl Jakob Hirschs, auch erwähnt in »Quintessenz meines Lebens«.

Haarmann, Fritz (1879–1925). Der »Vampir von Hannover« wurde 1924 festgenommen. Wegen zahlreicher Delikte und Morde an 24 Menschen angeklagt; 1925 hingerichtet.

Heines, Edmund. SA-Obergruppenführer von Schlesien.

Henlein, Konrad, dt. Politiker (1898–1945). Betrieb Hitlers Anschlusspolitik im Sudetenland; Selbstmord (1945).

Heydrich, Reinhard, nationalsozial. Politiker, (1904–42), . Chef der Gestapo; stellvertretender Reichsprotektor für Böhmen und Mähren; von tschechischen Widerstandskämpfern ermordet.

Hörsing, Friedrich Otto, dt. Politiker (SPD), (1874–1937). Amt des Staatskommissars für Schlesien und Posen 1924–30; Mitbegründer des Reichsbanners «Schwarz-Rot-Gold« 1924.

Jung, Edgar Julius (1894–1934) dt. Politiker, konservativer Berater Papens. Entschiedener Gegner des Nationalsozialismus; wurde 1934 erschossen.

Juniusbriefe. In den anonymen »Juniusbriefen« wird an allen politischen Autoritäten Kritik geübt (vermutlich von Sir Philipp Francis verfasst, um 1770).

Kahr, Gustav Ritter v. , dt. Politiker (1862–1934). Bayerischer Ministerpräsident 1920/21; 1923 Generalstaatskommissar; warf 1923 den Hitlerputsch nieder; 1934 von den Nationalsozialisten ermordet.

Kapp, Wolfgang, dt. rechtsradikaler Politiker (1858–1922). Versuchte im »Kapp-Putsch« 1920 zusammen mit General Lüttwitz die Reichsregierung zu stürzen; der Umsturzversuch scheiterte am Generalstreik der Gewerkschaften; 1922 floh Kapp, stellte sich und starb in der Untersuchungshaft.

»Knickmeyers Restaurant und Weinkeller«. Bierlokal der Nationalsozialisten von Hannover, u.a. Führerbesprechungen.

Kreipe. Konditorei und Café in Hannover.

Lassalle, Ferdinand, dt. politischer Publizist u. Arbeiterführer (1825–64). Begründer des Allg. Deutschen Arbeitervereins; Schüler Hegels.

Leinert, Robert, sozialdemokratischer Politiker, (1873-1940). Oberbürgermeister, während der Novemberrevolution Mitglied des Arbeiter- und Soldatenrats in Hannover. 1918 als Nachfolger von Heinrich Tramm zum Oberbürgermeister gewählt – bis 1925 Mitglied des Preuß. Landtags (1921-33).

Lequis. Im Dezember 1918 begann unter dem Generalkommando Lequis die vorbereitete Rückführung von 35000 Mann der Fronteinheiten in die Reichshauptstadt.

Lichterfelde. Ende des 19.Jahrhunderts entstand in Berlin-Lichterfelde die Kadettenanstalt. Annähernd eintausend Kadetten wurden dort ausgebildet. Nach Bestimmung des Versailler Vertrages musste die Kadettenanstalt nach dem Ersten Weltkrieg aufgelöst werden. 1933 zogen die SA und die SS auf das Gelände. Außerdem wurde die »Leibstandarte Hitler« in der Kadettenanstalt untergebracht. In den »Gewehrsalven von Lichterfelde« fanden am 30.6. und 1.7.1934 SA-Mitglieder ein schauriges Ende.

Lippe. Die NSDAP, 1933 stark verschuldet, setzte ihre letzten Geldreserven in Landtagswahlkampf in Lippe ein.

Lochner, Louis, amerikanischer Journalist, (1887–1975).

Löbe, Paul, dt. Politiker (SPD), (1875–1967). Mitglied des Reichstages 1920–33; bis 1932 oft Reichstagspräsident; Mitglied des Bundestages 1949–53.

Lossow, General von. Die Reichswehr unter General von Lossow stellte sich hinter die bayerische Regierung von Kahr und damit befand sich damit im Gegensatz zur Reichswehr (Oktober 1923).

Ludendorff, Erich, dt. General (1865–1937). Am Hitlerputsch 1923 beteiligt.

Lutze, Victor, SA-Führer (Nachfolger von Röhm). Später Stabschef der SA, unter seiner Führung spielte die SA nie wieder eine unabhängige oder prominente Rolle im Dritten Reich.

Meißner, Otto, dt. Diplomat(1881–1953). Leiter der Reichs-(Präsidial)-Kanzlei unter Ebert, Hindenburg u. Hitler.

Mowrer, Edgar Ansel, amerikanischer Publizist, (1892–1977). »Amerika, Vorbild und Warnung« (Übers. 1928/ Rowohlt); »Germany puts the clock back« (1933).

Müller, Hermann, dt. Politiker (SPD), (1876–1931). 1919/20 Reichsaußenminister; unterzeichnete den Versailler Vertrag; Reichskanzler 1920 u. 1928 (gestürzt).

Papen, Franz v., dt. Politiker (1879–1969). Reichskanzler 1932; Wegbereiter Hitlers; 1933/34 Vizekanzler; 1934–36 Gesandter; Botschafter in Österreich u. in der Türkei.

»Pariser Tageblatt« (1933–36). »Pariser Tageszeitung« (1936–40). Erste Ausgabe am 18. Dez. 1933 erschienen; Lokalzeitung der deutschen Emigration.

Preuß, Hugo, dt. Staatsrechtler u. Politiker (1860–1925). 1919 Reichsinnenminister; Entwurf zur Weimarer Verfassung.

Prinz Auvi. Unter den Hohenzollern gab es den Neuruppiner Landrat Dr. jur. August Wilhelm von Preußen, er wurde »Prinz Auvi« genannt.

Reichspräsident. Durch das Gesetz vom 3. Juli 1934 wurden die Mordtaten, denen nach Schätzung mindest. 100 Personen zum Opfer fielen, von der Reichs-Regierung als »Staatsnotwehr« legalisiert. Das vom Reichspräsidenten an Hitler gerichtete Telegramm lautet: »Aus den mir erstatteten Berichten ersehe ich, dass Sie durch Ihr entschlossenes Zugreifen und die tapfere Einsetzung Ihrer Person alle hochverräterischen Umtriebe im Keime erstickt haben. Sie haben das deutsche Volk aus einer schweren Gefahr errettet. Hierfür spreche ich Ihnen meinen tiefempfundenen Dank und meine aufrichtige Anerkennung aus. Mit besten Grüßen gez. von Hindenburg.«
In der außerordentlichen Sitzung des Reichskabinetts am 3.7. 1934 sprach Reichswehrminister von Blomberg Hitler den besonderen Dank der Reichswehr aus.

Rentenmark. Zur Beendigung der Inflation und zur Stabilisierung der Währung wurde durch das Gesetz vom 13. Oktober 1923 die Rentenmark eingeführt. Die deutsche Papierwährung war einlösbar in verzinslichen und auf Gold lautenden Rentenbriefen. Durch das Münzgesetz vom 30. August 1924 wurde danach die deutsche Währungseinheit Reichsmark eingeführt, die bis zur Währungsreform 1948 im Umlauf blieb.

Revolution in Berlin. Prinz Max v. Baden gibt am 9. November 1918 eigenmächtig und vorzeitig die Abdankung des deutschen Kaisers und des Kronprinzen bekannt.

Röhm, Ernst Julius (1887–1934). Reichswehroffizier bis 1923; ab 1919 Mitglied der Dt. Arbeiterpartei – dann NSDAP; am Aufbau der Partei und an der SA beteiligt. Röhm-Putsch, nationalsoz. Bezeichnung für angebliche Verschwörung der SA; Röhm am 30. Juni 1934 verhaftet und am 1. Juli 1934 erschossen.

Rosenberg, Alfred, dt. nationalsozialistischer Politiker (1893–1946). 1941 Reichsminister für die besetzten Ostgebiete; Rassentheoretiker »Mythos des 20. Jahrhunderts«; 1946 hingerichtet.

Schacht, Hjalmar Dr., dt. Finanzpolitiker (1877–1970). Reichsbankpräsident 1924–30 und 1933–39; Reichswirtschaftsminister 1934–37; im KZ 1944/45; im Nürnberger Prozess freigesprochen.

Scheidemann, Philipp, dt. Politiker (SPD), (1865–1939). Proklamierte 1918 die Republik; erster Ministerpräsident der Weimarer Republik 1919; Rücktritt aus Protest gegen die Unterzeichnung des Versailler Vertrags.

Schicklgruber. Es gibt große Unklarheiten im Stammbaum (unterschiedliche Schreibweisen: Hüttler, Hiedler, Hidler, Hittler, Hitler). Der Vater Hitlers war der uneheliche Sohn von Maria Anna Schicklgruber; der Vater trug insofern bis zu seinem 40. Lebensjahr den Namen Schicklgruber; erst danach wurde ein Namenswechsel vorgenommen (der Grund ist nicht bekannt); Hitlers Vater nannte sich nun Alois Hitler, dessen Vater sich jedoch Johann Georg Hiedler schrieb.

Schlageter, Albert Leo, dt. Freikorpskämpfer, (1894–1923). Im 1. Weltkrieg Offizier; im Ruhrgebiet 1923 Sabotageakte gegen die frz. Besatzung; vom frz.

Kriegsgericht zum Tode verurteilt und 1923 erschossen.

Schleicher, Kurt von, dt. General und Politiker, (1882–1934). 1929 Chef des Ministeramts im Reichswehrministerium; an Berufung und Sturz von Brüning beteiligt; 1932/33 Reichskanzler; 1934 erschossen.

Seldte, Franz, dt. Politiker (1882–1947). Gründer des Frontkämpferbundes »Der Stahlhelm« 1918; Reichsarbeitsminister (1933–45).

Severing, Karl, dt. Politiker (SPD), (1875–1952). Reichsinnenminister 1928–30.

»Der Stahlhelm«. Bund der Frontsoldaten 1918–35; von Franz Seldte gegründet; Verband ehemaliger Soldaten des Ersten Weltkrieges.

Strasser, Gregor, dt. General und Politiker, (1892–1934). 1934 ermordet.

Strangriede. Jüdischer Friedhof »An der Strangriede«, 1861 in Hannover angelegt; u.a. Gedenkstätte für die gefallenen jüdischen Soldaten des Ersten Weltkrieges.

Thälmann, Ernst, dt. Politiker (KPD), (1886–1944). 1924 Mitglied d. Reichstages; seit 1925 Vorsitzender der KPD; seit 1933 in Haft, im KZ Buchenwald ermordet.

Tramm, Heinrich (1854–1932). 1891 als Nachfolger von Ferdinand Haltenhoff zum Stadtdirektor von Hannover gewählt bis 1918. Zwischen 1924 und 1929 führendes Mitglied des bürgerlichen »Ordnungsblocks«, wesentlich an der Abwahl von Oberbürgermeister Leinert beteiligt.

USPD (Unabhängige Sozialdemokratische Partei Deutschlands); auf der Gothaer Konferenz Spaltung von der SPD; Kampf gegen die Fortführung des Krieges.

Volkspartei. Deutsche Volkspartei, DVP, 1918–1933; liberale deutsche Partei, die zunächst Gegner der Weimarer Verfassung und des Versailler Diktatfriedens war; von 1921–1931 meist in der Regierungskoalition; Gründer und wichtigster Vertreter der DVP war Gustav Stresemann; die DVP wurde im Juni 1933 aufgelöst.

Nachwort

von Helmut Stelljes

Aus einer handschriftlichen Notiz[1] von Karl Jakob Hirsch erfahren wir, dass der Roman »Einer muss es ja tun« am 21. August 1951 begonnen und am 7. Oktober 1951 beendet wurde. Schon neun Monate später starb der Autor im Alter von knapp 60 Jahren am 8. Juli 1952.

Von schwerer Krankheit gezeichnet, verfasste er gegen Ende seines Lebens zahlreiche Artikel und literarische Texte. »Meine Produktivität wuchs in gleichem Maße, wie ich krank wurde« kommentierte Karl Jakob Hirsch. In einem 1953 posthum veröffentlichten Artikel des Autors heißt es: »Und doch, es wäre selbstverständlich für den geistigen Arbeiter, der aus Deutschland vor dem Hitlerterror floh, heute dort zu stehen, wo der Kampf gegen die Reaktion und den Faschismus wieder ausgetragen werden muss: in Deutschland. Hier, nur hier liegt die Aufgabe der geistigen Arbeiter in Deutschland«[2].

Ruth Gassner-Hirsch schrieb rückblickend in einem Brief vom 12. Februar 1997, dass Karl Jakob Hirsch sich mit der Thematik eines Attentats auf Hitler, geplant und ausgeführt von einem Einzelnen, intensiv beschäftigte: »Zuerst schrieb er das Stück ›Einer muss es ja tun‹, das tippte er sogar selbst, was er sonst **nie** tat. Als er fertig war, war er so fasziniert von dem Thema, dass er sagte: ›Daraus mache ich noch einen Roman‹.«[3].

Die Entstehungsgeschichte dieses Romans ist also insofern außergewöhnlich, als dass ihm ein Drama und ein Filmskript[4] vorangegangen sind, ein Umstand der den Aufbau des Romans maßgeblich beeinflusst hat. Der Text nimmt im Werk Karl Jakob Hirschs auch aus anderem Grund eine Sonderstellung ein, ist es doch der einzige Roman, der vom Autor selbst illustriert wurde. Die fünf Tuschzeichnungen zeigen u.a. die Protagonisten Gustav Döring, Friedrich Wilhelm Wöltjen und Justine.

Karl Jakob Hirsch hat den vorliegenden Text in einem sehr kurzen Zeitraum niedergeschrieben, in nicht einmal sieben Wochen. Die Abschrift und

Überarbeitung seines von Hand korrigierten Typoskriptes übernahm seine Frau, Ruth Gassner-Hirsch, so dass es zwei, von einander leicht abweichende Fassungen des Romans gibt. Von Herausgeberseite musste nun die Entscheidung getroffen werden, in welcher Form der Roman herausgegeben werden kann, da er aufgrund des frühen Todes des Autors nur in Rohfassungen existiert. Den Text im Hinblick auf ein druckreifes Werk zu lektorieren, wäre gleich gekommen mit einer starken Veränderung und letztlich Verfremdung des Hirsch-Textes. Das Interesse an diesem letzten Roman Karl Jakob Hirschs ist jedoch auch literarhistorisch bedingt, weshalb der Herausgeber einer authentischen Fassung den Vorrang gab. Der vorliegende Text ist daher ein Abdruck der einzigen Fassung, die dem Autor eindeutig zuzuordnen ist. Sie liegt in der UB München unter der Signatur Nachl. K. J. Hirsch w2. 15.1 vor und stellt ein Typoskript mit handschriftlichen Eintragungen Hirschs dar. Der Herausgeber hat nur zögernd eingegriffen und lediglich emendiert, wenn es sich um offensichtliche Tipp- und Flüchtigkeitsfehler handelte.

Karl Jakob Hirsch bezeichnete den Titel seines Romans in einer zusätzlichen Anmerkung als »vorläufigen Arbeitstitel«. Dabei notierte der Autor weitere Titelvorschläge: »Vor zwanzig Jahren«, »Zwischen Gestern und Morgen«, »Und das Leben geht weiter«, »Die Jahre, die nicht zählten«, »Sie trugen an der Schuld« und »Die andere Zukunft«.

Die erste Fassung des Romans wurde zunächst in 35 Kapitel eingeteilt, was sich bei der hier veröffentlichten Fassung auf 46 episodenhafte Abschnitte erweiterte.

Am Ende des Romans konfrontiert der Autor den Leser in dem Epilog »Die Schuld der Zuschauer« mit seinem politischen Anspruch: »Ich versuchte in meinem Roman einen Ausschnitt aus der Zeit von 1933 bis 1936 zu geben. Aber die ›Quintessenz‹ des Buches muss sein, dass dieses frivole Spiel mit dem Leben anderer endgültig und für immer zu Ende ist. Das, nur das ist der Sinn des Buches. Wer Ohren hat zu hören, der höre ... Wer Augen hat, der lese ...«

Karl Jakob Hirsch erklärte den Roman als »ein Buch, das eine Fülle von bürgerlichen und unbürgerlichen Gestalten gibt. Die Tendenz ist klar. Sie wird nicht intellektuell vorgetragen, sondern es werden Tatsachen gezeigt, aus denen **jeder** Leser die notwendige Erkenntnis ziehen kann«[5].

Wie auch in anderen Werken nehmen in dem Roman»Einer muss es ja tun« autobiographische Elemente eine bestimmende Rolle ein, so dass die Interpretation des literarischen Schaffens immer eng verbunden mit Hirschs Lebensgeschichte gesehen werden muss.[6]

Hirsch hat die Geschichte seines Lebens in zwei bemerkenswerten Selbstbiographien niedergeschrieben. Das Buch »Heimkehr zu Gott – Briefe an meinen Sohn« entstand 1945 in New York und wurde 1946 im Münchener Verlag Kurt Desch veröffentlicht. Den besonderen Titel begründete Hirsch damit, dass er seine Existenz »unter dem Gesichtspunkt betrachtete, unter dem [sein] Leben ablief; vom Judentum über den Atheismus zum Christentum«[7]. Hirsch hat sich mit den 31 Briefen an seinen Sohn bemüht, »den wirren und verschlungenen Pfad [seines] Lebens zu klären«[8].

»Heimkehr zu Gott« erschien dem Autor 1950 als »zu knapp gehalten«[9], und so verfasste er erweiternd die zweite Autobiographie »Quintessenz meines Lebens«. Darin heißt es: »Nicht, dass ich mein Leben für wichtiger halte, weil vier Jahre dazugekommen sind; nicht dies ist der Grund, dass ich diese ›Quintessenz‹ schreibe … Der Grund ist der, dass ich in diesen vier Jahren Entscheidendes erlebte, das ich nicht verschweigen möchte«[10]. Beide Texte sind die Dokumentation einer außergewöhnlichen Persönlichkeit, die über Begabungen in unterschiedlichen Bereichen der Kunst verfügte: er war Musiker, Maler, Zeichner, Bühnenbildner und Schriftsteller bzw. Dichter. Hirsch jedoch empfand seine verschiedenen Talente nicht bis zur gewünschten, allerletzten Konsequenz ausgeschöpft und sah seinen Lebensweg als den eines gescheiterten Künstlers: »Ich hatte eigentlich Lust, diese ›Quintessenz‹ mit dem Untertitel zu versehen: ›Beinahe wäre etwas aus mir geworden‹. (Aber ich unterlasse es.)«[11].

Karl Jakob und sein Zwillingsbruder Gottfried Hirsch wurden am 13. November 1892 in Hannover geboren.

Der Vater, Salomon Hirsch, war ein angesehener, jüdischer Arzt und Sanitätsrat. Die Mutter, Maria Marx, stammte aus der in München ansässigen jüdischen Kaufmanns- und Bankiersfamilie. Der berühmte Urgroßvater, der

Rabbiner Samson Raphael Hirsch, galt als Mitbegründer der jüdischen Neu-Orthodoxie und hat das Elternhaus von Karl Jakob nachhaltig geprägt. Allerdings waren die strengen Bindungen an die jüdischen Glaubensgesetze nur oberflächlich und blieben hinter den Anforderungen der Alltagswelt zurück: »Die traditionelle Frömmigkeit wurde in äußerlicher Hinsicht gewahrt. Aber in Wirklichkeit war mein Vater schon ein Produkt jenes aufgeklärten Zeitalters, das an nichts glaubte, was es nicht sah«[12].

Das schmächtige und vielfach kränkelnde Kind Karl Jakob wuchs wohl behütet in einer großbürgerlichen Familie auf. Zum Kummer der Eltern zeigte Karl Jakob sich beharrlich als schlechter und unaufmerksamer Schüler: »… ich war ein Träumer, der mehr an Musik dachte als an die Schulaufgaben«[13]. In der Schule lernte Hirsch »zum erstenmal den Antisemitismus kennen, der später Deutschland verwüstete… Man war eben Jude, und das hieß leiden«[14].

Die Musik spielte seit seinem 7. Lebensjahr eine große Rolle, was er wiederholt z.B. in den Romanen »Kaiserwetter« und »Hochzeitsmarsch in Moll« durch die autobiographischen Figuren Joe de Vries und Walter Heller zum Ausdruck gebracht hat.

Sein virtuoses Klavierspiel begeisterte die Eltern, und sie befürworteten für ihren begabten Sohn einsichtig den Luxus einer künstlerischen Ausbildung. »Mein Vater war stolz: ›Ich kann es mir leisten, meinen Sohn Künstler werden zu lassen‹, pflegte er zu sagen«[15].

Der Traum, Musiker und Dirigent zu werden, wurde jedoch durchkreuzt, als Hirsch durch eine schwere Blutvergiftung und die nötige Operation der Hand ein Stück seines rechten Zeigefingers verlor. »Nach meiner völligen Wiederherstellung sah ich ein, dass mein Wunsch, Musiker zu werden, durch die Verstümmelung der rechten Hand sehr erschwert war. Es wuchs eine neue Neigung in mir, aus dem Literarischen stammend, durch das Musikalische geformt, die Fähigkeit, in Formen mich auszudrücken. Kurzum: ich beschloss, Maler zu werden«[16].

Das Studium der Malerei führte Karl Jakob Hirsch u. a. nach München, Paris, Worpswede und Berlin.

1909 wurde der Student von den Eltern nach München, in die Heimatstadt der Mutter, geschickt, wo er sein Studium an der renommierten Münchener Debschitz-Schule aufnahm. Mit Begeisterung schuf er mit Kreide, Öl oder mit Kohlestiften gleichsam seine »Ekstasen«, wie der junge Künstler es nannte: »Es war sicherlich auch ein bisschen von mir selbst darin, sicher etwas durchaus Literarisches oder Musikalisches. Denn meine Zeichnungen und Malereien waren mehr Ausdruck meines Ichs, als die Wiedergabe von Gegenständen«[17].

In München lernte Hirsch 1910 seine spätere Frau, die Medizinerin Auguste Lotz, genannt Gulo, kennen.

Hirsch führte in München das Leben eines Bohèmien, als gut situierter Bürgersohn verkehrte er in Künstlerkreisen und lernte dort Roda-Roda, Erich Mühsam und Heinrich Mann kennen.

Im Juli 1911 fuhr Hirsch nach Worpswede, um beim Maler, Grafiker und Architekten Carl Weidemeyer seine Studien fortzusetzen. Dieses Künstlerdorf »bildete gleichsam eine Insel im Weltgeschehen … Es war eine merkwürdige Mischung von weltfremder Sorglosigkeit und sehr realistischer Denkungsweise … Es war ein leuchtender, paradiesischer Garten … Wir versumpften die Nacht, wir verschliefen den Tag, und meine sogenannten ›Studien‹ waren nur Pläne geblieben«[18]. Ende August 1911 waren Hirschs physische und finanzielle Mittel erschöpft, und er reiste zurück nach Hannover, wo der »Vater die ärztliche Feststellung machte, dass [der Sohn] fünfunddreißig Pfund verloren hätte … das Nichtstun in Worpswede, die sogenannte ›Freiheit‹, alles das war [Karl Jakob] sehr schlecht bekommen«[19].

Im September 1912 wurde der zwanzigjährige Hirsch nach Paris geschickt, um bei dem Maler Maurice Denis zu studieren. Hirsch besuchte in Paris die bekannten Lokale der Kunstszene, das Café du Dôme und das Café de la Rotonde. In dieser Welt fühlte er sich wie ein Spiegel, in dem sich alles spiegeln konnte. Mit der Literatur kam Hirsch in Paris zunächst als bildender Künstler in Berührung. Er zeichnete und radierte zehn Illustrationen zu den Texten des »Marien-Lebens« von Rainer Maria Rilke.[20] Der junge Künstler wollte seine Graphiken dem Dichter widmen. Rilke bat Hirsch jedoch in einem Brief, von einer Widmung abzusehen.[21]

In dieser Zeit schuf Hirsch einige Lithographien, Zeichnungen und Radierungen, »die merkwürdigerweise alle die Züge der Worpsweder Land-schaft trugen«[22]. Nach annähernd zweijährigem Aufenthalt in Paris kehr-te Karl Jakob Hirsch im Juni 1914 in die dörfliche Abgeschiedenheit von Worpswede zurück. Im Künstlerdorf wurde er vor allem von seinen Maler-freunden Otto Tetjus Tügel und Ludwig Bäumer herzlich begrüßt.

Den Beginn des Ersten Weltkrieges erlebte Hirsch in Worpswede. Hier »war der Krieg in Wirklichkeit nicht vorhanden«[23], kommentierte er später und fügte hinzu: »Worpswede war trotz Krieg eine Art von Elfenbein-Turm, von der Außenwelt abgeschnitten und isoliert. In ihm herrschten eine merkwürdige Art von Selbstüberschätzung, Selbstbewunderung und alle die Eigenschaften, die in großen Städten unzeitgemäß waren«[24].

Zur gleichen Zeit lebten und arbeiteten in Worpswede u.a. die Künstler Fritz Mackensen, Heinrich und Martha Vogeler, Carl Weidemeyer und dessen Frau, die Ausdruckstänzerin Wera Carus-Frischen, Georg Tappert, Carl Emil Uphoff und Walter Müller.

Hirschs politisch-kritische Haltung drückte sich aus in einem Linoleum-schnitt, der als »Künstler-Postkarte« den General von Hindenburg darstell-te. Sein expressionistischer Stil wurde in Worpswede als Provokation gese-hen, was eine polizeiliche Ermittlung nach sich zog.[25]

Die Liebe zu Auguste Lotz führte Hirsch nach Berlin, wo er Franz Pfemfert kennenlernte, den Herausgeber der pazifistischen und sozialen Zeitschrift »Aktion«. Und so wurde Hirsch alsbald Mitarbeiter dieser Wochenschrift für Politik, Literatur und Kunst, in der ebenfalls René Schickele, Franz Wer-fel, Max Brod, Leonhard Frank und Kasimir Edschmid veröffentlichten.

In der »Aktion« erschien am 17. Juni 1916 ein Essay von Ludwig Bäumer über die Kunst des Malers Karl Jakob Hirsch, der seinerseits die Dichtung »Der tanzende Stern« von Bäumer mit szenischen und expressionistischen Holzschnitten illustrierte.[26]

Der langjährige Kontakt zwischen Hirsch und Bäumer stellte sich als ambivalente Beziehung dar, die Hirsch als Schwanken zwischen Bewun-derung und fortwährender Bedrohung empfand. Der widersprüchliche Charakter Ludwig Bäumers wird in dem Roman »Einer muss es ja tun« in der Figur des Bernhard Tölle verkörpert.[27]

1916, im Todesjahr seines Vaters, heiratete Hirsch Auguste Lotz und erhielt im selben Jahr seinen Einberufungsbefehl. Als Soldat hatte er bis kurz vor Kriegsende den Auftrag, nach Fotografien feindlicher Flugzeuge Informationsmaterial für die Frontsoldaten anzufertigen. Gemeinsam mit seinen Malerfreunden Otto Tetjus Tügel und Georg Tappert arbeitete er so in einem eigenen Militärbüro und überstand den Krieg unbeschadet. Neben seiner offiziellen Arbeit entstanden in dieser Zeit zumeist antimilitaristische Bilder, die später im Jahre 1919 in der Reihe »Der rote Hahn« unter dem Titel »Revolutionäre Kunst. Gedichte und Zeichnungen« von Karl Jakob Hirsch in dem Verlag der »Aktion« veröffentlicht wurden. »Wir dienten jenem Kaiser, den wir alle verachteten. ... Wir, die wir 1914 bis 1918 nicht gewagt hatten, ›Nein‹ zu sagen, haben auch nicht das Recht, jene anderen zu beschuldigen, die es fünfzehn Jahre später nicht taten«[28]. Mit fortschreitendem politischen Interesse und Engagement betätigte sich Hirsch nach dem Ersten Weltkrieg als engagiertes Gründungsmitglied der Vereinigung »Rat geistiger Arbeiter«, deren Ziele es war: »Abschaffung der Akademien, Sozialisierung sämtlicher Theater, Verstaatlichung sämtlicher freien Berufe, Abschaffung sämtlicher Titel und die sofortige Errichtung eines Weltparlaments«[29].

Im Sommer 1918 hatte Hirsch kurz vor Kriegsende den Ausstellungsleiter der Berliner Volksbühne, den Maler Ewald Dülberg kennen gelernt und erhielt von ihm das Angebot, eine Assistentenstelle am Theater zu übernehmen. Da die Volksbühne als ein »kriegswichtiger Betrieb« galt, konnte Hirsch bereits im Oktober 1918 vom Militärdienst Abschied nehmen. Schon bald danach wurde er als der Nachfolger von Düllberg zum künstlerischen Beirat und Ausstellungsleiter ernannt.

Der Bühnenbildner Hirsch erlebte die »Erfüllung eines Jugendtraumes«. In der Zeit zwischen 1918 bis 1922 gestaltete er Bühnenbilder, Kostüme und Dekorationen zu Dramen von Toller, Gogol, Strindberg u.a. Die 33 von Hirsch geschaffenen Bühnenausstattungen jener Jahre gehören untrennbar zur Geschichte des deutschen expressionistischen Theaters.

Unmittelbar nach dem Ersten Weltkrieg war Hirsch engagierter Mitbegründer einer Vereinigung von Malern und Bildhauern, die sich das Ziel gesetzt hatten, die Kunst mit der sich vollziehenden gesellschaftspolitischen Revolution dauerhaft zu verknüpfen. So fand am 3. Dezember 1918 die Gründungssitzung der »Novembergruppe« statt. Hirsch interpretierte rückblickend, wie in den Herzen der Beteiligten der Frieden blühte: »Nie wieder konnte es Krieg geben, so sangen, malten und dichteten wir«[30].

So wurde es für Karl Jakob Hirsch »so selbstverständlich, ›radikal‹ zu sein, wie zu leben und zu atmen«[31]. In den revolutionär unruhigen Jahren zwischen 1918 bis 1920 hat Hirsch neben seiner Tätigkeit als Bühnenbildner zahlreiche Plakate für linke Parteien entworfen.

Die Ermordung von Karl Liebknecht und Rosa Luxemburg, die Hinrichtung von Eugen Leviné ließen Hirsch die Erfolglosigkeit der deutschen Revolution erkennen: »Der Irrtum der damaligen Zeit war der, dass wir wirklich glaubten, die deutsche Revolution vom 9. November hätte irgendetwas grundlegend verändert. … unsere Radikalität war eine reine Privatangelegenheit«[32].

Später sah er seine Rolle als politischer Künstler jener Zeit selbstkritisch: »Wir gaben ja nichts auf, im Gegenteil, wir versuchten, unser bürgerliches Leben zu vervollkommnen«[33].

Im Frühjahr 1919 beschloss Auguste Lotz, nach Worpswede zu gehen, um sich dort als Landärztin niederzulassen. In dieser Situation schien es Hirsch undenkbar zu sein, dass er sich nun in die Stille des Landlebens zurückziehen sollte, denn die Tätigkeit an der Berliner Volksbühne beanspruchte ihn total. So hielt er sich in den Jahren zwischen 1920 und 1923 zur Winter- und Frühlingszeit in Berlin, und im Sommer und Herbst in Worpswede auf.

Karl Jakob Hirsch erlebte in Berlin den neuen Weg der »Ausdrucks-Kunst« als eine wirklich »große Zeit‹ …, weil die Besten Großes wollten«[34]. Eine enge und lebenslange Freundschaft entstand schon früh zu dem Komponisten und Musikkritiker H. H. Stuckenschmidt.

Hirsch gestaltete neben seiner Tätigkeit als Bühnenbildner die Entwürfe für expressionistische Filme wie beispielsweise »Das Kabinett des Dr. Caligari«. Den Hitlerputsch am 9. November 1923, den Hirsch zusammen mit Ludwig Bäumer in München erlebte, beschreibt er als den schwärzesten

Tag in der deutschen Geschichte: »Nicht, weil ein hergelaufener Volksbetrüger einen Umsturzversuch gemacht hatte, der missglückt war, sondern weil das deutsche Volk es hat überhaupt so weit kommen lassen. … für uns aber, die wir die Farce des nationalgetarnten Sozialismus am eigenen Leibe spüren mussten, begann eigentlich der Untergang der schwachen deutschen Republik am 9. November 1923.«[35].

In der zweiten Hälfte der 20er Jahre zerbrach seine Ehe. Der durch widerstrebende Ereignisse getriebene Maler und Grafiker war zu sehr mit sich selbst beschäftigt, und ihn lockte das ungebundene Leben. Im Grunde langweilte ihn »die dörfliche Einsamkeit Worpswedes, der Hochmut und die esoterische Art des dortigen Künstlerlebens«[36].

Es folgte nun eine rege Reisetätigkeit. Hirsch hielt sich an unzähligen Orten auf: München, Paris, Berlin, Hamburg, Rostock, Florenz, Rom, Neapel. Selbst als »sozialistisch denkender Mensch«, der das faschistische Italien hätte boykottieren müssen, genoss er das Erlebnis Italien im Jahre 1925 intensiv. Zu dem Zeitpunkt war Hirsch bereit, die bildende Kunst aufzugeben, um ausschließlich schriftstellerisch und journalistisch tätig zu sein. Der Pazifist und Publizist Carl von Ossietzky, Herausgeber der »Weltbühne«, war zu dieser Zeit für den kritischen Journalisten Hirsch ein untrügliches und mutiges Vorbild. »Das Wort, das bilden und malen konnte, erschien mir immer mehr und besser meinen künstlerischen Absichten zu dienen. Mein Besuch in Italien … beschleunigte diese Entwicklung«[37].

Nach seiner Scheidung im Jahre 1929 heiratete er in zweiter Ehe Wera Carus-Frischen, die geschiedene Frau seines einstigen Worpsweder Lehrers Carl Weidemeyer.

In den folgenden Jahren schrieb Hirsch zahlreiche Kunstkritiken, Kurzgeschichten Erzählungen u.a. für die »Weltbühne«, die Berliner »Vossische Zeitung« und die »Frankfurter Zeitung«. Auch entstand in dieser Zeit der Roman »Kaiserwetter«, den der Autor einen »Entwicklungsroman« nannte, zumal er hier die Probleme verarbeitete, die ihn seit seiner Kindheit bewegten.[38] Nachdem die »Frankfurter Zeitung« das Kapitel »Hohenzollern« aus seinem »demnächst fertiggestellten Roman« abgedruckt hatte, boten vier Verlage dem Schriftsteller eine Veröffentlichung seines Werkes an. Hirsch entschied sich für den S. Fischer Verlag in Berlin.

Der literarisch bedeutsame und erfolgreiche Roman, der im Herbst 1931 erschien, löste sowohl begeisterte als auch gehässige Kritik aus. Der Roman »Kaiserwetter« stellt einen wesentlichen und unvergleichlichen Höhepunkt im literarischen Schaffen von Karl Jakob Hirsch dar. Der Verleger Samuel Fischer soll nach der Lektüre des Manuskriptes gesagt haben: »Das ist das beste Deutsch, das ich seit Fontane gelesen habe«.

Der Roman »Kaiserwetter« erlebte vier Auflagen innerhalb von knapp zwei Jahren. Das vor 1933 erfolgreiche Werk, dem »der Rang eines kleinen Klassikers der deutschsprachigen Literatur des 20. Jahrhunderts gebührt«[39] bezeichneten die nationalsozialistischen Machthaber als »Literatur des intellektuellen Nihilismus« oder als »Asphaltliteratur«. Der Roman erschien nach dem 30. Januar 1933 für den Deutschen Buchhandel auf der »Schwarzen Liste« und landete am 10. Mai 1933 im Berliner Lustgarten auf dem Scheiterhaufen der Bücherverbrennung. Eine anschließende Fortsetzung des Romans konnte nach 1933 nicht mehr erscheinen, wobei das Originalmanuskript in den Wirren der Zeit verloren ging und heute als verschollen gilt. Im Sommer 1933 konnte im S. Fischer Verlag der erfolgreiche Kurzroman »Felix und Felicia« unter dem Pseudonym Karl Boettner noch veröffentlicht werden. Hirsch selbst nannte sein Buch einen »harmlosen Sommer-Roman«, wobei er mit diesem Werk versucht hat, »die Zeit zu ignorieren«, und seine Geschichte schrieb, um sich und die Leser auf andere Gedanken zu bringen.

Mit der Herrschaft der Nationalsozialisten begann eine Zeit, in der oppositionelle, linke und vor allem jüdische Schriftsteller, Künstler sowie Intellektuelle hochgradig gefährdet waren: »Wir lebten damals wirklich, wie Ossietzky es gesagt hatte, wie Tote, die man für kurze Zeit beurlaubt hat« Es gab folglich zwei Auswege: »das Ghetto oder die Auswanderung«[40].

1933 bekam Hirsch von der »Reichsschrifttumskammer« einen Brief, in dem ihm die Ausübung seines Berufes als Journalist und als Schriftsteller untersagt wurde.

In der Folgezeit fühlte sich Hirsch selbst unter Freunden ausgesprochen unsicher: »Man kann über die Zeit, die nach diesen Ereignissen des Jahres 1933 folgte, nicht objektiv sprechen, es gibt keine Möglichkeit für jemand, dem man die Existenz geraubt und gleichsam den Boden unter den Füßen weggezogen hat, keine Möglichkeit, die Dinge anders zu betrachten als durch die viel geschmähte Brille der Subjektivität«[41].

In »Einer muss es ja tun« hat Karl Jakob Hirsch diese konfliktreichen Alltagssituationen in den ersten Jahren der nationalsozialistischen Diktatur nachgezeichnet. Die politische Situation wurde so unerträglich, dass sich Hirsch im Sommer 1933 entschloss, für mehrere Monate nach Dänemark zu gehen. »Dieses Gefühl, wieder in Freiheit zu leben, bestärkte meinen Entschluss, endgültig aus Deutschland auszuwandern«[42].

Nach seinem Aufenthalt in Dänemark emigrierte Hirsch im Dezember 1933 zusammen mit seiner Frau und seinem Sohn Ralph in die Schweiz, wo die Familie in Zürich und in Luzern lebte. Hirsch arbeitete hier für unterschiedliche Schweizer Tageszeitungen, vor allem für das »Luzerner Tageblatt«. Dabei schrieb er Artikel zu den Themen Literatur, Theater und Kunst. Da den deutschen Emigranten jegliche Mitarbeit bei der Presse untersagt war, verfasste er seine Beiträge unter dem Pseudonym »Joe Gassner«. Der Vorname »Joe« bezieht sich auf den Protagonisten Joe de Vries aus dem Roman »Kaiserwetter«. Der Nachname »Gassner« ist eine Anlehnung an den Schweizer Dichter, Maler und Verleger Salomon Geßner (1730 – 1788). Nach anderthalb Jahren verließ Hirsch die Schweiz und emigrierte 1935 in die USA. Er fühlte sich letztlich wie »ein Ausgestoßener aus der Heimat, aber in mir war alles bereit, ein neues Leben zu beginnen, das ebenso reich sein sollte wie das vergangene«[43].

Das Zusammentreffen mit dem Redakteur Gerhart Seger, dem Herausgeber der sozialdemokratischen »Neuen Volkszeitung«, verhalf Hirsch zu dem »fast unbezahlten Posten eines Feuilleton-Redakteurs«. Er nahm mit Freude dieses Angebot an, denn die Möglichkeit, regelmäßig in der Muttersprache schreiben zu können, war »damals wohltuend und beinahe glücklichmachend«. So konnte der Autor wöchentlich seine Kritiken vorlegen, ohne die eigene politische Überzeugung verleugnen zu müssen: »Vor allem war ich Theater-, Kunst-, Musik-, Filmkritiker, dem mit einem Male die künstlerischen Genüsse New Yorks offenstanden«. In jeder Beziehung war es »traumhaft« für Hirsch, offen Partei zu ergreifen, wenn es darum ging, »gegen den Urfeind des Geistigen, gegen Hitler und seinen braunen Terror zu kämpfen«[44].

Das anfängliche Glücksgefühl über seine Arbeit als Redakteur ging in dem Maße zurück, wie Hirsch erkennen musste, dass seine literarischen Ansprüche sich keineswegs mit den Bedürfnissen der amerikanischen Leserschaft deckten: »Als ich das Lesepublikum der Neuen Volkszeitung kennenlernte, da sah ich mein Bestreben, möglichst abgefeilte deutsche Sätze zu konstruieren, fehl am Platze … Diese Zeitung, die seit dem Jahre 1878 in New York existierte, hatte eine Leserschaft, die auf keinerlei literarisches Niveau Gewicht legte«[45].

Neben der finanziell kaum lohnenden Mitarbeit an der »Neuen Volkszeitung« lieferte der Journalist unter dem Pseudonym Joe Gassner für weitere Zeitungen spezielle Artikel: Moskauer Literarische Monatsschrift »Das Wort«, New Yorker Blätter für das Judentum »Aufbau«, die deutschsprachige Zeitung »New Yorker Staatszeitung und Herold«. Darüber hinaus verfasste Hirsch für den amerikanischen Rundfunksender »WEVD« antifaschistische Hörspiele als Propaganda-Sendungen in deutscher Sprache.

Generell konnte Hirsch für seine Autorentätigkeit nur geringe Honorare erzielen, so dass er zeitweilig gezwungen war, zusätzliche Gelegenheitsarbeiten anzunehmen wie beispielsweise die Rekordarbeit in einer Fensterladenfabrik oder die Aufgabe eines Portiers bei einem deutschstämmigen Arzt, denn letztlich musste seine Familie, die ein Jahr nach ihm in die USA gekommen war, versorgt werden.

Der Versuch, für seinen neu entstandenen Roman »Heute und Morgen« einen Verleger zu finden, misslang. Das Werk erschien 1939 jedoch als Fortsetzungsroman in der »Neuen Volkszeitung«.

Als Hirsch 1945 nach Deutschland zurückkehrte, suchte er erneut vergeblich einen Verleger für seinen, mittlerweile überarbeiteten Roman, den er nun »Manhattan-Serenade« nannte. Der Roman erschien dann erst 2001, herausgegeben von Helmut Pfanner.[46] Das Werk befasst sich mit der Situation des Exils und schildert das Schicksal des deutschen Emigranten Tom, der sich zum leidenschaftlichen Kämpfer gegen den Faschismus entwickelt. Zweifellos findet diese Geschichte eine Parallele zum Leben des Autors: »Damit Hand in Hand geht seine Einsicht, dass er selbst durch seine frühere politische Passivität und Unvernunft einen Teil der Schuld für die katastrophalen Ereignisse in seiner alten Heimat trägt«[47].

In der »Neuen Volkszeitung« wurde von November 1940 bis Januar 1941 in neun Fortsetzungen »Das Tagebuch aus dem Dritten Reich« unter dem Namen Joe Gassner veröffentlicht. Hier handelt es sich um die fiktiven Notizen eines jüdischen Jungen, der von seinen Erlebnissen im Dritten Reich und von der Flucht in die USA berichtet. Über dieses »Tagebuch« schrieb Hirsch später: »Was aber diese Aufzeichnungen für mich und vielleicht auch für andere so wichtig machen, das sind die kleinen, schrecklichen Dinge dieses Daseins im Dritten Reich, die unmerklichen, grausamen, tödlichen Dinge, an die es keine Gewöhnung geben darf. Die Hinterlassenschaft eines Lebenden ist es, wir alle sind die Erben. Wer Sensationen vermutet, der lese nicht, wer nicht imstande ist, diese umwälzenden Dinge des kleinen Lebens zu begreifen, der lese diese Aufzeichnungen nicht. Ich habe mit der Herausgabe dieser Blätter eine Schuld abzubüßen, die Schuld, an der wir alle tragen: dass so etwas möglich war, dass es möglich ist. Es ist unsere Aufgabe, dafür zu sorgen, dass es nie wieder geschehen darf«[48].

Zwiespältige Erfahrungen und Beobachtungen machte Hirsch in den USA, in dem Land seiner anfänglich großen Hoffnungen. In vielem erwiesen sich die Deutsch-Amerikaner als »richtige Kleinbürger«, deren »Rückschrittlichkeit« für den Emigranten niederschmetternd war. Der emigrierte Jude aus Deutschland, der sich isoliert fühlte, konnte mit diesen amerikanischen Bürgern kaum verkehren. »Der aus dem Westen stammende deutsche Jude war eine Zwittererscheinung, die sich gar nicht einordnen ließ«[49]. Demgegenüber konnten die amerikanischen Juden, die vor allem aus dem Osten eingewandert waren und das Jiddische sprachen, kaum begreifen, dass für die deutschen jüdischen Emigranten diese Sprache unbekannt war. Für Hirsch war Jiddisch ebenso eine Fremdsprache wie Englisch: »Das Gefühl, in Deutschland geboren zu sein, das Deutsche als seine Muttersprache begriffen« zu haben, schien mir damals in jeder Beziehung ein Hemmnis zu sein«[50].

In einem Zusammentreffen mit dem Maler George Grosz, dem Musiker Hanns Eisler, der als Wiener Jude und Kommunist aus Deutschland geflüchtet war, und dem Schriftsteller Günther Weisenborn trafen verschiedene politische Überzeugungen aufeinander: George Grosz war ein «resignierter und müder ›Bourgeois‹ geworden«[51], der in die Nacht schrie: »Die Nazis haben niemals recht, aber die Roten sind eine Weltplage, die wir bekämpfen sollten!«[52]. Den eskalierenden Streit zwischen Grosz, Eisler und Weisenborn interpretierte Hirsch als »sehr bezeichnend für die Verwirrung unter den Emigranten«[53].

Karl Jakob Hirsch, der durch seinen unermüdlichen Kampf gegen den Faschismus seine journalistischen bzw. literarischen Beiträge konsequent politisierte, musste in vielem feststellen, dass er mit seinen deutschsprachigen Publikationen nur die relativ kleine Gruppe der Emigranten erreichte. Entsprechend blieb »die ganze Tätigkeit der deutschsprachigen Presse in Amerika … eine ziemlich isolierte«[54]. In mehr als 600 Artikeln hatte Hirsch seine unbekannten Leser angesprochen, aber die Wirkung seiner Abhandlungen war für ihn keineswegs spürbar.

Da Hirsch auch in den USA bestimmte Erscheinungen des Antisemitismus feststellen musste, blieb er davon überzeugt, »dass nur die Aktivität, die Anteilnahme des Schriftstellers an den Dingen des öffentlichen Geschehens dazu beitragen können, die Welt zu bessern und das Leben in ihr menschlicher zu gestalten«[55].

Für Hirsch war es in den USA ausgesprochen schwierig, unter den bürgerlichen Emigranten freundschaftliche Beziehungen zu finden: »… ich war immer derselbe geblieben, derselbe idealistische, oft träumende, kämpfende, künstlerisch denkende Mensch, der sich sehr allein fühlte und nicht in der Lage war, in USA einen sicheren Boden zu finden. … Meine Hoffnungen, die ich darauf gesetzt hatte, in USA Erfolge zu haben, wurden immer geringer«[56].

Um Kontakte zu knüpfen, trat Hirsch dem »Jewish Club« bei und der »Vereinigung deutscher Schriftsteller im Exil«. In New York pflegte er regelmäßigen Umgang mit den Schriftstellern Ernst Toller und Richard Hülsenbeck, mit dem Musiker und Komponisten Hanns Eisler sowie mit dem Maler George Grosz.

Über Ernst Toller, der sich im Mai 1939 das Leben nahm, schrieb Hirsch später: »Toller war für mich immer das Vorbild eines fortschrittlichen, leidenschaftlichen Dichters, der sich niemals einer bestimmten Partei anschließen konnte. Aber dann erlebte er auch die Tragödie des parteilosen Revolutionärs. Ich sah ihn …, wie er überall missverstanden, halb begriffen, verleumdet und verkannt wurde … Er war ein Einzelgänger der Freiheit, ein Revolutionär im besten und menschlichen Sinne«[57].

1936 wurde Hirsch von den Nationalsozialisten aus Deutschland ausgebürgert, woraufhin er die amerikanische Staatsbürgerschaft beantragte. Am 14. August 1941 wurde »Joe Gassner« als »Bürger der Vereinigten Staaten eingeschworen … Von diesem Tage an glaubte ich, dass ich nun nicht nur im äußerlichen Sinne zu dem Neuen Erdteil gehörte. Ich erwartete mir für meine berufliche Betätigung nur Günstiges davon«[58].

Am 1. September 1939 verfolgte Hirsch im Radio Hitlers Kriegserklärung vor dem deutschen Reichstag: »Es war ein entsetzliches Gefühl … die Stimme jenes unseligen Hitlers zu vernehmen. Nie war das Gefühl der Wehrlosigkeit stärker als damals, als Deutschland den Zweiten Weltkrieg entfesselte«[59]. Für die Emigranten verschärfte sich die Lebenssituation in den USA, da sie durch den Kriegsbeginn nicht mehr nur Flüchtlinge waren, sondern zum Teil mit dem feindlichen Deutschland identifiziert wurden: »Es waren sehr schwere Zeiten, dunkle und unvorstellbar trübsinnige Stunden, die von den aus Europa Vertriebenen durchlebt wurden. Noch ahnten wir ja gar nicht, wie viele von unseren Freunden ermordet waren oder freiwillig den Tod gesucht hatten«[60].

Der Versuch Hirschs, in der amerikanischen Presse englische Artikel zu veröffentlichen, wurde ihm immer wieder verwehrt. Die deutschsprachigen Zeitungen hatten insgesamt niedrige Auflagen, und so konnten die Honorare nur sehr dürftig ausfallen. Notgedrungen musste Hirsch sich nach einer Tätigkeit umsehen, die für ihn und seine Familie existenzsichernd war. Die Anstellung bei der amerikanischen Briefzensurbehörde, die eine Überwachung von Postsendungen der deutschen Kriegsgefangenen durchführte, verwirklichte sich letztlich. Nach einer sprachlichen Prüfung und der gründlichen Untersuchung des persönlichen Umfeldes von Hirsch, d.h. der charakterlichen Befähigung sowie der Vertrauenswürdigkeit als amerikanischer Staatsbürger, wurde ihm im August 1943 die finanziell lukrative Stelle als angestellter Beamter der »Civil Censorship Division« (CCD) übertragen.

Die 1942 erfolgte Trennung von seiner Frau und von seinem Sohn war ein tiefer Einschnitt in seinem Leben. Gleichzeitig konnte die sichere Beschäftigung als Beamter sein Leben in keiner Weise sinnvoll ausfüllen. Die täglich erlebten Enttäuschungen und die vielen unerfüllten Hoffnungen führten Hirsch in eine zunehmend drückende Heimatlosigkeit. Hinzu kam, dass er im Januar 1944 von seiner Nichte aus Jerusalem die Nachricht vom Tod seines Zwillingsbruders Gottfried empfing. Gottfried war zu Beginn der Naziherrschaft als »überzeugter Zionist« nach Palästina ausgewandert. Nun stellte sich für Hirsch die beunruhigende Frage, was denn wirklich geschehen sei: »Besonders da ich nach einigen Wochen die Mitteilung erhielt, dass auch die Frau meines Bruders aus dem Leben geschieden war. Ich weiß bis heute noch nicht, ob es ein freiwilliger Tod gewesen ist oder ein Unglück«[61]. Die Katastrophe seiner Ehe, der plötzliche Tod seines Zwillingsbruders Gottfried und schließlich die aufkommenden Zweifel an seiner atheistischen Weltanschauung, die letztlich durch die intensiven Gespräche mit dem Pastor Forell begleitet waren, all das bewirkte im folgenden eine sichtliche Veränderung seines Lebens.

Im Februar 1944 überfiel Hirsch eine lebensbedrohende Krankheit, die sich auf ihrem Höhepunkt zu einer Existenzkrise steigerte: «...ich brauchte Verzeihung und Liebe, denn ich war schuldig gewesen, so tief schuldig, wie ein Mensch nur sein kann, der glaubt, dass er der Herr seines Geschickes wäre ... Als ich aus dem Schlaf meiner Krankheit in das dämmernde Licht der Genesung erwachte, da war mir dies klar: ich war heimgekehrt zu Gott«[62]. Schon bald danach schrieb Hirsch seine Lebensgeschichte »Heimkehr zu Gott« in Form von 31 Briefen an seinen Sohn.

Am Karfreitag 1945 konvertierte Karl Jakob Hirsch aus tiefer Überzeugung zum Protestantismus: »Es war ein Weg, der zur Höhe führte, auf deren Gipfel ich die Gestalt des Erlösers ahnte ... Ich erlebte die Notwendigkeit der Erlösung, die ein jeder Jude anstrebt«[63].

Es war jedoch gerade jenes Buch, in dem Hirsch seine Konvertierung thematisierte, »Heimkehr zu Gott«, das von Pastor Forell und anderen christlichen Geistlichen abgelehnt wurde, ein Umstand, der Hirsch auch seine eigene Position als Christ überdenken ließ. Im Jahr seines Todes schrieb er: »Für diese Menschen bin ich eben mit meinem Temperament, meiner klaren Entschlossenheit, die mich damals zu Christus trieb und zwang, das kleine Buch zu schreiben ..., einfach unerträglich. Ich habe es so sehr gespürt, als ich im September 1947 wieder nach New York kam und außer einer nichtssagenden Phraseologie keine Möglichkeiten für meine Bücher, Reden oder Ansprachen fand. Es ist nun einmal so, wir dürfen uns nichts vormachen: der Täufling KJH ist verbucht und damit – erledigt«[64].

Am 1. August 1945 verließ der 53jährige amerikanische Staatsbürger Joe Gassner, drei Monate nach dem Ende des Zweiten Weltkrieges als uniformierter Angestellter des Kriegsministeriums das Land, in dem er annähernd 12 Jahre gelebt hatte: »Der Abschied von USA fällt leicht. Man lässt nichts zurück als enttäuschte Hoffnungen«[65].

Der von den Nationalsozialisten vertriebene Hirsch kehrte ohne Hassgefühle oder Rachegedanken nach Deutschland zurück. Als Zivilbeamter der Militärregierung wurde er in München stationiert. Sowohl die Veröffentlichung seiner Lebensgeschichte »Heimkehr zu Gott« im Münchener Kurt Desch Verlag als auch die nun entstandene Freundschaft mit Ruth Niemann[66], die er 1948 heiratete, ließen bei Hirsch neue Hoffnungen aufkeimen. Ruth Niemann arbeitete derzeit ebenfalls für die amerikanische Zensurbehörde in München.

1946 besuchte Hirsch seine erste Frau Gulo in Worpswede, die nur ein Jahr darauf verstarb. Das für sie geschriebene »Gedächtnisbuch«, das er 1949/50 seiner dritten Frau Ruth diktierte, erschien erst im Jahre 1994 unter dem Titel »Der alte Doktor – Eine Worpsweder Ärztin und ihre Zeit«[67].

Mit Beendigung des zweijähriges Vertrages mit der Militärregierung musste Hirsch 1947 Deutschland wieder verlassen.

Mit der »zweiten Emigration« erkannte Hirsch, dass ihm das Leben in den USA keine Zukunft mehr bieten konnte.

Hirsch verließ endgültig am 18. August 1948 die USA. Allein der Abschied von seinem Sohn Ralph war von großem Schmerz und tiefer Ratlosigkeit bestimmt, zumal er entschieden wusste, dass seine »Anwesenheit in USA nun endgültig zu Ende war«[68].

Kurz nach seiner Ankunft in München heiratete er Ruth Niemann.

Den in Amerika angenommenen Namen Joe Gassner legte er in Deutschland endgültig ab und nannte sich wieder Karl Jakob Hirsch. Seine Ehefrau, Ruth Gassner-Hirsch, war ihm in den verbleibenden vier Jahren bis zu seinem Tod 1952 auch in seiner schriftstellerischen Arbeit eine unersetzliche Hilfe. Durch die erneute Erkrankung, die sowohl das Nervenleiden verstärkte als auch das Gehen immer beschwerlicher machte, wurde Hirsch beinahe hilflos: »Ich konnte meiner Frau diktieren, dadurch meine Arbeit möglich machen. Die Zeitungen des Westens Deutschlands druckten auch die Essays und Kurzgeschichten. Ja, selbst meine ironisch gefärbten Darstellungen vom Leben in USA wurden von Zeitschriften veröffentlicht. Anders war die Sache mit Büchern …«[69].

Der politisch links engagierte Autor Hirsch kritisierte als Journalist die fehlende Aufarbeitung der historischen Vergangenheit in Deutschland, seine Beiträge stießen auf Ablehnung, seine Versuche, für seine Romane Verleger zu finden, blieben zum Scheitern verurteilt.

»Man darf nicht mehr an diesen Fälschungen und Verfälschungen vorbeigehen, ohne laut zu rufen, ohne den Finger zu recken und zu sagen: ›Du bist schuldig‹ … Es gab nämlich ein Land, das von sich mit Recht sagen konnte, das der Dichter und Denker zu sein. Es ist nicht mehr vorhanden, seitdem der Rattenfänger aus Braunau es in den Abgrund gelockt hat und Neue schon darauf lauern, es wieder einmal in einen neuen Abgrund zu locken.«[70]

Kurz vor seinem Tode äußerte Hirsch den Gedanken, dass sein Dasein in Westdeutschland zu Ende sei. Jedoch zu einer Übersiedlung in die DDR ist es nicht mehr gekommen.

Der Komponist und Musikkritiker Hans Heinz Stuckenschmidt schrieb über seinen Freund Karl Jakob Hirsch: »Ein tragisches Leben, wenn man bedenkt, wie viele und große Talente ihm auf seinem Weg mitgegeben waren. Tragisch auch die sinkende Kurve seines Erfolges, zu dessen Höhen und Tiefen, die politischen Ereignisse der Zeit zwischen 1914 und 1952 entscheidend beigetragen haben«[71].

Hirsch analysierte mit scharfem Verstand insbesondere nach 1945 die gesellschaftspolitischen Zustände in Form von kritischen und antifaschistischen Beiträgen. Dabei veröffentlichte er eine Reihe von aktuellen Rundfunkkommentaren, die er als »kritische Streifzüge« zusammenfasste. Für die Hirsch-Forschung sind diese Artikel ein aufschlussreicher Fundus, der im Hirsch-Nachlass der Universitätsbibliothek München registriert vorliegt.

Karl Jakob Hirsch kann einerseits als romantischer Realist, andererseits als kompromissloser Moralist charakterisiert werden. Zum Verständnis seines literarischen Schaffens sind in jedem Falle die umfangreichen biografischen Mitteilungen von zentraler Bedeutung, vor allem weil er sich in all seinen Romanen sowohl verschlüsselt als auch sehr konkret auf wirkliche Personen und zudem auf detaillierte Ortsangaben bezieht. Sein Werk spiegelt nicht nur seine persönliche Identitäts- und Glaubenskrise wider, sondern auch sein Streben nach einer gerechteren und menschenwürdigeren Welt. Die Literatur diente ihm dabei als Instrument, seine Mitmenschen zu überzeugen und vor allem aufzuklären.

Der vorliegende Roman »Einer muss es ja tun« macht die »Courage« der Zivilisten, den Mut und die Standfestigkeit des politischen Widerstandes zum zentralen Thema.

Wieweit Hirsch den Widerstandskämpfer Georg Elser, der als unerschrockene Einzelperson unter schwierigsten Bedingungen das Attentat auf Hitler plante und am 8. November 1939, zwei Monate nach Ausbruch des Zweiten Weltkrieges, im Münchener Bürgerbräukeller ausübte, ließ sich bis jetzt anhand des umfangreichen Materials im Nachlass Karl Jakob Hirschs nicht nachweisen. Dennoch liegt die Vermutung nahe, dass der Autor Elsers Schicksal kannte, was in Gesprächen und durch Briefe von Frau Ruth Gassner-Hirsch dem Herausgeber gegenüber mehrfach bekräftigt wurde.

Zum Entstehungszeitpunkt des Romans war über Georg Elser jedoch sehr viel weniger bekannt als heute. Zwar machte Hans Bernd Gisevius schon 1946 deutlich, dass Georg Elser ein Einzeltäter gewesen war, der aus seiner eigenen moralischen Überzeugung heraus gehandelt hatte.[72] Jedoch konnte das, vor allem durch die Aussagen Martin Niemöllers geprägte, Bild von Elser als Handlanger der Nationalsozialisten in der Öffentlichkeit erst zu Beginn der 70er Jahre revidiert werden.[73] Um so mehr überrascht Hirschs Roman mit der Figur des Bäckermeisters Gustav Döring aus der damaligen Provinzhauptstadt Hannover als überzeugtem Einzeltäter.

Die zentrale Figur in »Einer muss es ja tun« ist wie Elser ein Mann aus dem Volke. Die vielen Ereignisse des Romans werden personenreich vermittelt, wobei die Protagonisten, in alltägliche Lebenssituationen verstrickt, typologisch bestimmte Eigenschaften verkörpern wie Unbekümmertheit, Hilflosigkeit, Feigheit, Dummheit, aber auch moralische Integrität und politische Überzeugung. Obwohl Hirsch die sozialen Verhältnisse seiner Figuren klar definiert, begründet er damit nicht ihr Fehlverhalten, sondern stellt am Beispiel des Gustav Döring heraus, dass das Verhalten der Menschen in ihrer eigenen Verantwortung liegt und nicht in der Macht des Schicksals. Die angestrebte Beispielhaftigkeit des Figurenensembles als Prototypen der deutschen Bevölkerung von 1933 bewirkt eine gewisse Eindimensionalität in den Charakteren und in der Romanhandlung, geht es doch letztlich vor allem um die didaktische Aufarbeitung dieses Kapitels deutscher Geschichte. Und so führt Hirsch seinen politischen Lehrauftrag konsequent durch, indem er aus der Sicht des Sozialdemokraten Gustav Döring historische Tatsachen und Ereignisse kommentiert und gleichzeitig jede Handlung der Figur Döring als ausschließlich politisch motiviert begründet. Ein wesentliches Gestaltungselement des Romans ist die Sprache: die Dialoge sind umgangssprachlich, und auf der Ebene des Erzählers dominiert eine abgeschwächte Standardsprache. Hirsch sucht also auch auf sprachlichem Niveau größtmögliche Nähe zur historischen Wirklichkeit und gleichzeitig auch zum Leser und dessen Realität, im Dienste der Verständlichkeit. Gleichzeitig wird nicht nur durch die Sprachebenen die dramatische Vorlage des Romans deutlich, auch die kurzen, dialogbestimmten Szenen, in denen die Figuren gleichsam »auftreten«, erinnern eher an ein Theaterstück als an einen Roman.

Zu Beginn der Einleitung wurde darauf hingewiesen, dass der Roman »Einer muss es ja tun« in einem ausgesprochen kurzen Zeitraum geschrieben wurde. Die Tatsache, dass Hirsch während der Entstehung seines Manuskriptes erhebliche gesundheitliche Probleme hatte, hat unter dem vorhandenen Zeitdruck die Logik der Darstellung mit Sicherheit beeinflusst, wobei einzelne Zeitabläufe sich gelegentlich verwischen. Die Bearbeitung des Romans war offenbar noch nicht abgeschlossen, die endgültige Entscheidung für einen Romantitel noch nicht gefällt und die Überschriften der einzelnen Episoden wurden erneut verändert oder ergänzt.

Der Roman verkörpert das humanistische Weltbild und die politische Grundhaltung des Autors, und so geht von seiner Botschaft eine besondere Faszination aus, der man sich kaum entziehen kann. Je enger die Episoden in einem Bezug zur Lebensgeschichte des Autors stehen, desto stärker überzeugen ihre Aussagen.

Der Aufruf zum politischen Handeln, zur Zivilcourage jedes Einzelnen, ausgehend von aktuellen Situationen, das sind die leidenschaftlichen Aussagen des Moralisten, des romantischen Realisten und Linksintellektuellen Karl Jakob Hirsch. Das ist offenkundig eine Botschaft, die ihre Wurzeln und Ziele im christlichen Sozialismus oder im religiösen Humanismus sucht.

Karl Jakob Hirsch schrieb am 30. Juli 1949 im Berliner Tagesspiegel unter dem Titel »Nichts ist lösbar«: »Ich predige nicht Resignation, sondern Nüchternheit … Die Gegenwart ist meist unzulänglich, und von der Vergangenheit zu zehren, sättigt niemanden. Man muss versuchen, das Morgen besser zu machen«.

Anmerkungen

1 »Einer muss es ja tun«, Typoskript (letzte Seite), UB München Nachl. K. J. Hirsch w2. 15.1

2 Deutsche Woche, 23. Juli 1953

3 Ruth Gassner-Hirsch an Helmut Stelljes, München 12. Februar 1997 (im Besitz des Herausgebers).

4 Drama: UB München, Nachl. K. J. Hirsch w2. 15.2
Filmskript: UB München, Nachl. K. J. Hirsch w2. 15.3

5 Karl Jakob Hirsch. Inhaltsangabe zum Roman »Einer muss es ja tun«. UB München, Nachl. K. J. Hirsch

6 Zumal »alles Schreiben für diesen Autor eine autobiographische Quelle und Ursache hatte«. Helmut Pfanner Vorwort. In: Karl Jakob Hirsch. Quintessenz meines Lebens. Hg. und mit einem Vorwort von Helmut Pfanner. Mainz 1990, S. 32

7 Karl Jakob Hirsch. Quintessenz meines Lebens. Herausgegeben und mit einem Vorwort von Helmut Pfanner. Mainz 1990 S. 37. Im folgenden: Quintessenz

8 Karl Jakob Hirsch. Heimkehr zu Gott. München 1946. S. 188. Im folgenden: Heimkehr

9 Quintessenz S. 37

10 Quintessenz S. 37

11 Quintessenz S. 38

12 Quintessenz S. 49

13 Heimkehr S. 14

14 Heimkehr S. 14

15 Heimkehr S. 23

16 Heimkehr S. 27f

17 Quintessenz S. 70

18 Quintessenz S. 71

19 Quintessenz S. 72

20 Quintessenz S. 79

21 Ebenda. Der Brief befindet sich im Deutschen Literaturarchiv Marbach: Brief von Rainer Maria Rilke an Karl Jakob Hirsch, Paris 27. 10. 1913. Signatur 56.820

22 Quintessenz S. 81

23 Heimkehr S. 48

24 Heimkehr S. 48

25 Vgl. Quintessenz S. 98

26 Ludwig Bäumer: Über den Maler Karl Jakob Hirsch. In: Die Aktion. Wochenschrift für Politik, Literatur und Kunst. Berlin, 17. Juni 1916, Spalte 337-338 (KJH-Archiv, München).

27 Bäumer ist auch Vorbild für Daniel Erdmann aus »Der alte Doktor«. Vgl. Helmut Stelljes (Hrsg.), Karl Jakob Hirsch: Der alte Doktor. Bremen 1994, S. 146-155

28 Quintessenz S. 125

29 Heimkehr S. 66

30 Heimkehr S. 88

31 Quintessenz S. 143

32 Quintessenz S. 138

33 ebenda

34 Quintessenz S. 147

35 Quintessenz S. 160

36 Quintessenz S. 166

37 Heimkehr S. 25

38 Heimkehr S. 87

39 Stephan Lohr. Nachwort. In: Karl Jakob Hirsch. Kaiserwetter. Hg. und mit einem Nachwort von Stephan Lohr. Reprint der 1971 bei S. Fischer, Frankfurt a. Main, erschienenen Ausgabe. Hannover 1992.

40 Quintessenz S. 172

41 Quintessenz S. 176f

42 Heimkehr S. 90

43 Quintessenz S. 190

44 Quintessenz S. 193

45 Heimkehr S. 104

46 Karl Jakob Hirsch. Manhattan-Sere-
    nade. Hg. von Helmut Pfanner. Bern
    2001

47 Manhattan-Serenade. S. 157

48 Das Tagebuch aus dem Dritten Reich.
    Aufzeichnungen eines Jungen. Hg.
    von Karl Jakob Hirsch. Vorwort S. 2f.
    (Abschrift des Zeitungsabdrucks in der
    »Neuen Volkszeitung«; UB München,
    Nachl. K. J. Hirsch w2. 7.1)

49 Quintessenz S. 202

50 Quintessenz S. 201

51 Quintessenz S. 206

52 Quintessenz S. 207

53 Quintessenz S. 207

54 Heimkehr S. 134

55 Quintessenz S. 206

56 Quintessenz S. 208f

57 Quintessenz S. 214

58 Quintessenz S. 225

59 Quintessenz S. 220

60 Quintessenz S. 223

61 Quintessenz S. 231

62 Heimkehr S. 163f

63 Heimkehr S. 190

64 Karl Jakob Hirsch an Reverend Leu-
    ner, München 7. Januar 1952, UB
    München, Nachl. K. J. Hirsch

65 Quintessenz S. 249

66 1912-2000

67 Karl Jakob Hirsch. Der alte Doktor-
    Eine Worpsweder Ärztin und ihre
    Zeit. Hg. von Helmut Stelljes. Bre-
    men 1994.

68 Quintessenz S. 341

69 Quintessenz S. 344

70 Karl Jakob Hirsch. Kommentar für
    den Südwestfunk 9. November 1950.

71 Manuskript: Klaus Nägelin, Sen-
    dung: Radio Bremen vom 27. 02.
    1993

72 Hans Bernd Gisevius. Bis zum bitte-
    ren Ende. 2 Bände. Zürich 1946

73 Siehe Helmut G. Haasis. »Den Hitler
    jag' ich in die Luft«. Der Attentäter
    Georg Elser. Eine Biographie. Berlin
    1999.

Literaturverzeichnis

Primärliteratur (Auswahl)

Karl Jakob Hirsch. Kaiserwetter. Berlin 1931

Neuausgabe unter dem Titel: Damals in Deutschland. Berlin 1953

Karl Jakob Hirsch. Kaiserwetter. Herausgegeben und mit einem Nachwort von Paul Raabe. Frankfurt am Main 1971

Karl Jakob Hirsch. Kaiserwetter. Berlin und Weimar 1976

Karl Jakob Hirsch. Kaiserwetter. Herausgegeben und mit einem Nachwort von Stephan Lohr. Reprint der 1971 bei S. Fischer, Frankfurt am Main, erschienenen Ausgabe. Hannover 1992

Karl Böttner [Pseudonym Karl Jakob Hirschs]. Felix und Felicia – Eine Sommergeschichte. Berlin 1933

Karl Jakob Hirsch. Heimkehr zu Gott – Briefe an meinen Sohn. München 1946

Karl Jakob Hirsch. Hochzeitsmarsch in Moll. Herausgegeben und mit einem Nachwort von Hans J. Schütz. Bad Homburg 1986

Karl Jakob Hirsch. Quintessenz meines Lebens. Herausgegeben und mit einem Vorwort von Helmut Pfanner. Mainz 1990

Karl Jakob Hirsch. Der alte Doktor – Eine Worpsweder Ärztin und ihre Zeit. Herausgegeben und mit einer Einführung von Helmut Stelljes. Bremen 1994

Karl Jakob Hirsch. Manhattan-Serenade. Herausgegeben und mit einem Nachwort von Helmut Pfanner. Bern 2001

Sekundärliteratur

Cornelia Töpelmann. Herzliche Glückwünsche Karl Jakob Hirsch zum 100. Geburtstag. Eine Ausstellung der Universitätsbibliothek München. Katalog. München 1992

Michael Augustin. Jede Wegbiegung voll von Erinnerungen – Der Maler und Schriftsteller Karl Jakob Hirsch in Worpswede. Radio Bremen, Sendung vom 27. 02 1993 (Redaktion und Regie: Michael Augustin)

Anne Mahn. Karl Jakob Hirsch – Expressionistische Grafik. Stationen im Leben eines deutsch-jüdischen Künstlers. Begleitbuch zur Ausstellung im Heine-Haus, Altonaer Museum in Hamburg – Norddeutsches Landesmuseum. Hamburg 2002

Dank

Die vorliegende Veröffentlichung hat eine längere Vorgeschichte. Als Frau Gassner-Hirsch im Münchener Merkur am 23. Februar 1995 eine Notiz über den 1945 ermordeten Widerstandskämpfer Johann Georg Elser entdeckt hatte, schrieb sie mir zwei Tage danach in einem Brief vom 25. Februar 1995: « … da fiel mir ein, dass ich Sie besonders auf eine KJH-Rarität aufmerksam machen möchte, und zwar auf den unveröffentlichten hannöverschen Widerstandsroman von KJH ›Einer muss es ja tun‹. Der Roman spielt um 1933 in Hannover, und es sind einige Figuren aus dem ›Kaiserwetter‹ darin! Es ist das einzige Werk, das KJH auch selbst illustriert hat …«.

In der Folgezeit wurde Frau Gassner-Hirsch nicht müde, in vielen Briefen immer wieder auf eine Herausgabe des Romans von Karl Jakob Hirsch hinzuweisen. So inspirierte eine Hundertwasser-Postkarte aus Wien sie erneut zu der Nachfrage: »… warum Sie eigentlich den hannöverschen Widerstandsroman von KJH ›Einer muss es ja tun‹ links liegen lassen und nicht der Herausgeber sind ???« (Brief vom 14. November 1996).

Ein offenkundiger Zusammenhang zwischen der Romanfigur Gustav Döring im Werk von Hirsch und dem »einsamen Attentäter« Georg Elser wurde wiederholt von Frau Gassner-Hirsch angesprochen, und sie hebt in dem genannten Brief hervor: »Die Zeit ist reif für Georg Elser! – Sogar München hat jetzt einen Georg-Elser-Platz in der Türkenstraße …, wo Elser wohnte als er die Bombe gegen Hitler konstruierte – ›denn es ist besser, dass einer sterbe als dass das ganzes Volk verderbe!‹«

Seit dem Tod von Karl Jakob Hirsch am 8. Juli 1952 war Frau Ruth Gassner-Hirsch unermüdlich bemüht, das Werk bzw. den Nachlass des expressionistischen Grafikers, Malers und des – insbesondere vor 1933 – sehr erfolgreichen Schriftstellers und Journalisten für ein »Hirsch-Archiv« zusammenzutragen. Am 28. Dezember 1998 betonte Frau Gassner-Hirsch in ihrem Brief: »Es war unwahrscheinlich schwierig – seit 30 Jahren, seit 1965, arbeite ich daran … Ich glaube, Du weißt jetzt, wie wichtig es ist, dass ›Einer

muss es ja tun‹ von Karl Jakob Hirsch erscheint mit seinen … Tuschzeichnungen … erwähne bitte, dass KJH den Roman selbst dramatisiert hat,
mit demselben Titel«.

Ruth Gassner-Hirsch, 1912 in Berlin geboren, starb am 31. August 2000
in München. Ihrem beharrlichen Einsatz für das künstlerische und schrift-
stellerische Werk von Karl Jakob Hirsch gebührt an dieser Stelle posthum
ein besonderer Dank. Ohne ihre intensiven, ja selbstlosen Bemühungen
stände heute das »Hirsch-Archiv« in der Münchener Universitätsbibliothek
der Ludwig Maximilian Universität der Forschung in diesem Umfang kaum
zur Verfügung. Frau Dr. Cornelia Töpelmann, die den Nachlass von
K.J.Hirsch in der Universitätsbibliothek betreut, hat das Vorhaben bei spe-
ziellen Nachfragen hilfreich unterstützt. Sowohl Herr Dr. Fischer vom
Deutschen Literaturarchiv in Marbach als auch Herr Heine vom Stadtarchiv
Hannover haben ebenfalls bei der Suche nach Quellenmaterial prompt und
unkompliziert geholfen.

Karl-Heinz Mau, Arn Strohmeyer und Helmut Strümpler haben die Kor-
rekturfahnen zusätzlich gelesen und kritisch durchgesehen.

An dieser Stelle sei dem Bremer Bürgermeister a.D. Hans Koschnick für
seine Bereitschaft Dank gesagt, dass er das Vorwort zum Roman »Einer muss
es ja tun« beigetragen hat.

Die Zusammenarbeit mit der Verlegerin Frau Dr. Bettina Preiß, der Lek-
torin Frau Cathrin Rollberg und den Mitarbeiterinnen des Verlages war
stets förderlich und konstruktiv.

Herausgeber und Verlag danken ganz besonders der Volksbank e G, Oster-
holz-Scharmbeck, die im Rahmen ihrer Kulturförderung die Herausgabe
des Romans »Einer muss es ja tun« ermöglicht hat.

Ich möchte an dieser Stelle auch meiner Frau Ursula Dank sagen, die den
schwierigen Weg der Manuskriptbearbeitung verständnisvoll und gedul-
dig mitgetragen hat.

Worpswede, im September 2003   Helmut Stelljes